口笔译神经认知研究

（阿根廷）阿道夫·M. 加西亚　著

侯林平　郎　玥　译著

李德凤　审校

中国海洋大学出版社

· 青岛 ·

图书在版编目（CIP）数据

口笔译神经认知研究 /（阿根廷）阿道夫·M. 加西亚著；侯林平，郎玥译著 . -- 青岛：中国海洋大学出版社，2025. 5. -- ISBN 978-7-5670-4176-9

Ⅰ. H059

中国国家版本馆 CIP 数据核字第 202501WF49 号

图字 15-2025-89

"The Neurocognition of Translation and Interpreting"—Adolfo M. García, John Benjamins Publishing Company, Amsterdam / Philadelphia, 2019.

出版发行	中国海洋大学出版社		
社　　址	青岛市香港东路 23 号	邮政编码	266071
出 版 人	刘文菁		
网　　址	http://pub.ouc.edu.cn		
订购电话	0532-82032573（传真）		
责任编辑	邵成军　刘怡婕	电　　话	0532-85902533
印　　制	日照日报印务中心		
版　　次	2025 年 5 月第 1 版		
印　　次	2025 年 5 月第 1 次印刷		
成品尺寸	170 mm ×230 mm		
印　　张	18.25		
字　　数	317 千		
印　　数	1—1 000		
定　　价	79.00 元		

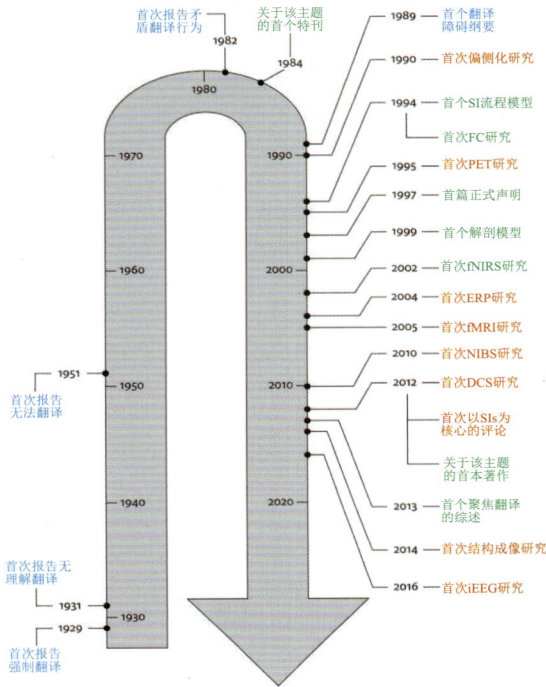

彩图 1.1　口笔译神经认知研究的重大研究成果

该年表仅描述了文献中首次出现的实证研究或理论探讨。神经心理学重大成果用蓝色标记；神经科学重大成果用红色标记；理论重大成果以绿色标记。DCS：直接皮质电刺激；ERP：事件相关电位；FC：功能连接；fMRI：功能性磁共振成像；fNIRS：功能性近红外光谱技术；iEEG：颅内脑电图；NIBS：非侵入性脑刺激；PET：正电子放射断层成像术；SI：同声传译；SIs：同传译员。经穆诺茨、卡尔沃和加西亚（Muñoz, Calvo & García, 2018）许可转载。

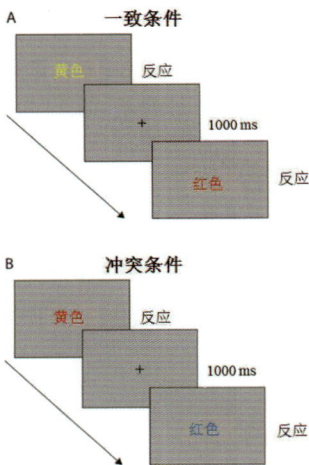

彩图 2.4　斯特鲁普色词任务示例

每个试次都要求受试观看一个持续 1 000 毫秒的注视点，在作出反应前屏幕上会显示一个色词，受试要尽快说出色词墨水的颜色。两者一致条件下（图 A），墨水颜色与色词相匹配。两者冲突条件下（图 B），墨水颜色与色词不匹配。经欧等（Oh et al., 2012）许可转载。

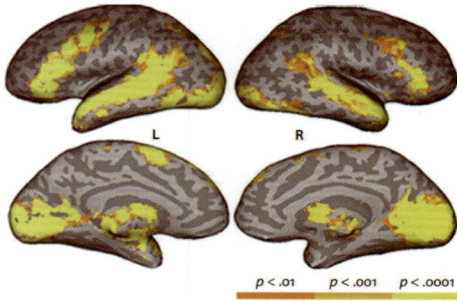

彩图 2.5　语言加工过程中的功能性磁共振成像记录示例

该影像显示了受试在阅读《皇帝的新装》(汉斯·克里斯蒂安·安徒生编)段落和进行纳尔逊-丹尼测试时的激活脑区。与语言加工(额下回、颞中回、颞上回和角回)、视觉加工(例如楔叶、舌状回、枕极)和眼球运动控制(例如上丘和下脑)相关的脑区中，双侧脑区均观察到血液动力相关数据明显增加。该影像显示的是膨胀的大脑表面。如色条所示，p 值越小，脑区激活的统计意义越大。L: 左;R: 右。经崔、德赛和亨德森(Choi, Desai & Henderson, 2014)许可转载。

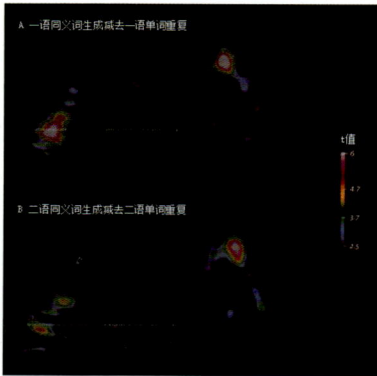

彩图 2.6　语言加工过程中正电子放射断层成像记录示例

言语任务期间,脑脊液的平均正电子放射断层成像减影图像增加,并叠加在平均磁共振成像扫描图像上。一语(图 A)和二语(图 B)图像显示,同义词生成脑区比重复词脑区激活程度更高。对比二者旨在探寻每种语言中语义加工所涉及的不同回路,研究发现激活强度增加主要在左下额回中及其周围脑区。色条表示基于 t 值的激活强度。经克莱因等(Klein et al. , 1995)许可转载。

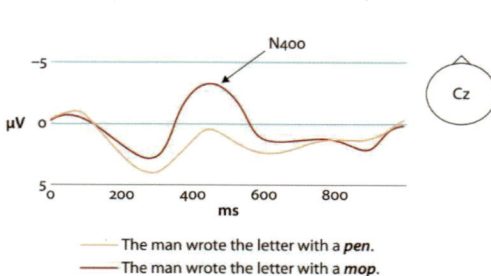

彩图 2.7　语言加工过程中事件相关电位变化示例

该示意图展示了 Cz 电极上的典型 N400 变化,句末单词与整句语义不一致时,N400 的振幅通常比语义一致时振幅大——分别由红色线和橙色线表示。这种效应被视为语义整合努力的指标。本示例(The man wrote the letter with a...)中,与整句语义一致的单词(pen)相比,语义不一致的单词(mop)的语义可预测性较低。Y 轴表示电压,正值在下,负值在上。X 轴以毫秒为单位标记时间点,从目标词(0 毫秒)开始。

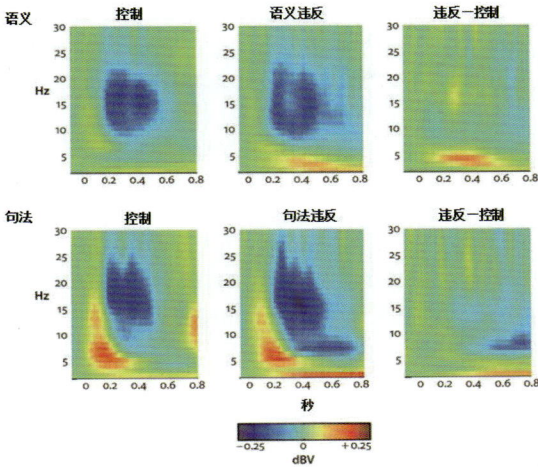

彩图 2.8 语言加工过程中振荡活动示例

该时频图显示了阅读正确句和阅读语义违反或句法违反句时的功率变化。最后一列显示了阅读正确句和每种语义违反或句法违反句之间的功率差。大脑对语义违反句的加工与 θ 波段功率增强相关,而对句法违反句的加工与 β 波段功率降低有关。从蓝色到红色的色条,表示去同步强度(靠近光谱的蓝色端)或同步强度(靠近光谱的红色端)。经戴维森和尹德弗雷(Davidson & Indefrey, 2007)许可转载。

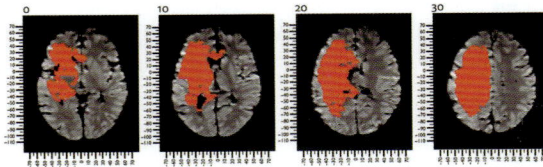

彩图 3.8 患者勒伯格内(Leborgne)大脑的磁共振成像

勒伯格内是布洛卡首次报道的两例患者之一,该患者证实了左额下回与语言生成机制之间的重要关系。图中的红色区域为脑卒中造成的损伤。经蒂博•德•肖滕等(Thiebaut de Schotten et al., 2015)许可转载。

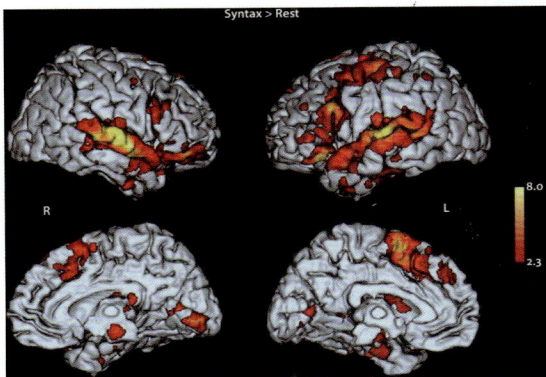

彩图 3.9 与句法加工相关的激活模式

本任务中,受试须确定两个结构不同的句子(例如:主动语态与被动语态)在交替出现时是否具有相同含义。在三个左额回、左颞顶叶皮质、双侧听觉皮质和右小脑中,观察到血液动力增强。L:左;R:右。经努涅斯等(Nunez et al., 2011)许可转载。

3

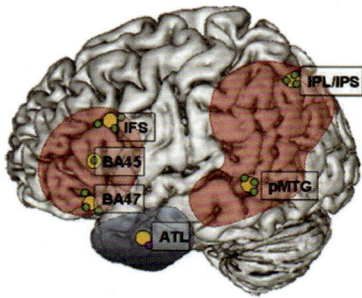

彩图 3.10　分布式神经网络支持语义认知的趋同证据（包括多项研究成果的发现）

图中显示了：(1) 语义性痴呆（蓝色）和语义失语症患者（粉红色）的病灶；(2) 通过失真校正的功能性磁共振成像识别前颞叶激活峰值（紫色圆圈）；(3) 与语义操作相关的功能性磁共振成像峰值（绿色圆圈）；(4) 经颅磁刺激时产生显著语义效应的部位（黄色圆圈）。ATL：前颞叶；BA：布罗德曼区；IFS：额内沟；IPL：顶下叶；IPS：顶内沟；pMTG：颞中后回。经杰弗里斯（Jefferies，2013）许可转载。

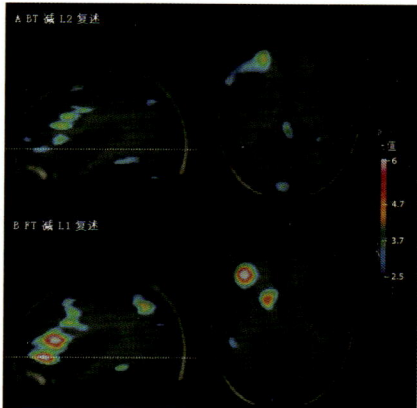

彩图 5.2　正向翻译与反向翻译的神经特征

十二名受试的左下额叶皮质平均脑脊液正电子放射断层成像消减量增加，并将其与平均核磁共振成像相叠加。该图像显示，从 BT 减 L2 复述（图 A）和从 FT 减 L1 复述（图 B）后所呈现的部分，脑部神经活动显著增加。色条表示基于 t 值的激活强度。BT：反向翻译；FT：正向翻译；L1：一语（英语）；L2：二语（法语）。经克莱因等（Klein et al. , 1995）许可转载。

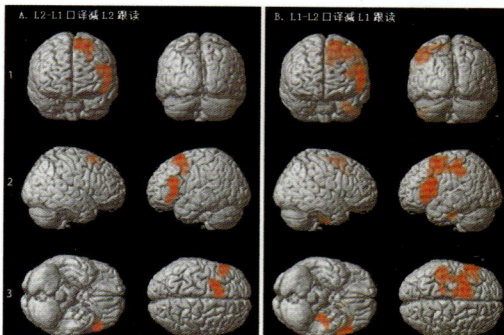

彩图 5.3　一语同传和二语同传的神经特征

相较于 L2 跟读（图 A），L2-L1 口译过程中覆盖在脑模板上的局部脑血流量显著增加。相较于 L1 跟读（图 B），L1-L2 口译过程中，覆盖在脑模板上的局部脑血流量也显著增加。从左到右，这三行分别为前视图和后视图、左视图和右视图、底视图和顶视图。L1：一语（芬兰语）；L2：二语（英语）。经汤姆拉等（Tommola et al. , 2001）许可转载。

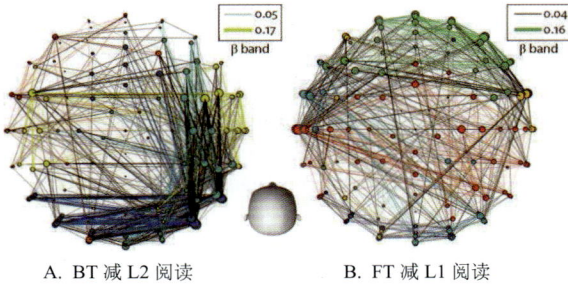

A. BT 减 L2 阅读　　　　B. FT 减 L1 阅读

彩图 5.5　十位专业译者在翻译时的脑电连接模式

根据加权相位滞后指数（wPLI），成对电极之间的β波段（13-30赫兹）连接强度前10%的显著连接。图像显示，反向翻译减L2阅读（图A）和正向翻译减L1阅读（图B）呈现出显著的差异连接。BT：反向翻译；FT：正向翻译；L1：一语（西班牙语）；L2：二语（英语）。经加西亚、米库兰和伊巴内斯（García, Mikulan & Ibáñez, 2016）许可转载。

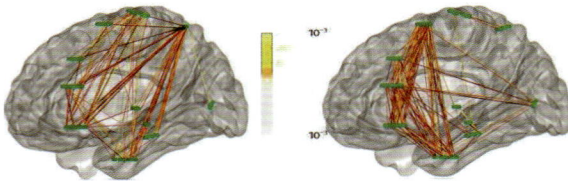

彩图 5.6　熟练双语者在翻译过程中的颅内脑电连接

加权符号互信息（wSMI）分析显示，β波段中连接值的5%具有最显著的差异。图像描述了反向翻译（图A）和正向翻译（图B）的重要连接。脑电记录是从非语言优势的大脑半球获得的。经加西亚、米库兰和伊巴内斯（García, Mikulan & Ibáñez, 2016）许可转载。

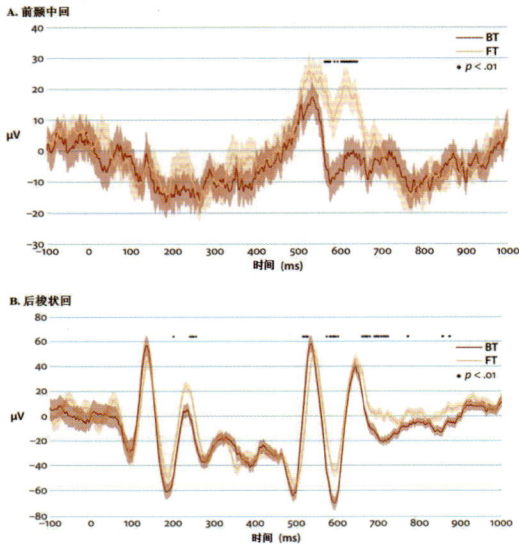

彩图 5.8　精通双语者在 BT 和 FT 时的颅内事件相关电位记录

翻译方向存在显著差异的脑区及时窗是：前颞中回（图A）在550—650毫秒之间，后梭状回（图B）在220—250毫秒和500—750毫秒之间。BT：反向翻译；FT：正向翻译。经加西亚、米库兰和伊巴内斯（García, Mikulan & Ibáñez, 2016）授权转载。

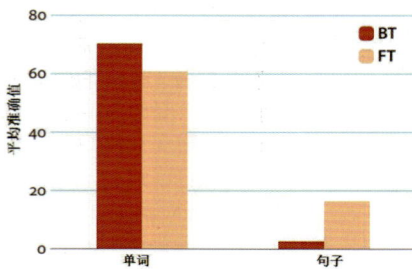

彩图 6.1　额叶网状体损伤后单词和句子
　　　　　翻译之间的分离

该图显示了患者 El. M.（参见第4章,表4.2）的单词和句子翻译任务。可以看出,句子单位在两个方向上的结果均明显较低。BT: 反向翻译; FT: 正向翻译。数据来自法布罗和帕哈迪（Fabbro & Paradis, 1995）。

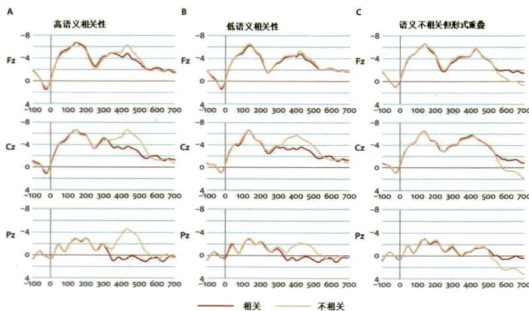

彩图 6.3　翻译对等加工的时间进程与语义及
　　　　　词形重叠水平的关系

该图显示了三种实验条件下,三个中线电极（Fz、Cz 和 Pz）的总平均事件相关电位:高语义相关性（图 A）、低语义相关性（图 B）和语义不相关但形式重叠（图 C）。红线表示相关词,而橙色线表示控制（或无关）词。负值向上标绘。转载自摩尔多瓦等（Moldovan et al., 2016）。

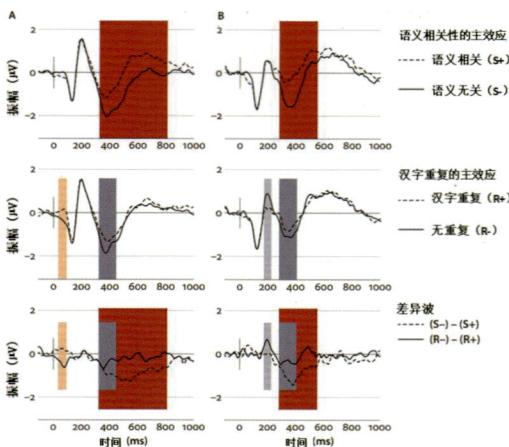

彩图 6.4　单一语言任务中翻译对等词的无意识启动

该图显示了中英双语阅读实验（图A）和汉语单词阅读实验（图 B）的事件相关电位结果。所有波形均显示以Cz 电极（N400 成分通常最大化的中心位置）为中心的 9 个电极组（FC1、FC2、FCz、C1、C2、Cz、CP1、CP2、CPz）线性导联的脑电位变化。红色框表示在N400 范围中由语义相关性引起的显著差异,灰色和深灰色则分别表示在 P2范围和 N400 范围中由形式对等引起的显著差异,橙色突显了单词长度不同导致的早期知觉差异。经蒂埃里和吴燕京（Thierry & Wu, 2007）许可转载。

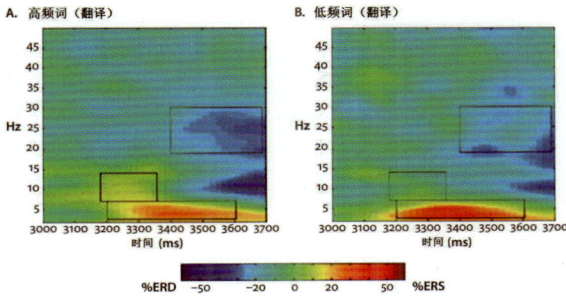

彩图 6.5　高频词和低频词在词翻译过程中的
振荡动力

该图显示了代表性电位(Cz)的高频词(图A)和低频词(图B)翻译模式。图表绘制了刺激开始(3000毫秒)后的前700毫秒和2—50Hz范围内的频率。红色表示事件相关同步化(ERS),蓝色表示事件相关去同步化(ERD)。黑色矩形突出显示了在该实验条件下ERS和ERD之间的波段功率和时间间隔差异。ERD:事件相关去同步化;ERS:事件相关同步化;HF:高频词;LF:低频词。经格拉布纳等(Grabner et al.,2007)许可转载。

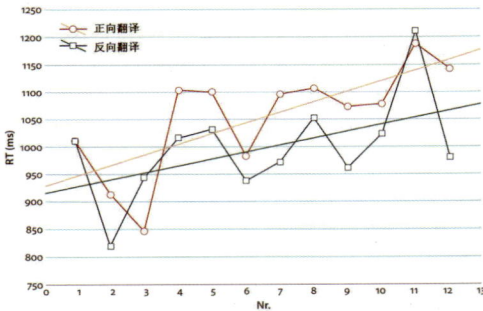

彩图 6.7　语义幅度对数词翻译过程的影响

该图显示了翻译方向和数字大小对平均反应时的影响。无论是正向翻译还是反向翻译,数词表示的量值越大,翻译速度越慢。直线表示根据最小二乘标准的最佳线性拟合。Nr:数字;RT:反应时。经迪克和布利斯博特(Duyck & Brysbaert,2004)授权转载。

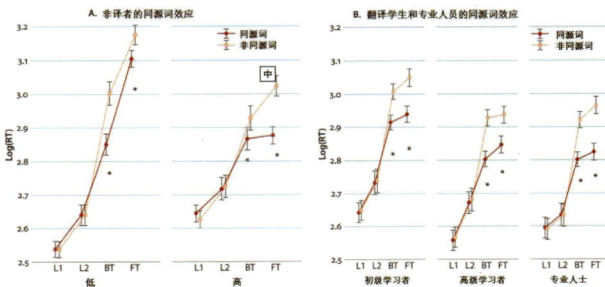

彩图 6.8　不同翻译能力的英语-西班牙语双
语者的同源词效应

该图显示了任务、同源状态以及非正式翻译能力(图A)和正式翻译能力(图B)水平下的对数平均反应时。图中的垂直线段表示高于和低于均值的标准差。星号表示同源和非同源刺激之间的显著差异。Adv:高级翻译学生;Beg:初学翻译学生;BT:反向翻译;FT:正向翻译;Hi:非正式翻译能力高的受试;L1:一语单词阅读;L2:二语单词阅读;Low:非正式翻译能力低的受试;Pro:专业译员;RT:反应时。经加西亚等(García et al.,2014)授权许可转载。

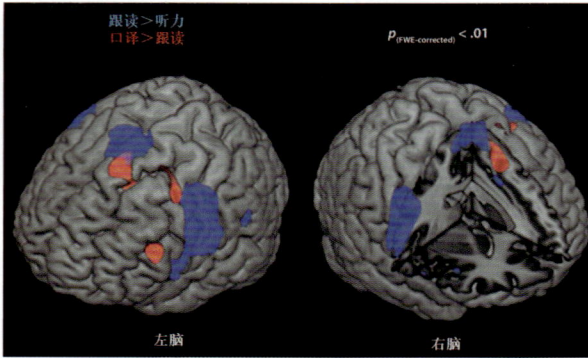

彩图 7.1　同声传译过程中脑区激活的差异模式

基于典型的单一受试大脑呈现方式,34 名多语受试的脑区激活水平有显著差异。所示对比为:跟读二语与聆听二语(蓝色)对比,以及一语同声传译与一语跟读(红色)对比。后者对比,显示同声传译涉及左侧运动前区、腹侧前额叶皮质、前扣带回和尾状核的差异激活。该研究结果在总体错误矫正显著性水平(family-wise-error-corrected significance level)达到 $p<.01$ 时获得。经赫维斯-阿德尔曼、墨色-梅瑟和格戈斯塔尼(Hervais-Adelman, Moser-Mercer & Golestani, 2011)许可转载。

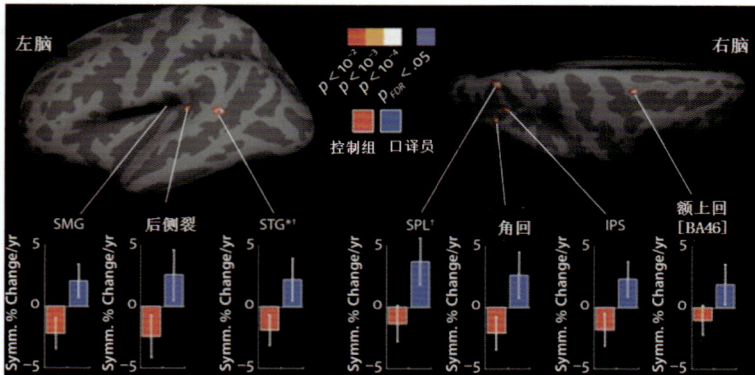

彩图 7.2　同声传译学生因训练引起的大脑皮质厚度变化

该图投影在典型膨胀的白质表面上,显示了年化皮质厚度变化百分比均值存在主效应显著的脑区。深色斑块代表脑沟,浅色斑块代表脑回。为清晰显示,已达到显著性($p<.0001$)的聚类以 $p<.01$ 的阈值显示。颜色编码表示显著性水平。星号(*)表示在全脑 FDR 校正下达到显著性水平 $p<.05$ 的峰值聚类。"十"字(†)表示在 $p<.05$ 时达到全脑聚类校正显著性的聚类,其聚类形成阈值为 $p<.0005$。条形图显示了聚类峰值坐标处两组的对称百分比变化。误差条代表 95% 的置信区间。IPS:顶内沟;SMG:缘上回;SPL:顶上小叶;STG:颞上回。经赫维斯-阿德尔曼等(Hervais-Adelman et al., 2017)许可转载。

该图绘制出了组别、时间和条件对血氧浓度依赖性反应的三重交互作用,其五个体素的聚类范围阈值投射在标准单一受试大脑,搜索量内的区域阈值为 $p<0.01$。交互作用图表示在每个时间点的指示聚类的峰值体素处,每种条件相对于静息基线的平均对比度估计(以任意单位表示)。误差条表示均值的标准差(校正后适用于重复测量比较)。星号表示训练效果显著的区域(三重交互作用是由训练前后,学员在同声传译过程中血氧浓度依赖性反应程度的差异驱动)。

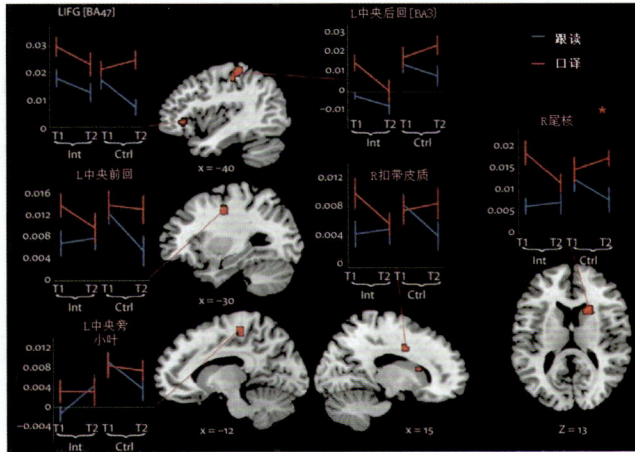

彩图 7.3　相对于未受过训练的多语者,口译学员在同声传译中因受训引起的大脑活动变化

BA:布罗德曼分区;CTRL:未经训练的多语者对照组;INT:同声传译学员;L:左;LIFG:左额下回;R:右;T1:训练前结果;T2:训练后结果。经赫维斯-阿德尔曼、墨色-梅瑟和格戈斯塔尼(Hervais-Adelman,Moser-Mercer & Golestan,2015)许可转载。

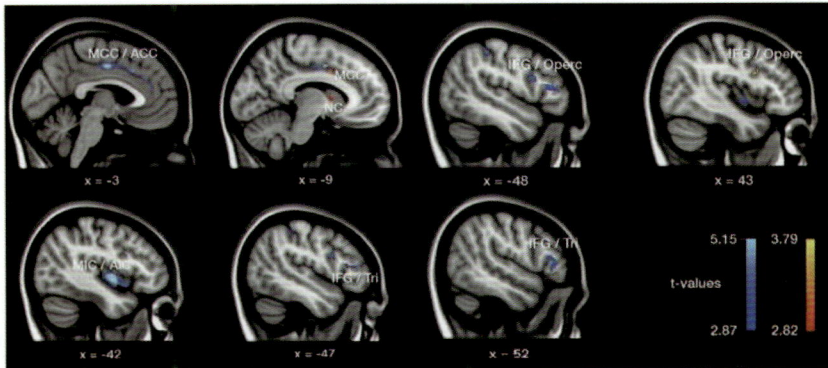

彩图 7.4　专业同传译员和多语对照者之间的灰质差异

该图显示,相对于对照者而言,口译员的脑区体积有所减少(蓝色区域),而灰质体积与口译员练习时间累计数显著相关(红色区域)。ACC:前扣带皮质;AIC:前脑岛皮质;IFG:额下回;MCC:中扣带皮质;MIC:中脑岛皮质;NC:尾状核;Operc:岛盖部;Tri:三角部。经埃尔默、汉基和扬克(Elmer,Hänggi & Jäncke,2014)许可转载。

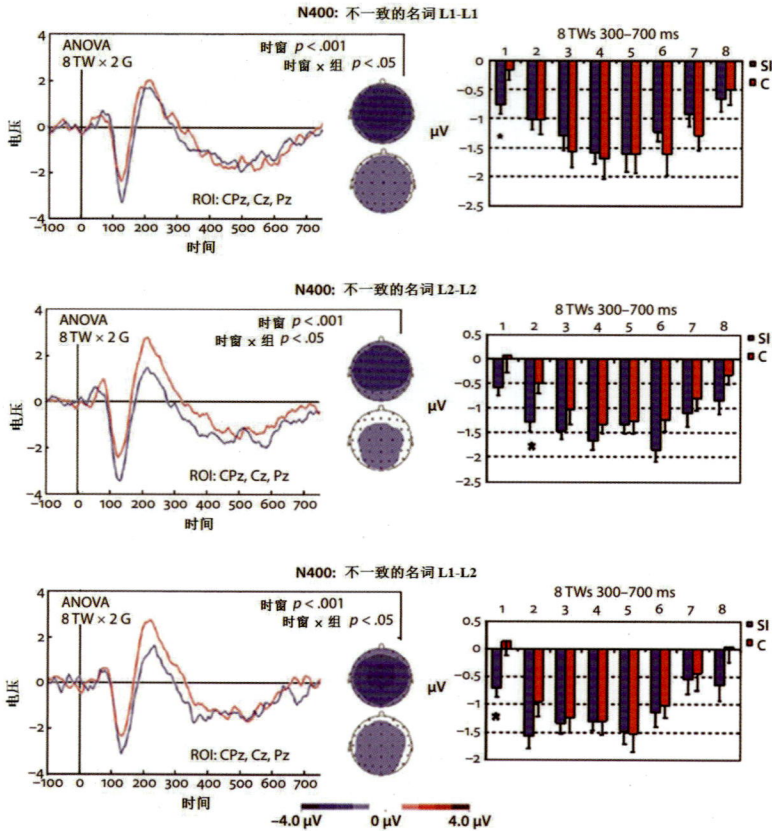

彩图 7.5　同传译员与多语者对照组在语义判断任务中的 N400 差异

　　该图显示了两组受试(蓝色:同传译员;红色:多语者对照组)对不一致名词的反应。该数据是兴趣区内的电压值。x 轴表示以毫秒(ms)为单位的时间进程,y 轴表示以微伏(μV)为单位的平均电压值。该图还报告了 L1-L1, L2-L2 和 L1-L2 组合在八个连续时窗中的平均幅度(L1-L2条件下,无组间差异)。八个连续时窗为:1=300—350 毫秒,2=350—400 毫秒,3=400—450毫秒,4=450—500 毫秒,5=500—550 毫秒,6=550—600 毫秒,7=600—650 毫秒,8=650—700毫秒。星号(*)表示 $p<.05$ 时有显著差异。头皮图显示 300 毫秒到 700 毫秒之间的调节情况。上图对应着同传译员,下图对应对照组。C:多语者对照组;G:组;L1:一语(德语);L2:二语(英语);SI:同传译员;ROI:兴趣区;TW:时窗。经埃尔默、迈尔和扬克(Elmer, Meyer & Jäncke,2010)许可转载。

A. 试验范式

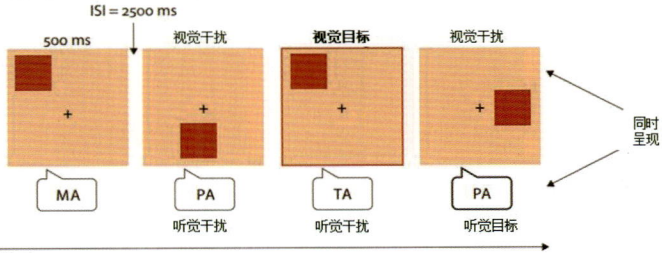

B. 结果

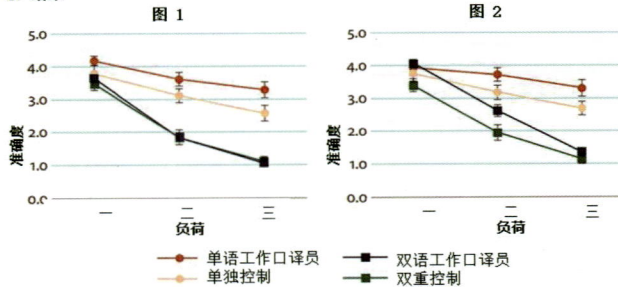

彩图 7.9　同传译员和双语者对照组在单任务和
双任务 n-back 实验中的表现

　　该图显示了双任务 n-back 实验中的一系列实验示意图(图 A)，
以及按组别和组块划分的单任务和双任务 n-back 实验的平均准确度
(d′)(图 B)，表明口译员的表现更优。ISI: 刺激间隔。经莫拉莱斯等
(Morales et al., 2015)许可转载。

目 录

Preface to the Chinese Edition

Ray Bradbury once wrote that "books are alive." If so, then each of them hides a biography. Building on such metaphors, I would take this opportunity to briefly chronicle the life of *The Neurocognition of Translation and Interpreting* (García, 2019).

This work was incubated for nearly 15 years, as I developed my career in translation, language science, and cognitive neuroscience. Its birth occurred in 2019, after an intensive writing period which, tropes aside, lasted nine months. It quickly gave its first steps in presentations across several countries, including Germany, Argentina, Chile, and Brazil. Then it began to grow, healthy and strong, through positive feedback in reviews (e.g., Deckert, 2021; He, 2020; Hervais-Adelman, 2020; Korpal, 2021; Shan & Li, 2021; Zhe & Xie, 2021) and accruing citations in relevant journals (e.g., Lozano-Argüelles et al., 2023; Matthiessen, 2020; Mellinger & Hanson, 2022; Moser-Mercer, 2021; Pérez et al., 2022; Pöchhacker, 2022; Sun et al., 2021). Now, five years after its inception, the book fulfils a new rite of passage upon being translated into a different language: Mandarin Chinese.

This is a major milestone given the breadth of Chinese readers and the relevance of Chinese scientists. Mandarin Chinese is the second most spoken language in the globe and the first in terms of native speakers (Eberhard & Simons, 2020). Moreover, the Chinese research community is the fastest-growing worldwide, surpassing the United States in its presence across high-quality natural science journals (Baker, 2023). In particular, China is a powerful contributor to cognitive translation and interpreting studies, including brain-based approaches. This I have come to discover first-hand over the years, thanks to long-standing collaborations with brilliant colleagues and friends in Beijing, Macau, Hong Kong, and Chengdu. The present translation, then, represents a landmark moment for the book.

I am greatly indebted to all who made this possible. I would first like to thank Yue Lang and Linping Hou for their diligence and drive in proposing, performing, and curating the translation. I am also thankful to John Benjamins and China Ocean University Press for coming together to support the project. In addition, I am humbled by the constant support of countless students, researchers, and practitioners who keep breathing life into the book through continual praise and criticism. And now, to conclude, I extend my gratitude to all my new Chinese-reading friends. Your attention to this volume will enrich its biography as it comes of age. Thank you for playing a part in its evolving life story.

Adolfo M. García

Boston, November 13, 2023

参考文献

Baker, S. 2023. China overtakes United States on contribution to research in Nature Index. *Nature*. https://doi.org/10.1038/d41586-023-01705-7

Deckert, M. 2021. The neurocognition of translation and interpreting. *Perspectives*, *29*(6), 951-952. https://doi.org/10.1080/0907676x.2020.1834939

Eberhard, D. M., Simons, G. F., & Fenning, C. D (Eds.). (2020). *Ethnologue: Languages of the World (23rd ed.)*. Dallas: SIL International.

García, A. M. 2019. *The Neurocognition of Translation and Interpreting*. Amsterdam: John Benjamins Publishing Company.

He, Y. 2020. Adolfo M. García. The neurocognition of translation and interpreting. *Babel*, *66*(3), 536-541. https://doi.org/10.1075/babel.00167.he

Hervais-Adelman, A. 2020. Adolfo M. García. The neurocognition of translation and interpreting. *Interpreting*, *22*(1), 156-161. https://doi.org/10.1075/intp.00039. her

Korpal, P. 2021. The neurocognition of translation and interpreting by Adolfo M. García. *Interpreting and Society*, *1*(1), 107-110. https://doi.org/10.1177/27523810211033688

Lozano-Argüelles, C., Sagarra, N., & Casillas, J. V. 2023. Interpreting experience and working memory effects on L1 and L2 morphological prediction. *Frontiers in Language Sciences*, *1*, 1065014. https://doi.org/10.3389/flang.2022.1065014

Matthiessen, C. M. I. M. 2020. Translation, multilingual text production and cognition viewed in terms of systemic functional linguistics 1. In F. Alves & A. Jakobsen (Eds.), *The Routledge Handbook of Translation and Cognition* (1st ed.). London: Routledge.

Mellinger, C. D., & Hanson, T. A. 2022. Considerations of ecological validity in Cognitive Translation and Interpreting Studies. *Translation, Cognition & Behavior*, *5*(1), 1-26. https://doi.org/10.1075/tcb.00061.mel

Moser-Mercer, B. 2021. Conference interpreting and expertise. In M. Albl-Mikasa & E. Tiselius (Eds.), *The Routledge Handbook of Conference Interpreting* (1st ed.). London: Routledge.

Pérez, G., Hesse, E., Dottori, M., Birba, A., Amoruso, L., Martorell Caro, M., Ibáñez, A., & García, A. M. 2022. The bilingual lexicon, back and forth: Electrophysiological Signatures of translation asymmetry. *Neuroscience*, 481, 134-143. https://doi.org/10.1016/j.neuroscience.2021.11.046

Pöchhacker, F. 2022. *Introducing interpreting studies* (3rd ed.). London: Routledge.

Shan, Y., & Li, L. 2021. Book review: The neurocognition of translation and interpreting. *Frontiers in Psychology*, *12*, 715226. 10.3389/fpsyg.2021.715226

Sun, S., Muñoz Martín, R., & Li, D. 2021. Introduction: One more step forward— Cognitive translation studies at the start of a new decade. In R. Muñoz Martín,

S. Sun, & D. Li (Eds.), *Advances in Cognitive Translation Studies*. Springer. https://doi.org/10.1007/978-981-16-2070-6_1.

Zheng, B., & Xie, M. 2020. Review of García (2019): The neurocognition of translation and interpreting. *Target*, *33*(1), 157–162. https://doi.org/10.1075/target.20055.zhe.

致　谢

　　学术生涯伊始，我就很幸运地在声名卓著的机构任职，与各领域的顶尖专家切磋，同具有远见卓识的出版商打交道。本书源于此类协同效应。回首过去，感谢为本书作出贡献者，这些都激励着我。

　　机构层面，感谢阿根廷国家科学与技术研究委员会（CONICET）、认知与翻译神经科学研究院（INCYT）、认知神经学研究院（INECO）和国立库约大学（UN-Cuyo）教育学院的长期支持。深感荣幸的是，在祖国阿根廷的这些优秀机构里，我完成了大部分研究工作。

　　此外，我特别感激由罗伯托·瓦尔迪昂教授担任总编辑的"本杰明翻译研究文库"对该研究课题的信任与推动。一并感谢几家出版商的宽宏友善，应允我转载以往的研究资料。

　　本书有诸多亮点，但也尚有不足之处。不足之处完全归咎于本人，亮点则源于多年来诸位朋友和同事的帮助。如下几行文字聊表谢意。

　　首先，非常感谢隶属于认知与翻译神经科学研究院的实验心理学和神经科学实验室（LPEN-INCYT）的所有成员，尤其是奥古斯丁·伊巴内斯和卢卡斯·塞德诺，和我共度科研旅程。与他们合作的每一天，我都能学到新东西。迈克尔·韩礼德、鲁卡娅·哈桑、悉尼·兰姆和米歇尔·帕哈迪教授的见解和支持也极大地促进了我对该领域的思考。我们经常在彼此家中、在远方酒店切磋学问，也通过互联网进行激动人心的交流，在学术专业和个人情感方面均留下了不可磨灭的印记。

　　其次，我还珍视与无数优秀合作者在多个研究项目中的合作。这些合作者来自多个国家,如阿根廷(国立马尔德普拉塔大学、国立科尔多瓦大学)、澳大利亚(悉尼大学、麦考瑞大学)、巴西(米纳斯－吉拉斯联邦大学)、智利(智利圣地亚哥大学、阿道夫－伊巴内斯大学)、中国(澳门大学、电子科技大学)、哥伦比亚(安蒂奥基亚大学、德瓦勒大学、哈维尔亚纳大学、洛斯安第斯大学)、德国(约翰内斯－古腾堡大学)、西班牙(拉古纳大学、奥维多大学)、英国(杜伦大学)和美国(纽约大学、佛罗里达医院)。另外,还要感谢我在美洲开发银行和翻译认知实证研究协会(TREC)的工作组成员。一直能从这个庞大的研究网络中获取信息是我的荣幸。

最后,如同我承担的其他研究项目那样,没有劳尔、厄尔巴、潘乔和玛丽亚的陪伴、爱心和耐心,本书难以付梓。这些幕后英雄促成了这所有一切,我在此表示最诚挚、最衷心的感谢。

阿道夫·M. 加西亚

2018 年 12 月 20 日

于布宜诺斯艾利斯

序

　　几千年来,口笔译研究涉及多种视角,但直到近期才有学者对其进行科学层面的探索。以综合的路径和多维的角度探索口笔译在人类大脑中的加工过程,仍是一个全新领域,蒂莫茨科(Tymoczko,2012)将其称为口笔译研究中"一个公认的未知领域"。因此,一本题名为《口笔译神经认知研究》的专著难免会引人注目。迄今为止,最常用的口笔译认知研究方法仍是非神经研究法。换言之,此类研究很少利用来自大脑的数据,而主要依赖语言表达和译者行为,并且多为实证研究,深受信息加工范式影响。然而,最近口笔译认知研究中出现了一种新的趋势:提倡4EA认知,即认为人类认知(包括口笔译行为)具有嵌入性(embedded)、延伸性(extended)、具身性(embodied)、生成性(enacted)和情感性(affective)(Muñoz Martín,2017;Risku,2017)。阅读本书时,熟悉4EA认知主流研究方法的读者自然会问:口笔译研究为何要关注神经认知?甚至有可能进一步追问:既然口笔译认知研究似乎正在从严格的实验范式转向情境认知研究,更加关注与口笔译行为认知层面相关的语境因素,那么为何还要在大脑层面研究翻译?

　　在目前这种以4EA认知研究为主流的趋势中,任何一位研究者以受试为中心,从生物学视角探讨该主题,并声明大脑中的翻译加工现象为口笔译的情境认知研究提供了基石,都是一次大胆的尝试。此类研究可与4EA认知研究互补,也可为解读口笔译现象提供新的可能性。诚如本书作者阿道夫•加西亚所示,理性主义方法、观察法、内省法、基于语料库的研究方法及定量研究法为这个方兴未艾的研究领域作出了巨大贡献。从本体论和方法论的角度来看,此类方法均属于

"非神经"的研究方法。然而,正如加西亚所言,"这些研究方法的深层研究过程并不一定排斥所观察现象的神经基础"。但是,此类方法都难以揭示口笔译过程中与人类大脑加工相关的复杂问题,无法深入探究 4EA 认知的关键组成部分。这也许可以解释为何最近学界的研究兴趣超越了大脑"黑匣"(black box)和"公认的未知领域"(加西亚称后者为谬论),而口笔译认知研究者对基于大脑的研究产生了极大兴趣。

采用神经认知研究方法探讨口笔译认知过程的前景已逐渐明晰,这也正是《口笔译神经认知研究》一书颇具雄心但业已完成的目标。加西亚首先回顾了口笔译认知研究的各种范式,并从以下几方面进行了讨论:从实验设计的角度讨论神经认知研究的不同工具、语言和非语言范式的作用、非侵入性技术的使用和解读数据的方法。现有的口头报告以及行为研究中的键盘记录[①]和眼动追踪数据让我们认识到大脑"黑匣"仍然是一个"公认的未知领域"。如果我们不尽力探究这些问题的答案,就如加西亚本书中所言,"若从一开始就忽视了基本要素,那么大规模的研究就会存在不可挽回的缺陷"。加西亚建议将行为实验中获取的信息与基于大脑生理研究的发现相结合,使口笔译认知过程研究成为"神经元团队合作"(neuronal teamwork)的一个实例。

《口笔译神经认知研究》一书从脑损伤入手,通过对大脑损伤的相关研究,揭示口笔译大脑加工过程。本书还涉及翻译方向动态研究以及口笔译任务中认知单位复杂性等方面的问题。此外,本书通过补充及扩展讨论,阐明了 4EA 认知研究领域中占据主导地位、备受争议的观点,即与大脑相关的研究方法应该适用于翻译活动的情境认知观。简言之,这都是关于连接、单位、时间和距离方面的探讨,而施尔皮罗德(Schilperoord, 1996)称之为行为方面的"认知节奏"(cognitive rhythm)。

毫无疑问,关注口笔译者大脑的认知节奏有助于我们更好地了解口笔译神经认知研究的详细过程。《口笔译神经认知研究》能够说服对该领域感兴趣的读者,将口笔译视为一种大脑活动是意义重大的。本书也确实表明,我们可以从不同角度探究和记录大脑活动,从而更好地理解与口笔译有关的大脑现象。此外,本书作者加西亚会让读者相信口笔译神经认知研究是一系列"有待探索的已知领

---

① "键盘记录"(key-logging)又称"击/按键记录"(key-stroking),本书中我们沿用"键盘记录"这一译名,统一称谓。——译者注

域",而非"公认的未知领域"。由此,该书揭示了口笔译神经认知领域正在发生的一切,值得记录下来,以飨读者。

法比奥·艾维斯
2018 年 12 月 23 日
于贝洛奥里藏特

参考文献

Muñoz Martín, Ricardo. 2017. "Looking toward the future of cognitive translation studies." In *The Handbook of Translation and Cognition*, ed. by John W. Schwieter and Aline Ferreira, 555–572. Hoboken, New Jersey: John Wiley & Sons, Inc.

Risku, Hanna. 2017. "Ethnographies of translation and situated cognition." In *The Handbook of Translation and Cognition*, ed. by John W. Schwieter and Aline Ferreira, 290–310. Hoboken, New Jersey: John Wiley & Sons, Inc.

Schilperoord, Joost. 1996. *It's About Time. Temporal Aspects of Cognitive Processes in Text Production*. Utrecht: Rodopi.

Tymoczko, Maria. 2012. "The neuroscience of translation." *Target, 24* (1): 83–102. https://doi.org/10.1075/target.24.1.06tym

转载注释

本书的一些内容是对先前研究资料的扩展或转载，如下所示。

经约翰·本杰明出版社授权，本书第2章第2.7节转载并扩展了一篇2016年出版的图书章节。该文献为：Adolfo M. García, Ezequiel Mikulan & Agustín Ibáñez (2016). A neuroscientific toolkit for translation studies. In Ricardo Muñoz Martín (ed.), *Re-embedding Translation Process Research*, pages 21–46. Amsterdam: John Benjamins. Online: https://benjamins.com/catalog/btl.128.

第3章第3.2节是2017年出版的专著中，第58至68页的修改和扩展。该文献为：Adolfo M. García, William J. Sullivan, and Sarah Tsiang (2017). *An Introduction to Relational Network Theory: History, Principles, and Descriptive Applications.* London: Equinox. © Equinox Publishing Ltd 2017.

经蒙特利尔大学出版社授权，第4章第4.2节和第4.3节（包括表4.1至4.4）是一篇期刊论文的修改和扩展。该文献为：Adolfo M. García (2015). Translating with an injured brain: Neurolinguistic aspects of translation as revealed by bilinguals with cerebral lesions. *Meta: Translators' Journal*, 60(1), 112–134.

经出版商"泰勒-弗兰西斯"（Taylor & Francis）有限公司（http://www.tandfonline.com）许可，彩图1.1转载自一篇期刊论文的图1。该论文为：Grounding translation and interpreting in the brain: What has been, can be, and must be done, by Edinson Muñoz, Noelia Calvo & Adolfo M. García, *Perspectives: Studies in Translation Theory and Practice*, 2018, https://doi.org/10.1080/090767 6X.2018.1549575.

经出版商爱思唯尔（Elsevier）许可，图 2.1 摘自 *Brain Research Bulletin*，72(1), by Roland H. Grabner, Clemens Brunner, Robert Leeb, Christa Neuper, and Gert Pfurtscheller, Event-related EEG theta and alpha band oscillatory responses during language translation, pages 57-65, Copyright 2007.

经出版商爱思唯尔许可，图 2.3 转载于 *NeuroImage*, 134, by Maxi Becker, Torsten Schubert, Tilo Strobach, Jürgen Gallinat, and Simone Kühn, Simultaneous interpreters vs. professional multilingual controls: Group differences in cognitive control as well as brain structure and function, pages 250-260, Copyright 2016.

根据知识共享署名许可证的条款授权，彩图 2.4 转载自 *PLoS One*, 7(4), by Jihoon Oh, Mookyung Han, Bradley S. Peterson, and Jaeseung Jeong, Spontaneous eyeblinks are correlated with responses during the Stroop task, article e34871 (open access), https://doi.org/ io.i37i/journal.pone.oo3487i.

根据知识共享署名许可证的条款授权，彩图 2.5 转载自 *Frontiers in Human Neuroscience*, 8, by Wonil Choi, Rutvik H. Desai, and John M. Henderson, The neural substrates of natural reading: A comparison of normal and nonword text using eyetracking and fMRI, article 1024 (open access), Copyright 2014, https://doi.org/10.3389/fnhum.2014.01024.

彩图 2.6 经期刊论文作者同意并转载。文献为：D. Klein, B. Milner, R. J. Zatorre, E. Meyer, and A. C. Evans, The neural substrates underlying word generation: A bilingual functional-imaging study, *Proceedings of the National Academy of Sciences*, 92(7), 2899-2903, Copyright 1995, National Academy of Sciences, U.S.A.

经出版商爱思唯尔许可，彩图 2.8 转载自 *Brain Research*, 1158, by Douglas J. Davidson and Peter Indefrey, An inverse relation between event-related and time-frequency violation responses in sentence processing, pages 81-92, Copyright 2007.

经出版商爱思唯尔许可，图 2.9 转载自 *International Journal of Psychophysiology*, 57(2), by Sabine Weiss, Horst M. Mueller, Baerbel Schack, Jonathan W. King, Martha Kutas, and Peter Rappelsberger, Increased neuronal communication accompanying sentence comprehension, pages 129-141, Copyright 2005.

图 3.1、图 3.2、图 3.3、图 3.4、图 3.6 和图 3.7 来自维基共享资源（Wikimedia Commons）的免费媒体。所有这些图都经过修改后标记为商业再用，其所引用的

原作者信息如下。

—— 图3.1 帕特里克·J. 林奇（Patrick J. Lynch），医学插画家；C. 卡尔·贾菲（C. Carl Jaffe），医学博士，心脏病专家（根据知识共享署名2.5授权，2006年授权）。

—— 图3.2 匿名（公共领域）。

—— 图3.3 亨利·范迪克·卡特（Henry Vandyke Carter）和亨利·格雷（Henry Gray）（1918），《人体解剖学》（公共领域）。

—— 图3.4 约翰·汉克尔，来自食品和药物管理局（公共领域）。

—— 图3.6 Blausen. com staff. "布劳森画廊2014"，维基大学医学杂志。https://doi. org/10. 15347/wjm/2014. 010. ISSN 20018762。

—— 图3.7 托马斯·斯普利特（Thomas Splettstoesser）（根据知识共享署名共享4.0国际许可证获得许可）。

经出版商爱思唯尔许可，图3.5中的图A，转载自 *Neuroscience and Biobehavioral Reviews*, 80, by Agustina Birba, Indira García-Cordero, Giselle Kozono, Agustina Legaz, Agustín Ibáñez, Lucas Sedeño, and Adolfo M. García, Losing ground: Frontostriatal atrophy disrupts language embodiment in Parkinson's and Huntington's disease, pages 673–687, Copyright 2017.

图3.5中的图B由本书作者与 Agustína Birba 共同设计，最终由 Agustína Birba 绘制而成。

根据知识共享协议的条款授权，彩图3.8转载自 *Cerebral Cortex*, 25(12), by Michel Thiebaut de Schotten, Flavio Dell'Acqua, Peter Ratiu, Anoushka Leslie, Henrietta Howells, Emanuel Cabanis, Marie-Therese Iba–Zizen, Odile Plaisant, Andrew Simmons, Nina F. Dronkers, Suzanne Corkin, and Marco Catani, From Phineas Gage and Monsieur Leborgne to H.M.: Revisiting disconnection syndromes, pages 4812–4827, https://doi.org/10.1093/cerc0r/bhv173 PMCID: PMC4635921.

经出版商爱思唯尔许可，彩图3.9转载自 *Developmental Cognitive Neuroscience*, 1(3), by S. Christopher Nuñez, Mirella Dapretto, Tami Katzir, Ariel Starr, Jennifer Bramen, Eric Kan, Susan Bookheimer, and Elizabeth R. Sowell, fMRI of syntactic processing in typically developing children: Structural correlates in the inferior frontal gyrus, pages 313–323, Copyright 2011.

经出版商爱思唯尔许可，彩图3.10转载自 *Cortex*, 49(3), by Elizabeth Jefferies, The neural basis of semantic cognition: Converging evidence from neuropsychology, neuroimaging and TMS, pages 611-625, Copyright 2013.

经出版商爱思唯尔许可,图 3.11 转载于 *Journal of Neurolinguistics*, 20(3), by Jubin Abutalebi and David Green, Bilingual language production: The neurocognition of language representation and control, pages 242-275, Copyright 2007.

根据知识共享 NCND 2.5 许可证的条款(http://creativecommons.org/licenses/by-nc-nd/2.5/ar/)授权,图 4.1 改编自 *Traductología y neurocognición: Cómo se organiza el sistema lingüístico del traductor*, page 252, Copyright 2012, by Adolfo M. García. Córdoba: Facultad de Lenguas de la Universidad Nacional de Cordoba. URL: http://hdl.handle.net/11086/2715.

经泰勒-弗兰西斯有限公司许可,图 4.2 摘自 *The Neurolinguistics of Bilingualism: An Introduction*, page 205, by Franco Fabbro, Copyright 1999. Hove: Psychology Press.

彩图 5.2 经期刊论文作者同意并转载。文献为: Denise Klein, Brenda Milner, Robert J. Zatorre, Ernst Meyer, and Alan C. Evans, The neural substrates underlying word generation: a bilingual functional-imaging study, *Proceedings of the National Academy of Sciences*, 92(7), 2899-2903, Copyright 1995, National Academy of Sciences, U.S.A.

经阿姆斯特丹/费城的约翰-本杰明出版公司[www.benjamins.com] 授权,彩图 5.3 摘自 "Images of shadowing and interpreting," by Jorma Tommola, Matti Laine, Marianna Sunnari, and Juha O. Rinne. In *Interpreting* 5(2), 147-169/2000.

经出版商爱思唯尔许可,图 5.4 摘自 *Brain Research Bulletin*, 59(3), by Valentina Quaresima, Marco Ferrari, Marco C. P. van der Sluijs, Jan Menssen, and Willy N. J. M. Colier, Lateral frontal cortex oxygenation changes during translation and language switching revealed by non-invasive near-infrared multi-point measurements, pages 235-243, Copyright 2002.

经约翰-本杰明出版社授权,彩图 5.5、彩图 5.6 和彩图 5.8 转载自 Adolfo M. García, Ezequiel Mikulan & Agustín Ibáñez (2016). A neuroscientific toolkit for translation studies. In Ricardo Muñoz Martín (ed.), *Re-embedding Translation Process Research*, pages 21-46. Amsterdam: John Benjamins Online: https://benjamins.com/catalog/btl.128.

经泰勒-弗兰西斯有限公司（http://www.tandfonline.com）许可，图5.7转载自 Language conflict in translation: An ERP study of translation production, by Ingrid K. Christoffels, Lesya Ganushchak, and Dirk Koester, *Journal of Cognitive Psychology*, 25(5), 646–664, Copyright 2013.

经出版商爱思唯尔许可，图6.2转载自 *Current Biology*, 20, by Gianpiero Liuzzi, Nils Freundlieb, Volker Ridder, Julia Hoppe, Kirstin Heise, Maximo Zimerman, Christian Dobel, Stefanie Enriquez-Geppert, Christian Gerloff, Pienie Zwitserlood, and Friedhelm C. Hummel. The involvement of the left motor cortex in learning of a novel action word lexicon, pages 1745–1751, Copyright 2010.

经出版商爱思唯尔许可，彩图6.3转载自 *Journal of Neurolinguistics*, 37, by Cornelia D. Moldovan, Josep Demestre, Pilar Ferré, Rosa Sánchez-Casas. The role of meaning and form similarity in translation recognition in highly proficient balanced bilinguals: A behavioral and ERP study, pages 1–11, Copyright 2016.

彩图6.4经期刊论文作者许可，转载自 Brain potentials reveal unconscious translation during foreign-language comprehension, *Proceedings of the National Academy of Sciences*, 104(30), 12530–12535, Copyright 2007.

经出版商爱思唯尔许可，彩图6.5摘自 *Brain Research Bulletin*, 72(1), by Roland H. Grabner, Clemens Brunner, Robert Leeb, Christa Neuper, and Gert Pfurtscheller, Event-related EEG theta and alpha band oscillatory responses during language translation, pages 57–65, Copyright 2007.

获美国心理协会许可，图6.7转载自 *Journal of Experimental Psychology: Human Perception and Performance*, 30(5), by Wouter Duyck and Marc Brysbaert, Forward and backward number translation requires conceptual mediation in both balanced and unbalanced bilinguals, pages 889–906, Copyright 2004.

根据知识共享署名许可证的条款授权，图6.8转载于 *Frontiers in Psychology: Cognitive Science*, 5, by Adolfo M. García, Agustín Ibáñez, David Huepe, Alexander L. Houck, Maëva Michon, Carlos G. Lezama, Sumeer Chadha, and Álvaro Rivera-Rei, Word reading and translation in bilinguals: The impact of formal and informal translation expertise, article 1302 (open access), Copyright 2014, https://doi.org/10.3389/fpsyg.2014.01302.

根据知识共享署名许可证的条款授权，彩图7.1转载于 *Frontiers in*

Simultaneous interpretation selectively influences working memory and attentional networks, pages 82–91, Copyright 2015.

经出版商爱思唯尔许可，图 7. 10 摘自 *NeuroImage*, 134, by Maxi Becker, Torsten Schubert, Tilo Strobach, Jürgen Gallinat, and Simone Kühn, Simultaneous interpreters vs. professional multilingual controls: Group differences in cognitive control as well as brain structure and function, pages 250–260, Copyright 2016.

绪论
口笔译与幕后大脑

I 踏进阁楼

使用不同语言进行交流是人类的永恒需求（Delisle & Woodsworth, 1995）。两个语言社区首次接触,双语者就会进行各种形式的语际转换（interlingual reformulation）,即以各种形式进行口笔译活动（García, Mikulan & Ibáñez, 2016; García & Muñoz, 2020）。我们不妨想象一下,早期遥远的部落间开展贸易的土著居民,烛光下工作的圣哲罗姆[①],为奥斯曼帝国服务的译员,文艺复兴时期的宗教译员,清朝时期在中国传教的耶稣会士,纽伦堡审判会议的口译员,或者阿根廷一名为位于费城的代理机构管理"塔多思平台"（Trados Studio）[②] 翻译项目的自由职业者。这一切都说明这一事实,即人们一直在跨越时空,用大脑在一语和二语之间传递信息。

几个世纪以来,需要跨语言交流的文化群体类型、所涉及的文本种类以及技术支持发生了根本变化,正式培训和实践环境更是出现了天翻地覆的变化。尽管如此,在这种千变万化的环境中,有一个因素始终未变:人类完成的每次语际转换活动一直都遵循特定的神经认知活动模式。

然而,这一贯穿整个跨语言交流历史的主线,在很大程度上并不在口笔译

[①] 罗马天主教教父,《圣经》拉丁文本译者。1991 年"国际翻译家联盟"将其生日 9 月 30 日定为国际翻译日。——译者注

[②] 一款计算机辅助翻译软件。——译者注

的研究范围之内。这显然不是因理论的独立性或认识论的狭隘性而造成的。口笔译研究自出现以来，已经融合了来自不同学科的多种工具和概念（Holmes，2000[1972]），是一种"跨学科"的研究（Snell-Hornby，1992，2006），或者说是"一栋套间房"（Neubert & Shreve，1992）。然而，尽管早有学者呼吁口笔译研究应与心理学取向的科学互相借鉴（Holmes，1988），且目前广泛的认知框架有效地促进了现有研究的发展，但语际转换的大脑基础近期仍被认为是该学科"公认的未知领域"（Tymoczko，2012）。事实上，迄今为止，神经认知研究在口笔译研究大厦中的位置仅相当于一间黑暗、边缘的阁楼罢了。

诚然，这种情况也是预料之中的。口笔译研究长期以来一直植根于人文主义传统，这使其在无需生物学考量的情况下仍取得了实质性进步。事实上，即使是过程取向研究也在非神经科学方法的研究上取得了很大进展（参见第 1 章，1.2 节）。此外，20 世纪早期和中期以来，出现了相关的失语症证据（García & Muñoz，2020），但一些奠基之作仅出现在一些不太知名、难以获取的期刊上。认知神经科学的关键技术在 20 世纪后期才正式创立（Cooper & Shallice，2010）。事实上，直到最近几年，这些技术才开始频繁用于探索口笔译过程（Muñoz，Calvo & García，2018）。

进入 21 世纪之后，研究状况已经发生了根本性的转变。口笔译研究中的几个发展趋势完全接纳了实验认知方法（Ferreira & Schwieter，2015；García，2015a；Göpferich，Jakobsen & Mees，2008；Jakobsen，2014；Schwieter & Ferreira，2017）。此外，诸多领域的相关文献均可供查阅（Duffy，2000；Esposito，2016），为神经科学发展提供支撑的相关工具也逐渐普及（Yeung，Goto & Leung，2017）。但更重要的是，在脑科学研究者对语际转换关注度提升的同时（García，2013a，2015b），口笔译研究者对语际转换神经证据的兴趣也愈发浓厚（Diamond & Shreve，2010，2017；Elmer，2012；García，2012a；García & Muñoz，2020；García，Mikulan & Ibáñez，2016；Moser-Mercer，2010；Muñoz，Calvo & García，2018）。借助这些领域的突破性研究，我们终于可以在神经认知的阁楼中点亮灯光，并发现语际转换的神经认知过程其实是一系列"有待探索的已知领域"，而非"公认的未知领域"（García & Muñoz，2020）。

研究者需要努力从生物心理学角度框定口笔译研究范围，需要整合多方见解，以剖析大脑中相关机制的组织方式，领悟这些机制在不同情况下的运作方式，探明它们如何因特定领域的训练而发生变化。同时，所有此类知识都需要与过程取向的主体知识架构相关,以便使神经学的数据与口笔译认知研究的总体框架无缝衔接。当然,这种研究项目看起来颇具野心,但事实上现在时机已经成熟,是时候让它结出硕果了。

目前数十项研究直接从脑解剖、脑功能、脑可塑性和行为方面对语际转换进行了阐释。现有证据来源于多种研究方法,包括对脑损伤双语者的神经心理学评估,血液动力技术(如功能性磁共振成像(fMRI)、正电子放射断层成像术(PET)、功能性近红外光谱技术(fNIRS)),脑电图(EEG)方法(如事件相关电位(ERPs)、振荡动力和功能连接的测量),侵入性和非侵入性脑刺激方法(如直接皮质电刺激(DCS)、经颅直流电刺激(tDCS)),当然还包括对认知表现的相关检测和估量(如对照实验中的准确率与反应时)。借助于这些工具,我们新开放的"阁楼"上已经有丰富的资料,记载着各种研究结果和理论架构。本书旨在将这些资料进行整合、重组,并且对这些资料进行整体解读,深入探讨该领域完整连贯的发展史。

过去十年,我与众多研究团队合作完成了多项研究工作,这有助于如上目标的实现。我有翻译从业者和翻译教师的经历,同时契合研究背景,如口笔译研究(如 Bender, García & Barr, 2010; García, 2008, 2009, 2011, 2012a, 2014a, 2015a, 2015b; García & Arrizabalaga, 2013),双语和多语言研究的子领域(如 García, 2016; García & Suárez Cepeda, 2016; García, 2014b; García et al. , 2014; Santilli et al. , 2018),语言学的不同领域(如 García, 2010, 2012b, 2012c, 2013a, 2013b, 2015c; García & Ibáñez, 2016a; García, Sullivan & Tsiang, 2017),以及认知科学和神经科学的某些分支(如 Abrevaya et al. , 2017; Baez et al. , 2017; Birba et al. , 2017; García-Cordero et al. , 2016; García & Ibáñez, 2016b, 2016c; García et al. , 2016a, 2016b, 2017a, 2017b, 2017c, 2018; Ibáñez & García, 2018; Ibáñez, Sedeño & García, 2017; Melloni et al. , 2016; Santamaría-García et al. , 2017; Yoris et al. , 2017)。合理整合这些重要的研究贡献,不仅是如下章节中所面临的挑战,更是未来几年语际转换的神经科学研究面临的最大问题。幸运的是,我们正在朝这个方向不断努力,而且一切进展顺利。

Ⅱ　口笔译研究为何要关注神经认知?

现在,您可能会认为口笔译认知研究关注神经认知适逢其时且具有可行性。然而,仍然存在一个更为关键的问题:这种努力值得吗?事实上,我们描述口笔译心智的各个方面时,无需神经科学证据加以佐证。

几十年的研究表明,我们可以通过借鉴其他学科的见解,观察工作中的专业译员和学生译员,研究他们对翻译过程的主观印象,描述产出的最终产品(译文),甚至测量隐性的生理标记(例如:瞳孔扩张)或与任务相关的行为表现(例如:键盘动作),推断语际转换的认知决定因素。没有借助脑科学研究方法的情况下,上述方法就已经阐明了反向翻译(backward translation,二语到一语)和正向翻译(forward translation,一语到二语)之间的差异(de Groot, Dannenburg & van Hell,1994;García et al. ,2014a),不同翻译单位需要的认知资源(Carl & Kay,2011),原文阅读与译文表达之间注意力资源的分配(Hvelplund,2011),语际转换中形式转换和概念整合的加工过程(Kroll & Stewart,1994;García,2015a),以及众多元认知策略的作用(Shreve,2009)等。虽然神经科学视角对于探索口笔译认知过程并非必不可少,但将其与其他方法结合,则可以从多方面促进该类研究的进步。请允许我通过简要预告第 1 章中的一些论点来支持这一主张。

首先,心理系统及其运作与神经结构和神经过程保持一致且可互相预测,这在脑损伤研究和脑成像研究中得到了广泛的证实(LeDoux,2002)。事实上,正如语言(Pulvermüller,2002)、记忆(Kandel,2006)和情感(Damasio,1994)研究中的领军人物所论证的那样,心智和大脑始终一体。更具体地说,在语际转换中,这种一致性可以让过程取向的研究人员在不同层面上有实质性的发现。例如,可以通过研究脑损伤双语者的口笔译表现(García,2012a,2015b)和健康受试口笔译时的实时神经特征(García,2013a)来探索关键认知系统的功能配置。此外,语际转换内在认知过程的精准特征可以通过电生理方法获得,这一方法的时间分辨率明显优于该领域中的其他方法(Luck & Kappenman,2012)。还可以通过功能连接指标来探索不同认知机制之间(包括其整合和分离)的相互作用(Friston,2011)。此类方法均可以用于探索语际转换专家的认知特性[①]。同时,我们也可以通过脑刺激范式获得因果性(而非相关性)的证据(Parkin, Ekhtiari & Walsh,2015)。后续研究结果可用于验证或构建认知模型和假设,并最终为各种形式的教学和实践创新提供启示。我们相信这种走向跨学科互惠的全新研究方法将会为当前和未来的口笔译研究打下坚实基础。

当然,神经科学研究具有"诱人魅力"(Fernandez-Duque et al. ,2015;

---

① 一般认为,通过该类方法测录专家型译员在口笔译过程中的神经认知和生理心理数据,可以预测专家型译员的语际转换规律。——译者注

Weisberg et al.,2008),但远非完美。事实上,神经科学研究在理论和方法论方面均存在问题(Munafò et al.,2017)。然而,该类研究缺陷并不能抹杀其贡献,若没有该类研究,我们对于语际转换的理解无法达到现在的程度[①]。毋庸置疑,基于大脑的研究并不比行为研究、定性研究或其他人文学科的方法更好或更重要,**反之亦然**。口笔译研究的现象太过复杂,我们不能仅仅因为传统、教条主义或二元论偏见而否定一种方法。毫无疑问,任何能够扩展当前数据来源的方法都值得尝试,更何况是像神经认知研究这种强有力且多样化的研究。简言之,即使在长期被遗忘的"阁楼"中,也可能隐藏着意想不到的巨额财富。

Ⅲ　研究目的与受众

上述前提下,本书旨在实现五个总体上相互关联的目标:(1)介绍语际转换的相关神经认知研究,将该方法与其他认知研究方法作对比;(2)描述迄今为止文献中采用的方法和工具;(3)介绍神经学的关键概念、语言的神经基础及双语者的神经认知特征,以此作为研究语际转换的基础条件;(4)汇集、整合和解读口笔译研究中重要主题的神经心理学、神经科学和行为证据;(5)讨论该领域的现状与未来,重点强调其成就、优势、劣势和需求。

上述目标也表明,本书的主要读者是有志于从事口笔译认知研究的专业人士。尽管如此,鉴于其涉及话题较广,包含资源丰富多样,也应吸引更多口笔译相关人员的关注,比如教师、学生和从业者。此外,本书对从事双语和神经语言学的研究者也具有参考价值。更重要的是,即使您对神经学、神经心理学或神经科学知识并不了解,也不影响您对此书的阅读体验。

总之,本书的写作可以说是一种"回顾式内省",我努力使用神经科学思维来弥补自身人文知识的不足,因此很感激能够学习到此领域的相关信息和理论阐释,这恰恰是本书力图提供给读者的内容。希望读者们在阅读过程中能够迅速地找到(甚至清晰地知道)有关概念和方法的答案,体验一场智慧探险。

Ⅳ　内容概览

本书共八章。对神经认知研究完全不熟悉的读者最好通读全书,但那些具有语言和双语神经科学研究知识背景的读者可以跳过第 2 章和第 3 章的部分内容。

---

① 说实话,有任何一个科学领域能够免于理论和方法论的缺陷吗?

无论您属于哪种类型,都建议您按照推荐的顺序完成阅读,以便更好地掌握本书内容。

第 1 章将语际转换的神经研究方法定位在口笔译认知研究的广阔领域内。首先,从根植于形式语言学的早期见解,到观察、内省和实验方法获得的实证研究成果,详述了此类非神经研究的趋势和模型。接下来,追溯基于大脑的语际转换研究史:从 20 世纪初具有开拓性的几份临床报告开始,一直到当代的神经科学和行为科学框架中的相关研究。最后,系统解读了该领域的数据特征和结论。

第 2 章介绍语际转换的神经认知过程研究方法和工具。首先,介绍了实验和刺激设计的基本原则,之后概述了该类研究最常使用的任务及与任务结合的主要研究方法。主要研究方法包括行为测量、脑损伤模型、功能性神经影像、脑电信号分析甚至侵入性技术。最后,对于如何解读研究结果进行了反思。

第 3 章是面向神经认知科学和神经语言学新手的基础性导论。首先,从解剖学角度,介绍了宏观和微观层面神经学的基本概念。其次,总结了目前得以确认的与语言神经基础有关的发现,如亚词汇、词汇、形态句法、语义和语用机制的功能配置和时间动态。最后,探索了作为口笔译先决条件的双语神经认知特征。

第 4 章将脑损伤双语者的语际转换紊乱作为实证研究框架,以理解相关认知路径的宏观组织方式。综述了迄今为止有记录的四种与翻译相关的神经病理学病例:强制翻译、无法翻译、矛盾翻译行为以及无理解翻译。本章整合评估了 20 多个个案研究证据,有助于读者深入了解语际转换中的脑功能偏侧化、功能自主化、内部特化现象。

第 5 章重点研究翻译方向性[①]的行为和神经科学证据。虽然前人的研究或明确或隐晦地假定正向翻译和反向翻译依赖于相同的认知操作,但是一些研究表明两个方向的翻译所涉及的主要皮质和皮质下区、脑半球间和半球内的连接程度、电生理调节,甚至整体速度均存在差异。

第 6 章讨论了有关翻译单位的问题。一些理论模型未区分源语单位的性质,但与之相反,神经心理学、神经科学和心理语言学的证据表明,源语单位的性质作为一个变量会影响多种认知机制。许多研究数据表明,词加工和句子加工、同源词加工和非同源词加工、具体词加工和抽象词加工需要不同的认知神经资源。实

---

① 包括两种翻译方向,即一语到二语的"正向翻译"和二语到一语的"反向翻译"。——译者注

验结果显示,语际转换是动态的,而且易受翻译单位的影响。

第 7 章汇总了 30 多份研究报告的结果,这些报告表明,持续练习同声传译(简称同传)会为神经认知系统带来各种变化。本章介绍了"口译员优势假说",并指出口译技能发展涉及负责语言和非语言功能的皮质和皮质下区的神经解剖和神经功能变化,其中一些脑区还具有行为增强的特征。随后,对上述证据进行了综合性的阐释,包括目前发现的大脑可塑性模式的速度、范围和特性。

第 8 章对该领域的现状和未来发展进行了评论。本章指出该领域在方法、理论和机构组织上所取得的成就、存在的问题和必要发展条件。本书结论指出,语际转换的神经认知研究是 21 世纪口笔译研究发展的主要路径。

总之,《口笔译神经认知研究》诚邀读者对口笔译研究中这个趣味十足但长期被忽视的领域进行探索。本书旨在巩固现有研究成果,同时鼓励研究者进一步探索当前话题和新兴话题。如果读完本书后,读者已解决的困惑与新困惑一样多,那么本书的使命就完成了。

V 概念界定

探讨本书的主要内容之前,需要厘清一些概念。如标题所述,本书主要研究**口笔译**,但不(仅仅)研究**口笔译者**。当然,很多研究已经在关注专业译者——尤其是一些探讨专长(expertise)对同声传译影响的研究,详见第 7 章。然而,也有很大一部分研究证据来自没有经过专业培训的双语者。

后者的数据对我们目前的研究至关重要,不仅因为其量大质优,还主要因为我们假设无论何种专长,语际转换的一些神经认知特征都不会发生改变。**换句话说**,我们发现从以下方面来看,这一观点是正确的。例如,一语和二语既有共享系统,也有部分各自独立的系统;语际转换机制相对于单语任务中涉及的其他机制而言,其功能具有相对独立性;支撑正向翻译和反向翻译的神经网络部分有别;跨语言加工过程中,形式转换和概念整合两条路径可能同时使用;脑区对特定子功能(例如:字母识别、语音加工、词汇通达、多模态语义加工、一语句法分析、清晰发音)具有功能特化性。因此,尽管语际转换生物心理学基础的一些属性很容易受到正式训练的影响(Muñoz, Calvo & García, 2018),但其许多显著的特征可以通过所谓的"自然翻译"进行研究(Harris & Sherwood, 1978; Malakoff, 1992)。简言之,本书并非(仅)关注口笔译领域专业人员的神经认知特点,而是主要关注此类活动通常涉及的生物和行为基础。

此外，本书中的"语际转换"系统地指代各种口笔译模态可能共享的机制，符合"翻译"的广义定义，通常用于指"无论输入和输出模态为何，任何能够使源语单位转换为类似目标语单位的方式"（Christoffels，2004：5）；或无论文本的类型、类别、形态或方式如何，任何能够将其用另一种语言重新表述的，目标驱动、解释性和交际性的活动（Hurtado Albir，2001）。然而，"翻译"一词通常只用于原文和译文均以文字形式出现，或者至少原文以文字形式出现的情况（例如：笔译或视译）。因此，为避免混淆，我们用"语际转换"来统称所有模态的语际转换，而当特指某种模态时，将会明确指出其所指的特定形式。

值得注意的是，使用"语际转换"这一表达不仅仅是为了术语上的便利，更因为它表明在所有形式的口笔译活动中均离不开部分神经认知系统的参与。当然，口笔译过程中，一些认知功能（例如：听力、语音识别、字形识别、注意力和记忆等方面）的参与度有别。然而，所有跨语言的活动也可能共享一些介于亚词汇和运动加工过程**之间**的语言子系统。大多数词汇、语义和句法层面的加工都是如此。另一种假设是口译和笔译分别具有独立的词汇、语义和句法系统和语际连接网络等，但这种定位既不够简洁也缺乏合理性（García，2012a）。因此，我们在讨论神经认知系统时，"语际转换"将概指所有模态的功能。我们讨论特定的模态时，则不会用这一概括性的表达，但会具体明确是"笔译"还是"口译"。

此外，本书只关注**语际**翻译过程。这意味着本书所提供的证据和结论并不能进一步推及语内翻译或符际翻译（Jakobson，2000［1959］）。后两种模式均具有特殊的神经认知基础，不在本书的讨论范围之内。

为了保持对语际转换本身的关注，我们将较少关注那些不要求进行口笔译任务的研究，除非该研究涉及学生和专业人员在特定模态中的比较。举例来说，我们不会全面地解读语码转换范式中获得的证据。读者若想获取此类研究的详细综述及其对口笔译研究的影响，可以参考其他文献（如 Diamond & Shreve，2017）。

本书整体采用神经科学的视角，有几点需要特别说明。首先，我们认为语际转换是一系列神经认知的过程，并不否认涉及其他维度。简言之，系动词连接的论述不一定是排他性的：认为水是透明的，并未否认它是液体；同样，认为同声传译是一项复杂的生物心理活动，并不否认它也是一种与社会文化相关的、互动的、约定俗成的、**目的**驱动的任务。事实上，口笔译研究中的任何一个理论取向都是（或应该）如此。当学者们从功能语言学或文化研究的角度将**翻译**描述为一种文本活动或社会活动时，我们是否会假定此类学者认为大脑与**翻译**无关？如果这些学者没有被指责为"功能归结论"或"社会文化归结论",那么为何那些关注翻译生物学维度的研究者就要接受类似的谴责?简言之,本书将口笔译的神经认知特征视为这种复杂、异质活动所涉及的众多方面之一。

对此类特征的探索需要结合神经和行为的证据。除了具体的研究问题,与行为数据相结合可以加深我们对认知神经基础的理解(Krakauer et al.,2017)。因此,接下来的章节中,神经解剖、血液动力、电生理和脑损伤证据将与行为产出的数据相结合。然而,我们将行为模式与相关的神经模式放在一起进行解释时,并不意味着后者必然是前者的原因,反之亦然。大多数神经科学的证据都是具有相关性的,除非有证据说明并非如此,否则我会谨慎地选择能够体现这一事实的措辞。由此,本书中若称某个外在可测量的过程与某些神经系统模式"有关""相关联"或"有联系",或者称此类过程"支撑""涉及"或"需要"前者,读者不应认为二者之间具有因果联系。在少数情况下,若二者之间确有因果关系,文中将会明确说明。

另外,我们需要区分结构连接和功能连接。在标准的神经科学术语中,结构连接与宏观(在神经区域的层面)和微观(在神经元的层面)的脑解剖结构相关,与任何形式的激活模式无关。例如,可以通过测量特定脑区的灰质体积或皮质厚度来评估结构连接。相比之下,功能连接则主要通过测量在受试执行特定认知任务时(任务态),或不思考任何特定事情时(静息态)的大脑活动。在本书中,语际转换功能连接的大多数证据来自功能性磁共振成像、正电子放射断层成像术和脑电实验。因此,当报告两组受试之间大脑的结构差异时,读者不应将该结果解读为大脑的激活程度更大,反之亦然。请注意,虽然大多数神经科学研究只涉及一种类型的相关性,但所有大脑属性之间都具有复杂的相互依赖性,通常超出了当前技术的分析能力(Ibáñez & García,2018)。

这些大脑的生物模式通常被当作特定"域"的特征,如词汇加工、执行功能或特定子操作(例如:语义提取或抑制控制)。虽然在这些例子中,"域"的概念似乎是不言自明的,但这个术语在学术界的使用并不统一,这就需要明确定位。因此,根据神经科学中普遍接受的概念,认知域在本书中指"理论上可独立、与特定类型的信息相关、有部分反复出现的现象学特征以及有时具有明确的神经学关联的过程,如语言、记忆、情感等等"(García & Ibáñez,2018:xi)。原则上,在后续章节中,该术语的内涵均保持一致。

最后，本书中提出的所有观点并不是为了构建语际转换的**终极真理**。本书主要概述了实证研究结果和可能结论，但两者不应该与完美的示范相混淆。即使在对研究结果最有信心的情况下，研究结论也只是暂时性的或可证伪的，我们只能证明某些结论比其他结论更合理。任何绝对事实的假设都应该摒弃，或者至少应持保留态度。不论好坏，此为科学之道。

基于上述思考，我们视口笔译为嵌入在大脑中的活动。让我们一起走进该"多学科"大厦中一个长期被忽视的阁楼，去探索口笔译历史长河中那少数几个恒定不变的核心要素。要迈出第一步，您需要做的就是翻开本书，虽然这是个复杂的话题，但是作出翻开本书的决定，却易如反掌。

第1章
口笔译研究中的心智与大脑

1.1　开启大脑，探讨心智

地球上某个地方，一位来自小行星的外星人遇见一只狐狸。他们彼此打招呼，谈论鲜花、猎人和小鸡，很快建立了互信关系并成为朋友。不久访客就要离开地球了……于是狐狸便把一条经典格言送给了他的新朋友作为告别礼物，狐狸告诉他："最重要的东西是眼睛看不见的。"（*L'essentiel est invisible pour les yeux.*）① 这句话被频繁引用，且与此处我们要讲述的内容密切相关。

毫无疑问，这句话所涵盖的范围远超口笔译认知研究，却恰到好处地成为此类研究者的座右铭。事实上，语际转换过程是不可察觉的，诸如源语单位理解、跨语言词汇搜索、目标语单位生成或工作记忆存储之类的心理活动实际上看不见、摸不着、听不到，也无法用任何方式直接测量。然而，这些过程（就像任何其他认知功能一样）在我们身体内外留下可测量的痕迹，包括译文准确性、译文反思、（有意识和无意识的）反应速度、瞳孔扩张，当然还有多种大脑活动。借助这些可观察的指标，口笔译认知研究人员可以刻画出肉眼完全看不见的现象。

如上列出的所有鲜明特征（signatures，或曰烙印）、相关性和结果都指向了口笔译的关键问题，即"能够生成一系列（不止一个）切实可行的译文，并且能够从中快速、准确、自信地选择一个译文"（Pym,2003:489）。除了非实证模型

---

① 引自安东尼・德・圣-埃克苏佩里（1900—1944）的《小王子》（*Le Petit Prince*），1943 年出版。该书的大多数英文版本中，这句话的译文为"What is essential is invisible to the eye"。

(Nida,1964)之外,这种认知技能的多个方面是通过非参与观察[1](Seleskovitch, 1968,1975,1978)、有声思维[2](Bernardini,2001)、基于语料库研究(Alves & Vale, 2017)、心理语言学范式中控制严格的行为测量(García,2015a)、篇章翻译的键盘记录(Jakobsen,2014)和眼动追踪(Göpferich,Jakobsen & Mees,2008)模式以及相关执行功能(García,2014a)推断出来的。此类研究方法长期以来一直是该领域的主流方法,这必然导致研究者完全依赖"头脑外"的证据来提出假设和模型。实际上,大脑标记特征(brain markers)研究可能与难以捉摸的认知过程最具相关性,却仍未系统地纳入口笔译研究方法的主流之列(García & Muñoz,2020)。

大脑研究的逆袭必定令人向往。我们只有通过神经研究方法,才能探讨语际转换的核心特征。例如,语际转换推定机制的功能结构、相关过程的内部时间进程、各个子过程中不同功能网络中枢的互动作用、特殊领域能力与专长的关键方面、所有这些因素与外在表现的关系。作为主流研究趋势的补充,神经科学研究方法有效地拓展了当前口笔译认知研究领域,为方法论、理论和跨学科整合研究开辟了新道路。本章将明确口笔译认知研究的现有领域,阐述非神经研究趋势的优势和局限,并集中探讨神经科学方法的历史发展、现状与认识论特征。毋庸赘言,口笔译研究学者如何设法(除了通过隐喻)描述无法觉察到的内容是我们要讨论的重要课题。

1.2　头脑之外:非神经认知研究方法

非神经认知研究方法被认为是当前口笔译认知研究中使用最广泛的研究方法,但这些研究并不能被大脑数据佐证。广义上讲,该研究方法可分为五类。第一,**理性主义方法**试图在没有任何实证检验的情况下,采用据称具有公理性的理论前提,对相关的认知系统或活动进行建模。口笔译认知研究中的理性主义模型主要源于分析语言学,成了"学科引入"的先例(Kaindl,2004)。第二,**观察法**依赖于自然数据而非操控的数据进行口笔译研究。由此,该类研究方法是实证性的,但不是实验性的。第三,**内省法**是受试在翻译过程中反思其正在进行的心理过程的

---

[1]　一种社会科学研究方法,其特点是观察者不直接介入被观察对象的活动,而是观察并记录所发生的现象和过程。——译者注

[2]　又译"出声思维",本书中我们沿用"有声思维"这一译名。——译者注

方法。因而,此方法具有依赖二阶元认知① 印象的特征。第四,**基于语料库的方法**通过考查大量文本和翻译过程的标注数据,探讨翻译心理过程。最后,**定量方法**利用受控设计来测量大脑外部的行为模式,并检验自变量对因变量的影响(参见第 2 章 2.4 节)。这些方法以认知科学和行为科学研究方法为基础,目前在口笔译认知研究中占主导地位。

需要注意的是,将如上方法归为"非神经"研究方法是基于方法论,而非本体论的标准,因为其基本研究过程并不排斥所观察现象的神经基础。此外,这五种方法都具有丰富的发展史,但下文仅简介之,主要作为充实神经认知趋势的独特背景知识。若全面介绍,则超出了本章的范围,感兴趣的读者可以查阅每小节末尾建议阅读的资料。

1.2.1　翻译的理论解读:分析语言学的考量

理性主义语言模型的适用性研究是口笔译认知研究的第一次系统性发展。20 世纪 60 年代,尤金·奈达(Eugene Nida)借鉴诺姆·乔姆斯基(Chomsky, 1959, 1965)的生成转换语法,将其作为描写翻译心理活动的基础。这项开拓性的工作在《翻译科学探索》(Nida, 1964)和《翻译理论与实践》(Nida & Taber, 1969)两本专著中得到了巩固,标志着在口笔译过程研究中引入了"过程"这个概念,具有里程碑意义(Moya, 2004)。

奈达提出的三阶段模型(Nida & Taber, 1969)清晰地展示了理性主义方法。首先,奈达采用了乔姆斯基(Chomsky, 1965)的形式模型及一套简化结构,即深层结构、表层结构和中间转换规则。其次,他提出,在翻译涉及两种语言的情况下,这些结构必须在语际转换模型中出现两次:一次用于源语,一次用于目标语。再者,奈达引入了一个(乔姆斯基的模型中不存在的)特殊理论组成部分,以便能够在两种语言的生成过程之间建立联系。奈达最终建立了一个三阶段模型:分析阶段,即通过诸如反向变换等操作,从原文的表层结构中推导出深层结构;转换阶段,即所生成的深层结构的普遍要素可以转移到目标语的深层结构,而没有本质上的损失;重组阶段,即目标语的深层结构受到特定转换规则的约束,直到目标语中出现令人满意的表层结构。这个过程可导致形式对等或动态对等(García,

---

① 人类认知过程存在不同理解方式。一阶元认知将事物视为一个整体,二阶元认知将事物视为对立的两个极端。——译者注

2011）。

罗杰•贝尔（Bell，1991）也采用了类似方法。他的认知模型也采用了语言分析理论中的构念（constructs），并且考虑到语言之间的联系，还添加了一些组件。贝尔借助系统功能语言学（如 Halliday，1985）和关联理论语用学（Sperber & Wilson，1986），提出了一个翻译模型，包括（原文加工过程的）视觉词汇识别系统和（译文表达的）写作系统，两种语言的词汇、句法、语义和语用系统，一个概念组织器，一个认知规划器，以及一个用于决定是否进行翻译活动的组件。这些组件负责加工原文的形式、语义、语言行为和文本搭配，并允许通过反向穿越所有中间加工层级将随后的高层次表征合成译文。令人惊讶的是，该模型假定所有翻译活动都可以通过参考简单子句作为输入和输出单位来表征，详情请参阅乌尔塔多•阿布丽尔（Hurtado Albir，2001）和本书第 6 章。

奈达、贝尔以及其他学者的研究（如 Gutt，1991）证明了理性主义方法是翻译认知研究的基石。植根于明示或隐含命题的逻辑分析，形式描写理论被视为表征原文和译文加工的支柱。然而，这些基本模型都没有对语际过程做出任何规定，因此跨越所涉及的两种语言，需要整合其他的运算规则。至关重要的是，这些模型的合理性并未通过真实的（行为、生理、内省或者神经）加工数据进行检验，只是假定了基础模型的可靠性。此外，对模型具体操作的演示通常简化为分析一些精心挑选的句子。

这种方法具有一些明显的优点。首先，它充分利用了与其高度相关学科的研究成果，促进学科之间直接对话。其次，基础框架有新进展时，允许对已有的语际转换模型进行不断修订，尽管这种情况在口笔译研究中很少发生。此外，通过插入层级组件，支持单语加工的有益反思，将复杂的语际转换变得易于理解。同样重要的是，该方法为语际转换系统的认知架构（cognitive architecture）提供了一个总体框架，而其他研究方法一次只能涉及一个特定的子操作（参见 1.2.5 节）。

然而，理性主义模型也面临着重要的挑战。例如，至少上述两个模型所采用的理论没有特意区分表达或接受过程，因此后期的翻译模型必须包含原概念前提中不存在的自下而上或自上而下的加工假设。此外，鉴于现行语言在结构和语用属性方面存在很大差异（Evans & Levinson，2009），并且特定语法理论仅存在于其中的一小部分语言，因此创建的语际转换模型不是与少数语对相关，就是以无根据的普遍性假设为框架。再者，鉴于构建理性主义模型的语言/语用学理论通常没有考量语言之外的功能（如执行机制或注意机制），因此这些功能被排除在最终模型之外。一般来说,缺乏实证基础会使这些理论阐释更具思辨性,而非科学性[①]。事实上,奈达模型和贝尔模型所采用的语言/语用理论并不符合传统的实验标准,这极大地削弱了他们的阐释力和说服力[②]。有关理性主义模型的更多具体探讨,请参见根茨勒(Gentzler,2001)、乌尔塔多·阿布丽尔(Hurtado Albir,2001)和芒迪(Munday,2001)。

1.2.2　视而不触:观察的趋势

20 世纪 60 年代,口笔译研究中第二类认知建模方法迅速崛起。这种建模趋势的倡导者是达妮卡·赛莱丝科维奇(Danica Seleskovitch)和玛丽雅娜·勒代雷(Marianne Lederer),这种建模在巴黎高等翻译学院(*École Supérieure d'Interprètes et Traducteurs*)首次成型。它源于这样一种观点,即同声传译(及其他形式的语际转换)的认知过程可以通过观察工作中的专业口译员(Seleskovitch,1968,1975,1978;Lederer,2002[1978])合理推断出来。虽然根植于实证数据,但这种方法明确否定了实验设计的价值。引用其中一位主要人物的观点如下:

> 口译是一种以认知活动为首的人类行为;因此,**无须借助特殊实验**,我们便可进入心理学领域;在此领域中,每个语段都是思维的具体体现,从而使我们得以**观察**思维与话语之间的连接方式。

(Lederer,2002[1978]:131;粗体为本书作者的强调之处)

巴黎高等翻译学院的研究框架中,研究者主要通过观察会议同传译员(Seleskovitch,1968)或分析专业交传译员所做的笔记(Seleskovitch,1975)发现思维和语言的连接方式,寻求科学依据,结合语言学和认知科学见解,开创了**释意理论**,且该理论的核心理念半个多世纪一直保持不变。请参见赛莱丝科维奇(Seleskovitch,1968,1978)和勒代雷(Lederer,1994)。

该理论提出了三个主要过程:理解、脱离语言形式(deverbalization)和重新表达。理解是原文单位所引发的意义与译员的百科知识(*bagage cognitif*)和语境知识(*contexte cognitif*)之间的相互作用,通过所有相关系统之间的非连续双向链接

---

① 这一点在奈达的三阶段模型中最为明显,该模型继承了生成语法不基于事实的理想化模式,例如假设理想的说话者/听众沉浸在完全同质的语言社区中(García,2010)。

② 有关奈达和贝尔模型更深入的评论,请参阅乌尔塔多·阿布丽尔(Hurtado Albir,2001)、加西亚(García,2011)、根茨勒(Gentzler,2001)和穆诺茨·马丁(Muñoz Martín,2007)。

（Seleskovitch,1981）而产生。作为第二个阶段,脱离语言形式指理解目标语中重新阐述的非语言意义。赛莱丝科维奇（Seleskovitch,1978）指出,即使源语是每分钟100至120个单词的理想语速,口译员也不可能记住原文中的所有语言单位并直接对其进行转码。口译员笔记具有明显的表意特征（Seleskovitch,1975）佐证了赛氏观点的合理性。因此,赛氏坚持认为,口译取决于短暂的、非语言的意识识解;在识解过程中,去除输入信息的感官特征,以利于保留核心意义。该意义将进入下一个过程,即重新表达。译文在重新表达过程中,参照百科知识和语境知识逐步生成,其过程类似于单语生成过程（Lederer,1994）。

观察法能够对所分析的过程进行整体解释,但该领域大多数受控实验却无法做到这一点（参见1.2.5节）。此外,观察法成功地满足了生态效度的要求,因为在不引入人为限制或操纵的情况下,受试的行为能够得到评估。作为观察法的最重要体现形式,**释意理论**将口译员培训与实际相关的理论框架相结合,同时将口译研究视为口笔译研究的独立分支（Gile,2009）。

尽管如此,此类研究趋势也有缺陷。由于摒弃了实验设计,它无法精确区分诸如词汇通达、抑制控制或思维定势转换等精细子过程的特定作用和时间进程。要深入了解这些过程,请参见第7章。此外,鉴于来自研究群体（口译员）的观察结果都是主观的,容易产生肯定性和证实性偏见,因而其结论主要是基于推测,并非科学发现（Gile,2009;Moser-Mercer,1994）。事实上,**释意理论**的具体主张,例如概念整合与数字翻译无关的观点（Lederer,1994;Seleskovitch,1975）,似乎被行为证据所证伪（Duyck & Brysbaert,2008）。从更宽泛的角度来说,在缺乏实验假设验证和利用完善科学方法进行跨学科融合的情况下,观察法能产生理想化、直观性、规定性表述（Gile,1990）。有关此方法更详细的说明,请参阅勒代雷（Lederer,1994）、乌尔塔多·阿布丽尔（Hurtado Albir,2001）和加西亚（García,2011）。

1.2.3 体察自身:有声思维法的引入

20世纪80年代,第三种方法应运而生,旨在突破演绎规范模型的既有局限。埃里克森和西蒙（Ericsson & Simon,1984）的研究使得内省方法在心理学中重新浮出水面。在此基础上,许多翻译学者开始应用有声思维法来获取语际转换过程的第一手资料。在有声思维研究中,要求受试在实际翻译任务期间或之后,口头描述或解释他们的行为和想法,以便仔细研究他们的录音或录像反应以获取其特定知识状态的指标(Lörscher,1991,2005)。这些指标包括分析活动(如对等监测、删减、编辑)、参与标记(如第一人称的指代、加强语气的词语、口头表达过程的提及)以及其他几个要素(Bernardini,2001)。主观解释这些指标的含义,可得出关于认知过程的结论。

该类研究大多使用独白报告法,即在没有实验者干预的情况下,单个受试大声说出自己思考的内容。然而,该类研究还通过对话报告法(House,1988)或小组报告法(Hönig,1991)提供更多互动框架。这些并行收集数据的口头报告方式通常与回顾性访谈结合使用(Kussmaul & Tirkkonen-Condit,1995)。在各种版本中,有声思维法主要用于评估专业译者和准译者采用的策略,识别翻译过程中的各类问题,并提出教学方案(Kussmaul & Tirkkonen-Condit,1995)。

有声思维法是第一个规避理性主义和观察法缺陷的系统性研究方法。其主要贡献或许在于能探讨行为实验无法轻易评估的问题,例如话语层面的微观与宏观策略或者文本翻译期间的其他元认知过程。20 世纪末,有声思维法已经成为实证驱动假设的主要来源,这些假设涉及专业和非专业翻译人员的决策概况、问题解决策略和流程自动化(Kussmaul & Tirkkonen-Condit,1995)。

有声思维法在某些方面也受到了严厉批评。首先,研究发现在翻译时进行口头报告会干扰真正的语际转换,将翻译过程延迟大约 25%,并且改变了特定策略的实施(Jakobsen,2003)。此外,口头报告最多只能捕捉一部分相关活动,因为报告中体现出的通常只是结构良好的思维(而非更加频繁的心理过程)。实际上,口头报告可能并非对实际过程的准确描述,而是虚幻和事后合理化的思维(Hönig,1992;Kruger & Dunning,1999;Nisbett & Wilson,1977)。再者,此方法对口译研究的价值有限,因为口头表达本身就是口头报告的一部分,译者难以同时进行内省(Ahrens,2017)。最后,内省法未能为研究设计、数据分析和结果呈现建立一个可靠的统一范式,这使其报告结果的普遍性和相关性遭到质疑(Bernardini,2001)。有关深入分析,请参阅库斯莫尔和特克侬-坎迪(Kussmaul & Tirkkonen-Condit,1995)以及贝尔纳迪尼(Bernardini,2001)。

1.2.4　由结果推测过程:基于语料库的研究

基于语料库的研究是一种数据驱动的研究方法,通过大量翻译文本来探讨语际转换的心理过程。传统意义上,平行语料库(例如:Hansen-Schirra, Neumann & Steiner,2007)的分析主要用于检测译文中的典型模式,而不涉及明确的认知层面探究。然而,该方法的最新进展已经转向通过深入分析译文来洞察其背后的翻译过程。

借助数字工具,可以通过对翻译过程数据的半自动查询来探索文本产出的典型模式(Alves & Vale,2009)。更具体地说,在时间进程中探讨此类模式为翻译规划和认知努力提供了研究窗口(Alves & Vale,2017)。例如,语料库数据已与其他方法相结合,以进一步探索翻译单位和语法转换问题(Alves et al.,2010),识别翻译过程特定阶段(定向、起草、修订)的相关模式(Alves & Vale,2017)。

基于语料库的研究能够将过程数据和产品数据进行整合。特别是,该研究方法可以利用不同语言对和文本类型的现有丰富语料。然而,这种方法也面临严峻挑战。例如,在翻译产品中检测到的特定模式可能源于不同的心理过程,这就为对结果进行认识层面的阐释带来了挑战。此外,缺乏将译文模式归因于特定认知活动的完善框架,这使认知阐释更加复杂。总体而言,我们需要进一步研究,更好地衡量这种方法的可行性和局限性。相关探讨请参阅艾维斯和瓦莱的相关文章(Alves & Vale,2017)。

1.2.5 行为的量化研究

尽管上述方法存在差异,但都依赖于逻辑、演绎和/或定性分析。它们都没有使用规范的数据库进行刺激构建或验证,没有利用客观测量指标做出行为评估,也没有应用数据统计方法来分析因变量。由于缺少这些定量分析过程,上述方法只能笼统地描述广义的宏观过程(如理解、重新表达)或对具体过程进行浅显的推测(如通过哪些特定机制来加工特定翻译单位)。定量方法可以填补这些主要的空白。

定量方法在20世纪60年代和70年代被首次采用,当时使用的开创性定量指标包括同声传译研究中的耳语差(Gerver,1976;Oléron & Nanpon,1964)、每分钟单词的加工率(Gerver,1969,1975)以及原文和译文的命题对应层面(Barik,1975;Gerver,1975)。然而,除了这些里程碑式的指标,语际转换的客观探索目前依靠四种成熟的定量方法,即心理语言学范式、键盘记录实验、眼动追踪研究和执行功能评估。

1.2.5.1 逐字逐句:心理语言学范式

20世纪80年代中期,波特等(Potter et al.,1984)公开了两个前所未有的实验报告,他们使用经典的心理语言方法来评估双语转换过程(包括单词的翻译过程)。这一研究趋势进展缓慢,直到 20 世纪 90 年代中期,克罗尔和斯图尔特(Kroll & Stewart,1994)的实验发现正向翻译和反向翻译存在明显的不对称效应,并提出了双语记忆的修正层级模型[①]。此后,语际转换的心理语言研究在双语研究领域内发展势头迅猛,但是证据表明,此类研究直到最近才刚刚进入口笔译研究领域(García,2015a)。

　　该类研究要求受试观看电脑屏幕上的单词或句子,并执行特定任务,例如判断给定的字母字符串是否为单词(如 Bajo, Padilla & Padilla,2000),确定(来自相同或不同的语言)两种刺激在意义上是否相似(如 de Groot,1992;Talamas, Kroll & Dufour,1999),或将词大声翻译出来(如 Christoffels, de Groot & Kroll,2006;García et al.,2014)。受试通常需要按键或者在语音提示之后,说出目标词来完成刺激－反应实验。此后,通常根据准确性(正确或不正确)和反应时(自刺激呈现到做出反应的毫秒数)对受试的表现作出评估,研究结果可以从认知角度进行阐释。例如,如果一组实验受试在识别翻译对等词方面比另一组更准确,则可以说前者具有更多对等关系的知识。同样,若反应时较短,则可以反映出相关认知系统内部或之间的认知加工努力减少或连接更加有效(García,2015a)。

　　若采用该研究方法,研究者需要构建精心控制的实验刺激,创建两个实验条件,使二者仅在一个关键方面有所不同。如果在其中一个条件下,受试表现更好或更快,则有理由认为该因素是导致这种差异的一个重要因素。要想深入了解此方面的知识,请参见第 2 章的 2.4 和 2.5 节。据此基本原理,心理语言学范式已应用于不同的研究课题,如揭示正向翻译和反向翻译的认知特征(如 de Groot, Dannenburg & van Hell,1994),语际转换过程中形式转换和语义联想的作用(如 Christoffels, de Groot & Kroll,2006),不同翻译单位(如名词与动词、同源词与非同源词以及抽象词与具体词)的加工成本(如 van Hell & de Groot,1998a),以及专业笔译员与对照组之间的词汇加工差异(García et al.,2014)或专业口译员与对照组之间的词汇加工差异(Santilli et al.,2018)。

　　心理语言实验具有最突出的优点,可以规避二阶印象或自我报告的偏差,因为大样本数据可以通过传统统计标准进行客观分析。同样重要的是,它能够实现刺激与关键变量精确匹配,以便探索与特定语言范畴相关的子过程或操作,同时

---

① 有关此模型的讨论,请参阅克罗尔等(Kroll et al.,2010)以及布雷斯巴特和迪克(Brysbaert and Duyck,2010)。

排除潜在的混淆因素。此外，该研究方法能够使受试在不了解实验设计中主要研究变量的情况下完成实验。一些精妙的实验设计可参见德·格鲁特(de Groot, 1992)以及蒂埃里和吴燕京(Thierry & Wu, 2007)。更加宏观地说，语际转换的心理语言实验已经催生了一个扎实的研究计划，产出了许多系统性、可复制的研究结果(García, 2015a)。

尽管如此，单词和句子层面的研究仍然缺乏生态效度，因为在这种研究中，受试通常面对的是脱离语境的孤立刺激。另外，这种方法创建了非真实的反应场景(通常是按下两个或三个预定的键盘按钮)，因而无法体现情境和**目的**驱动的过程，难以进行话语层面语际转换研究。虽然心理语言实验构成了一个系统的、不断扩展的实证文献库，但我们尚不清楚如何将现有的研究结果整合到笔译或口译的总体模型中。相关研究的综评请参阅加西亚(García, 2015a)相关文章。

1.2.5.2　键入思想：键盘记录实验

如上所述，尽管经典的心理语言学范式有其优势，但脱离语境的实验刺激和人为的实验反应环境，使其生态效度较低。20世纪90年代引入键盘记录法，为口笔译研究人员提供了一个宝贵机会，打破了心理语言学范式的局限性，同时保持测量的客观性。

键盘记录器是一款电脑软件，能够对受试执行特定任务时，在电脑键盘上完成的所有或大部分动作做出记录并计时。在翻译过程中，键盘记录器的工作区通常一分为二，原文显示在屏幕上方，译文输入显示在下方。此方法的主要原理是，在打字过程中，文本生成单位可以体现出受试当时的心理活动。如雅各布森(Jakobsen, 1998: 74)所言：

> 书写译文的过程产生了可以定量研究的(跨时间)行为，该行为与心理加工存在相关性。我们可以进一步假设，将定性和定量数据结合进行多元数据互证，用定量数据检验从定性数据分析中得出的假设，反之亦然。

虽然各种键盘记录器[①]已经存在数十年，但该领域的研究人员主要使用专门研究翻译过程的 Translog (Jakobsen, 1995)和 Translog-Ⅱ (Carl, 2012)，尤其是 Translog-Ⅱ 能够为每个键盘插入、删除、光标移动以及受试执行的其他键盘和鼠

---

① 　一些有名的键盘记录器包括 TraceIt/JEdit (www. nada. kth. se/iplab/trace-it)、Scriptlog (www. scriptlog. net)和 Inputlog (www. inputlog. net)。

标操作打上时间标记,并由此推论认知过程。这些指标已用于探讨多个主题,包括不同翻译阶段的认知努力分布(Carl & Buch-Kromann,2010)、原文阅读与译文表达之间的注意力资源分配(Carl & Kay,2011)、原文难度和翻译单位之间的关系(Dragsted,2005),以及时间压力对翻译的影响(Jensen & Jakobsen,2000)。

键盘记录技术的独特之处在于:以非侵入方式探索语际转换的表达过程,将定量指标的客观性与现实任务设置的自然性相结合。此外,相关行为指标获取的数据可以与译文质量评估相结合,某种程度上拉近了翻译过程与翻译产品之间的距离。最后,与经典的心理语言实验设计相似,此类实验能操控与受试、文本和任务相关的多个变量。

此类研究也有缺陷,Translog-Ⅱ 和其他键盘记录器的时间分辨率可能不足以探讨某特定动作或原文成分的细化过程。此外,这种方法可能会使研究人员无法掌握某些指标(如写作中的暂停)实际反映的内容。事实上,研究数据也可能存在信息杂乱且难以解读等问题。例如,所获得的击键数据中通常存在各种错字和错误,而且无法确定它们与推定认知过程之间的关系。再者,鉴于受试的翻译表现因人而异,通常很难在样本层面对研究结果进行推论,遑论总体层面的推论。最后,心理语言实验设计中需要构建限制性的刺激列表,可以在源语词和目标词之间控制多个变量(如 García et al. ,2014;Santilli et al. ,2018),但基于语篇的键盘记录实验却无法做到这一点。若想进一步了解键盘记录及其应用,请参阅卡尔和凯(Carl & Kay,2011)以及霍尔布兰德(Hvelplund,2011)相关文章。

1.2.5.3　(翻译)灵魂的视窗:眼动追踪研究

正如可以通过键盘记录法实时考察译文表达,也可以利用眼动追踪法来评估原文加工[①]。基于键盘记录的双窗口设置,眼动追踪法利用一系列摄像头和 / 或传感器来量化(受试在电脑上执行翻译任务时)眼动的各个方面(Göpferich, Jakobsen & Mees,2008)。

整个方法建立在所谓的“眼脑一致”(eye-mind)假说和“即时性”(immediacy)假说之上,前者假定“眼睛所注视的内容与大脑正在加工的内容之间没有明显滞后”,后者假定“对各个层面加工的解读都不延迟,尽快完成”(Just & Carpenter, 1980:331)。只要上述假设是准确的,眼睛特定参数的变化就可以作为潜在认知

---

① 　实际上,眼动追踪法不仅可以评估原文加工,而且可以评估译文加工(参见本小节下文,亦可参见 Pavlović & Jensen,2009)。——译者注

活动的指标。

注视(眼睛停留在文本某一部分的时长)用于反映某一过程的认知努力程度或者原文/译文的哪些部分在某一时刻受到更多关注,可以通过总注视次数以及总注视时间或者平均注视时间来估算。此外,眼动追踪还可以考察其他几个指标,例如瞳孔扩张和收缩(虹膜中心大小的变化)、眼跳(眼睛改变注视对象时的短暂、快速运动)或回视(返回浏览过的文本)。相关口笔译研究文献显示,这些眼动指标的不同组合形式通常与键盘记录相结合 [①],已经应用于定向、起草和修订阶段的注意力分配研究(Carl & Buch-Kromann, 2010)、原文理解与译文表达的协调研究(Carl & Kay, 2011; Dragsted, 2010)、翻译过程中文本复杂性的影响研究(Sharmin et al. , 2008)以及正向翻译和反向翻译之间的差异研究(Pavlović & Jensen, 2009)。

头戴式眼动仪可能对自然行为产生一定影响,但眼动追踪在很大程度上满足了生态效度的要求,尤其是可以用于真实或接近真实的文本。此外,与键盘记录和心理语言学范式不同,它可以为无明显运动特征的过程提供眼动数据。这种方法能够标注出原文或译文加工驱动的操作,因此更加引人注目。同样重要的是,眼动追踪法与键盘记录法的互补性促成了强有力的多元数据验证法,可以探讨语际转换中的多维理解和表达过程。

眼动追踪并非十全十美。首先,个性化的眼动校准过程繁复且可靠性低。其次,该技术的敏感度太高,会受到若干伪迹的影响,例如周围光线变化引起的瞳孔变化、头部运动引起的干扰、不可控制的个体生理因素(如眼睛湿润度)。实际上,对正在查看的文本段的估算,不准确率可能高达35%(Jensen, 2008)。再者,我们很难确定大多数指标到底反映了哪些特定的认知加工过程;这些指标充其量可以作为粗化加工(如认知努力或注意力分配)的指标,在细化加工(如词汇通达、语义激活、形式层面的跨语言加工)方面则大多无实际意义。最后,研究结果的一致性和普适性需要予以高度关注:作为提高生态效度的代价,不同受试对于同一(或者部分)原文的加工时间差异很大,且涉及译文的眼动数据时,在每个不同的受试之间进行比较就会更加复杂。有关口笔译眼动追踪研究的详细论述,请参阅戈弗里希、雅各布森和梅斯(Göpferich, Jakobsen & Mees, 2008)的相关文章。

---

① 鉴于眼动追踪和键盘记录所记录的过程无法轻易分解为独立的活动(Dragsted, 2010),这些方法的联合使用既有其合理性,也存在方法论上的重大困难。

1.2.5.4 语际转换的非语言方面:执行功能评估

虽然上述所有方法都着重关注语言材料和语言加工过程,但它们承担的任务会对多种非语言功能产生影响。然而,语言刺激的使用难以确定研究结果在何种程度上由特定语言或非语言(一般领域)机制驱动。执行功能评估是一种深入探讨非语言机制的成熟方法。

执行功能包括一系列相互关联的自上而下的机制,用于选择、协调、维持和监控正在进行的过程,包括注意力分配、抑制控制、短期记忆、工作记忆和思维灵活度(Diamond,2013)。无论当前加工任务与加工模态为何,执行功能都是各种行为产生的基础。每个执行域都可以通过特定范式进行评估。例如,斯特鲁普测试(Stroop test)① 已被广泛用于研究抑制技能(Scarpina & Tagini,2017),而数字和词汇广度任务是测量短期记忆力的可靠指标(Conway et al.,2005)。有关此类和其他执行功能测试的描述,请参见第 2 章 2.3.2.2 节。与心理语言学范式一样,此类方法中受试的准确率(或命中数)和反应时分别反映了被评估子域的效能和效率。

虽然大多数执行功能研究并不在口笔译研究范畴之内,但是大量的研究都在探讨与语际转换相关的执行功能,特别是将重点放在专业口译员和学生口译员身上,因为这些功能被认为是他们特有的优势(García,2014a),另见第 7 章。例如,在巴霍、帕迪利亚和帕迪利亚(Bajo,Padilla & Padilla,2000)开拓性研究的基础上,一些学者通过相关任务来测试专业口译员和准口译员的以下能力是否优于其他群体:信息保持能力(Christoffels,de Groot & Kroll,2006;Köpke & Nespoulous,2006)或信息检索能力(Signorelli,Haarmann & Obler,2012)、执行同步任务的能力(Strobach et al.,2015)、在不同心理图式之间转换的能力(Babcock & Vallesi,2015;Yudes,Macizo & Bajo,2011a)或加工注意力子成分的能力(Morales et al.,2015)。

执行任务对口笔译研究的主要贡献在于它们能够集中评估非常具体的子功能,该类子功能与语言加工往往混用,但二者实属不同。同时,执行功能评估可以

---

① 斯特鲁普测试,又称色词测试,是由美国心理学家约翰·里德利·斯特鲁普(John Riddley Stroop)于 1935 年设计的颜色命名实验;斯特鲁普效应则是受试对色词颜色一致(如:黑色墨水书写的"黑色")反应快于色词不一致(如红色墨水书写的"黑色")的反应。——译者注

用来统计模拟语言加工和语言机制之间的关系(Christoffels，de Groot & Waldorp，2003)。值得注意的是，大量有效的工具具有可及性，且其中许多工具为多个社会人口统计学群体提供了规范数据，可以由此进行基于总体的比较。

该类研究也存在许多局限性。使用非真实、脱离语境的任务会引人质疑，即研究结果如何与语境丰富且情况真实的语际转换过程相关联。此外，许多此类范式最初用于筛查患有神经障碍的患者，因此它们在健康受试中易于产生天花板效应(ceiling effect)①。一般而言，尽管每项任务都揭示了一个特定的认知域，但是其认知分区观却忽视了跨越多个心理过程的不同执行功能之间自然的无缝互动(Ibáñez & García，2018)。相关研究综述请参阅加西亚(García，2014a)的相关文章。

1.3 关注心智，忽视大脑：非神经认知研究方法的评价

非神经研究方法在翻译研究中的应用是口笔译认知研究出现和发展的标志。跨越半个多世纪，这些研究已经取得了一些成就，为促进持续发展作出了不可磨灭的贡献。研究人员使用此类研究方法提出了尚未(或根本无法)妥善解决的关键问题。通过明确该领域发展中的主要里程碑式的发现，获得这些发现的方法以及尚未解决的问题，我们应该能够确定和理解基于大脑的研究具有特殊性，是该领域最有价值的拓展。

与其他学科的研究方法一样，上述每种方法都存在局限性和不完善之处。然而，它们不断累积的贡献促使口笔译认知研究蓬勃发展，成了探讨语际转换的一个热点。这些方法使过程取向的翻译研究如今可以建立在一系列可靠的成果之上。

非神经研究方法赋予口笔译认知研究一套基本构念，用以指导现有研究和未来研究。也许最基本的研究框架是识别和验证三个总体宏观阶段，包括原文加工、跨语言(或非语言)加工和译文加工(参见第5章5.1节)。当然，这三个阶段在每个不同框架的理论假设和方法可行性基础上已经被多方定义和剖析过；虽然具体的研究角度不同，但这种"三分概念框架"②为研究设计和结果阐释提供了一种可

---

① 亦称高限效应，是测验的题目过于容易，致使绝大部分受试得分较高的现象。——译者注
② 即将某个概念、理论或现象分为三个部分、三个方面或者三个阶段来进行理解和分析的方法。——译者注

行的认知结构。其他方面亦如此,例如(释意理论中的早期理论和心理语言学传统中的实证形式化理论)区分形式转换和概念整合,认可正向翻译和反向翻译的认知加工过程不同(这种观察在20世纪60、70和80年代的模型中几乎不存在),识别不同的语言和非语言过程(包括特定的亚词汇、词汇、句法、语义和语用机制,以及分别与注意力、监控、抑制、思维定势转换和工作记忆相关的各种功能),确认特定翻译单位作为认知负荷的关键决定因素(主要归因于定量方法的突破),确立特殊领域的专长作为细化和粗化心理活动(涉及从词汇通达到策略使用的注意力分配)的一般调节因素。

同样重要的是,该领域已经发展成熟,足以摒弃一些局限性过强或不切实际的概念。例如,不再视奈达和泰伯(Nida & Taber,1969)曾经追求的普遍主义和算法术语为框架解读跨语言(或非语言)加工的宏观阶段;相反,现在更多地参考语境敏感、具身化、认知合理的框架(Muñoz Martín,2016b)。此外,心理语言学的研究表明,在宏观阶段,形式转换和概念整合过程并不相互排斥,而是同步、互动的,并因任务种类的不同而各异(García,2015a)。同样,由于采用了定量方法,宏观阶段的系列概念已被更具动态性和现实性的阐释所取代,且此类阐释认可原文理解和译文表达可能相继发生或以重叠的方式发生(Carl & Kay,2011;Dragsted,2010;Jensen,2008;Ruiz et al.,2008)①。

这些突破性研究以及许多其他突破性研究催生了过多的模型,每个模型都强调某些特定方面而忽略了其他方面。这些模型主要包括生成性模型、功能主义模型、实用主义模型模型、连接主义模型、计算主义模型、基于认知努力模型、认知行为和语义取向的阐释模型等。关于这些具有代表性的主要模型评析,参见乌尔塔多·阿布丽尔(Hurtado Albir,2001)、加西亚(García,2011,2015a)、阿伦斯(Ahrens,2017)以及卡尔和舍费尔(Carl & Schaeffer,2017)的相关文献。由此,出现了大量的理论框架,以各种形式的互补性和不相容性为标志,在实证基础和思辨基础之间摇摆,在极端宽泛和极端狭窄之间游弋——所有这些框架都被终极公理所引导(如果不是误导)。然而,"**大量的**"作为一个关键词出现在前句中,此处需要做出进一步的说明。在以描述"语际转换"这样复杂的现象为己任的新兴领

---

① 读者可能希望参考相关的概念对,如纵向翻译和横向翻译(Ruiz et al.,2008)、顺序协调和综合协调(Dragsted,2010)、序列表达和平行表达(Jensen,2008)或交替注视单位和分离注视单位(Carl & Kay,2011)。

域,如果其概念集中于少数几个、必然片面的选择项,则很难有进一步发展。从这个意义上讲,理论多元化是非神经研究方法的另一个优点。

这些框架的优点还在于它们对编辑领域提出了新要求,从而富集了专业领域的大量文献。口笔译认知研究不断出现研究成果,通过出版书籍(如 Alves, 2003; Carl, Bangalore & Schaeffer, 2016; Ferreira & Schwieter, 2015; Muñoz Martín, 2016a; Schwieter & Ferreira, 2017; Shreve & Angelone, 2010)、在成熟的期刊(如《视角》《目标》《口笔译研究》《媒它》《翻译空间》)乃至专门探讨该领域的新期刊(如《翻译、认知和行为》)发表论文等渠道得到广泛传播,而且已经在全球范围内定期举行了数十次会议、研讨会和训练营。可见,口笔译认知研究已经进入了一个良性循环的增长期,形成了一个自我创生的学术空间。

广义上来说,这些成就使口笔译研究领域不断扩展。如今,除了哲学、语言学、语篇分析、社会学、后殖民理论、交互主体论、教育学和制度学框架之外,对口笔译感兴趣的学者还可以选择从认知角度来分析研究对象。此外,这种可能性已经开启了口笔译研究与历史悠久的研究领域之间高度频繁的接触,而这些古老的领域曾被认为与语际转换研究无关。实际上,扩展房屋的某个特定房间也必然会使房屋整体扩大。

这些里程碑式研究的附加价值便是其指导性:我们可以解构这些实验背后的动机、具体操作和原则,并从中学习使用类似研究的方法。至关重要的一点是,本书旨在描写当前口笔译认知研究方法的递增性而非断裂性的拓展。正如下文所示,结合大脑的口笔译研究与非神经研究方法的发展过程根植于同一潜在程序。

一般来说,口笔译认知研究的成长是对几十年来前沿研究成果和研究空白不断认识的结果。除了少数例外,上述方法的研究人员既没有忘记现有成就,也没有忽视前人研究的局限性。这些年来,有价值的假设、构念和方法已经重现或更新,因此该领域可以持续累积并不断拓展,但并不是借用每种新的趋势重塑自己。例如,用键盘记录法取代有声思维法的提议(Jakobsen, 1998, 2003),有助于更好地识别哪些问题可以有效地通过后者解决,哪些不能,一般会出现三种主要结果:先前的一些结论受到挑战;另一些结论被认为是合理的;出现了迄今尚未系统(如果有的话)探索过的新研究方法。重要的是,这一过程需要学者们持续不断地进行学术更新,需要熟悉新概念、数据类型和分析观点。

上文提到过,认知视角不断拓宽,带来了两个主要方面的进步。首先,新视角被用于探讨长期存在的旧问题,显然令人满意的答案通常需要几年后才能出现。

其次,新问题被提出,有时源自特殊的研究方法,有时源自从其他学科引入的概念。整合概括性和特殊性的研究课题一直在激发研究者利用新的方法去反思和了解语际转换。

这种隐式科研精神源自无偏见、开放性的方法。具有前瞻思维的口笔译认知研究者一次又一次证明,实证-理论工具的不断扩展对于深入理解复杂的研究对象是不可或缺的。如 1.2 节所述,这种扩展主要是通过结合其他领域的相关技术并使其适应本领域的需要而实现的(如有声思维研究、心理语言学范式、键盘记录和眼动追踪研究、执行功能研究)。因此,越来越多的指标、痕迹和标记不断确立,可用于检验假设的方法数量也在不断增加。鉴于此,我们可以认为:采用新方法一直是口笔译认知研究进步的基石。

上述趋势要求口笔译研究学者内部及与其他领域研究人员之间动态互动。从传统口笔译领域成长起来的学者很快就意识到学习其他研究领域(如心理学和心理语言学)的必要性,并与多个领域(包括统计学、编程和研究设计,尤其是认知科学)的专家建立合作关系。这种研究人员之间的动态互动已经产生了喜人的知识交流,并没有被各学科中的二元论者或自恋者的预判所影响。简言之,口笔译认知研究进展背后的另一个关键因素是它从未受到学科沙文主义的限制。

最后,最成功的研究方法不仅能够使研究基础、假设、步骤、成果明晰化,还能够使研究问题和障碍明朗化,从而使研究者认识到其假设的临时性和片面性。教条主义学派和真正的研究项目之间存在差异:前者依赖于热心的追随者,基本上只限于重复不可测试的格言,后者可以因学者的批判性思考而茁壮成长,依靠实证研究挑战先前信仰并开拓富有成效的研究领域①。新兴的研究方法基于基本的科学实践,采用完全公开的理念,有望成为具有前瞻性、可供辩论的国际研究领域,而不是根植于先验格言的自说自话平台。

总之,这些经验教训构成了口笔译认知研究拓宽视野的指导原则,此时即使并非完全必要,也值得拥有。事实上,就目前所取得的所有进展而言,许多核心问题在非神经方法的范围内仍未得到充分研究或无法直接解决。下列突出问题需要进行深入思考。

---

① 彼此之间的差异可以很容易确定。为此,通常可以获取利用某一研究方法发表的研究成果,并将其与最近的研究成果进行比较:如果在方法和理论构建中没有发现实质性变化,并且在理论中没有引入重要的新发现,那么读者可能只是面对一个经久不衰的教条。

（1）在口笔译心理过程的整体架构中,哪些功能系统是彼此独立的? 例如,是否存在能够用于正向翻译和反向翻译,用于形式转换和概念整合的语际转换过程,或用于不同翻译单位的单一、通用的系统? 这些操作是否包括某些部分独立的机制?

（2）这些系统在不同形式的语际转换中重要性如何? 它们的激活水平是否必然与外部表现的差异相关?

（3）语际转换的内在时间特征是什么? 换句话说,产出动作(如笔译中按键的手指运动、口译中的发音)开始之前,关键认知过程是如何展开的?

（4）在语际转换期间,(潜在可识别的)认知系统之间发生了哪些类型的相互作用? 在翻译不同单位时,或者在反向或正向翻译时,哪些机制进行了协作? 哪些机制没有参与?

（5）某种模态的持续训练如何调控具体的认知领域? 特定领域的培训开始后,学生的思维多久开始出现重大变化?

（6）更宏观地说,口笔译认知研究能否与自然科学进行富有成效、互惠、深入的对话?

幸运的是,所有这些问题都可以通过基于大脑的研究方法来研究,但必须指出,这种方法需要坚持迄今为止对于该领域发展有益的所有原则。事实上,神经认知的研究视角可以从以前方法的进步中获益,并弥补其不足,通过借用外部方法阐明一些老问题和新问题,与多个学术专业建立合作,为明确的、对话式的、非教条的研究计划奠定基础。从这个意义上讲,语际转换的神经科学研究不应视为对口笔译认知研究的彻底清除和全新改造;相反,凭借其优点和缺点,它们代表了积累性和共建性传统中的另一种见解,使得该学术空间不断扩展。此外,如下所示,基于大脑的语际转换研究也不应被视为任性或一厢情愿的思考:探索心理现象时,神经学数据的重要性已经得到了充分的证实,并且已有数十项口笔译研究取得了具体的研究成果。为了验证此类说法,让我们一起探索这些迷人的跨语言加工的神经认知基础吧。

1.4 远非"黑匣":探入大脑

借鉴行为主义者青睐的一种隐喻,图里(Toury,1985:18)曾写道:

……翻译过程,即真实原文生成真实译文的一系列活动……是一种"黑匣",其内部结构只能通过猜测或暂时重建。

在撰写如上文字的时代，口笔译认知研究中使用的证据来源（形式语言学模型的推断、非参与观察、有声思维、心理语言学范式），无论是在时间上还是空间上，可能与心智最私密的工作相距甚远。实际上，至少一些非神经方法（如基于内省和击键活动的语言表达）的可测量、可分析指标，在启动和调配深层认知过程之后，很大程度上显示了心智的最私密工作。此外，身体触发器（如心理语言学范式和键盘记录研究中的手指、眼动追踪实验中的眼睛）对于心智存在并非必需：事实上，聋哑人、截肢者或盲人均可以成功地完成口笔译。在此背景下，我们可以证实（图里重新提及的）"黑匣"比喻具有合理性。

然而，考虑神经因素时，情况就大不相同了。坦率地说，口笔译在没有大脑参与的情况下根本不可能进行。事实上，这个器官很可能是证据的唯一来源，没有头脑根本就没有心智。通过研究大脑现象，我们可以探究与认知密切相关的结构和信号（Damasio，1994；Kandel，2006），部分规避了"黑匣"隐喻中一些内在的约束。简言之，基于大脑的数据让我们能够探索生物事件的拓扑坐标和时序坐标，若缺失这些坐标，语际转换就不会存在 [1]。

当然，这并不意味着口笔译可以完全归结为神经过程，也不意味着脑外指标无关紧要。相反，在本体论和方法论上，大脑只是聚集的多维成分之一，用于浮现和探索语际转换的内部运作。不过，需要指出的是，所有这些经历和神经现象之间存在**必要的双向连接**。因此，本书标题中使用的术语"神经认知"是一种本体论的重言式表述，但其使用却具有学科上的必然性。原因在于，即便缺乏直接的神经学证据，我们仍可通过多种途径来探索心智的奥秘。

尽管语际转换与神经组织之间的基本联系尚未明晰，但来自不同研究领域的翻译学者早已对此予以认可，那些未将神经科学研究融入其研究中的学者也表示了赞同。例如，在《法德比较文体学》（*Stylistique Comparée du Frangais et de I'Allemand*）中，马尔布朗（Malblanc，1965）简要地指出，翻译植根于大脑结构。同样的观念可以在释意理论中找到，其主要代表人物引用了神经心理学的著作（如 Barbizet，1964；Barbizet & Duizabo，1977），并将诸如**认知知识库**之类的核心概念定义为"存储在大脑中的脱离语言形式后的所有意义"（Lederer，1994：

---

[1]　构想没有大脑的心智，就需要引用某种人工智能（但是口笔译认知研究者肯定不是要解释计算机是如何工作的）。另一方面，想象一个没有心智的大脑，除了想到一具尸体之外别无选择（当然，这些学者的目标也不是在死亡学领域开创一番事业）。

37）。同样，在拥有众多读者的《翻译学导论》（*Traducciony Traductologia*）中，乌尔塔多·阿布丽尔（Hurtado Albir, 2001）承认大脑研究是理解翻译认知的一种方式，尽管此类实证研究并不在她这本教科书的讨论范畴之内。更重要的是，蒂莫茨科（Tymoczko, 2005: 1092-93）最初认为"对语言、语言习得和双语感兴趣的生物学家将成为翻译研究的核心力量"，成为"将由翻译学者、认知科学家、文字和语言专家以及神经生理学家一起组成的研究团队……"的一部分，后来预测"在不久的将来，翻译研究中最激动人心的进展将来自与神经科学的交叉研究"（Tymoczko, 2012: 98）。在口译领域，波赫哈克（Pöchhacker, 2004: 79）也将大脑称为口译研究的一个重要方面，指出"心理过程的物质基础可以通过最基本的神经层面的大脑组织和大脑活动模型来研究"。

然而，除了这些笼统的陈述之外，将神经科学融入口笔译认知研究的议程究竟能带来哪些实质性的收获？又能产生哪些具体而独特的贡献呢？这些问题以及上一节中提及的诸多疑问，其答案都是多方面的。

首先，需要说明的是，心理过程与可识别的神经现象之间的关系并不具备随意性（LeDoux, 2002）。例如，局灶性脑损伤可以触发特定的和可复制的认知、情感和运动功能障碍。其次，大脑遗传学也有助于描绘心理和行为特征。再次，神经化学变化，无论是自然还是非自然的调节，都可以诱导、改变或减弱特定的精神状态。同样，多个认知任务可产生跨受试的血液动力和电生理系统模式，该模式与实时的需求成比例，且能够预测由于个体特征（如特定领域的专长）不同而出现的变化。

由此，认知过程和神经过程在实际上是一体的。诺贝尔奖获得者坎德尔（Kandel, 2006: xii）坚持认为"心智和大脑是不可分割的"，并且认为"就像步行是由腿部进行的一系列活动一样，心智是大脑进行的一系列活动，尽管后者比前者更加复杂"。在开拓性的著作《笛卡尔的错误》（*Descartes' Error*）中，达马西奥（Damasio, 1994: 90）指出："拥有心智意味着一个有机体形成了神经表征。该表征可转化为图像，在思维过程中受到操控，通过预测未来、制定相应计划、选择下一步行动最终影响行为。"杰出的神经语言学家普尔沃穆勒（Pulvermüller, 2002: 9）的说法更具启发性：

大脑这台机器并非以一种随意方式来完成其要实现的各种过程。举例来说，任何电脑硬件配置可以运行几乎所有电脑程序或软件。然而，这也表明硬件展现了程序的许多方面……换句话说，可能是神经元结构本身告诉我们这些结构规定了运算过程的哪些方面。

　　只要这些说法是准确的,那么研究与特定任务相关的神经系统和过程就意味着探讨其所涉及的关键心理活动。与任何其他人类认知功能一样,此说法也同样适用于语际转换。更具体地说,基于大脑的研究,在很大程度上能够做到其他研究方法做不到的事,从而为口笔译研究作出贡献。让我们先来看其中的一些成果(参见第 2 章)。

　　第一,关于脑损伤双语者的研究揭示了关键机制的功能性组织,即存在部分自治但相互关联的系统,每个系统都对一组特定的认知活动负有关键责任。特别是,单层分离和双层分离机制可以揭示:即使其他技能受损,某些技能也会得以保留(Dunn & Kirsner,2003)。我们可以通过在线记录(与任务相关的)神经活动获得此方面的补充证据(参见第 3 章)。这些观察结果为语际转换中的不同加工成分识别模型,提供了重要的制约条件(如 García,2012a,2015b)。

　　第二,电生理方法的独特之处在于其能揭示相关过程的内部时间进程(Luck & Kappenman,2012)。与测量某一心理活动总时长的反应时不同,事件相关电位等技术能够在外部反应发生之前,测量两种实验条件(如正向翻译和反向翻译)涉及的不同时间动态,即使这两种情况下的行为结果相似或没有产生行为(参见第 2 章)。从这个意义上说,神经科学似乎比任何其他领域都能更好地阐明隐性的认知效应。

　　第三,功能连接研究(Friston,2011)能够显示不同功能网络的中枢在语际转换及其干预过程中如何相互作用。具体而言,每当两个或更多区域通过各自神经元的协调活动以相互依赖的方式运作时,功能网络就建立起来了。因此,可以对多个神经系统的耦合和解耦进行客观的研究,从而为目标现象提供更综合的视野。重要的是,这种方法可以部分地弥补口笔译认知研究中大多数方法关注孤立机制的不足。

　　第四,各种神经科学方法可以揭示特定领域能力和专长的关键方面(Bilalić,2017)。其他传统领域的一些技术可以证明专业口笔译员在译文质量或者翻译速度方面优于学生译者和其他双语者。然而,没有观察到此类差异时,在更熟练的受试中仍可能存在更有效或更可变的深层过程。通过揭示专业受试和非专业受试之间的大脑结构或功能差异,血液动力和电生理方法易于揭示口笔译能力和 /或专长中难以检测的鲜明特征。

　　第五,脑刺激研究(Parkin,Ekhtiari & Walsh,2015)是获取口笔译认知研究因

果证据的现存最佳备选方案。诸如经颅直流电刺激工具可操控预定神经位点的电化学模式，从而增强或抑制特定功能。因此，该类实验数据所得出的结论，不再是其他大多数技术所能提供的相关性模式（相关性常常包含在一个有趣但尚未证明的因果关系中）。

由此可见，基于大脑的证据在验证（并因此支持、证伪或扩展）口笔译研究的认知模型和假说方面是非常有效的。现有的研究结果已经足以证实语际转换路径（形式转换和概念整合）之间存在巨大差异（参见第 4 章），足以挑战方向性的特殊构造（参见第 5 章）和翻译单位的特定结构（参见第 6 章）等问题，足以详细阐述最近的相关议题，如所谓的"口译员优势假说"（参见第 7 章）。

此外，所有这些现存和潜在的成果都可以促进教学和实践创新。事实上，神经科学的突破已用于阅读教学（Dehaene，2009）和设计干预措施，以提高话语加工技能（Trevisan et al.，2017）。从长远来看，巩固口笔译研究中的神经认知趋势也可以催生口笔译的适用（applicable）①研究方法。

总体来说，基于大脑的口笔译研究方法可以通过与自然科学合作，拓展其跨学科研究领域（García，2012a）。多个数十亿美元的研究计划（如瑞典的蓝脑计划、欧盟的人脑项目、美国的人类连接组项目以及美国的"脑"计划）已经证明，神经科学已成为一个富有成效的平台，可以用于探讨与人类经验相关的分子、遗传、神经、认知、情感和行为等方面，发现它们之间千丝万缕的联系。因此，将这些研究产生的新知识引入口笔译学者的研究领域将会是非常有益的。

或许上述段落中最令人欢欣鼓舞的是，基于大脑的口笔译研究不仅仅基于人类的希望或承诺。事实上，它们得到了研究者们数十年的大力支持，而这些研究由于种种原因，被大多数口笔译研究者忽视了。如下简述基于大脑的语际转换研究（大多数历时奇长）学术史中里程碑式的重大研究成果。

1.5 基于脑科学的语际转换研究动态

2012 年，蒂莫茨科（Tymoczko，2012：98）发表了一篇观点鲜明的论文，强调翻译研究需要整合神经科学研究发现：

---

① "适用"（applicable）是迈克尔•韩礼德在语言学领域（Halliday，2007[2002]；Mahboob & Knight，2010）创造的一个术语，指的是通过结合反思和行动，利用理论公式来解决特定群体的问题。

假如仅仅因为翻译神经科学研究是翻译学中最重要的公认的未知领域,那么神经科学……在整个翻译学中应该是一个需要关注的领域。

虽然本书完全符合上述倡议,但并不赞同其理由。若翻译神经科学研究是一个"公认的未知领域",则意味着口笔译研究者充分意识到其知识存在着特定空白。然而,情况似乎截然不同:语际转换的神经基础研究已经积累了数十年,但是口笔译研究者们没有注意到此类发展。因此,似乎应该对这一表达进行调整,即我们面对的不是"公认的未知领域",而是多个"有待探索的已知领域"(García & Muñoz, 2020)。

事实上,翻译的脑加工实证证据在 20 世纪 20 年代后期开始出现,世纪之交以来大大增多。如彩图 1.1(Muñoz, Calvo & García, 2018)所示,口笔译神经认知研究的发展跨越了大约九十年,涵盖了神经心理学、神经科学、理论探讨的重大研究成果。正如笔者另一篇文章(García & Muñoz, 2020)所言,相关工作可以分为三个宽泛的阶段。

1.5.1　20 世纪中期的重大研究成果

最初阶段贯穿 20 世纪中叶前期,以零星发表的神经心理学开拓性研究文章为标志。一系列关于双语和多语言失语症的个案研究报告首次明确了(受干扰的)翻译技能与(受损)脑区之间的联系。第一篇论文发表于 1929 年,当时人们观察到一个多语者在其左后脑受损后,出现了强制翻译话语的现象(Kauders, 1929)。此外,在其他研究中也观察到相同问题(Stengel & Zelmanowitz, 1933;Veyrac, 1931;Weisenberg & McBride, 1935)。值得注意的是,其中一项研究(Veyrac, 1931)发现,尽管患者无法掌握原文所表达的含义,但能正确翻译原文。此阶段后期,相关研究描述了一种前所未有的疾病,即尽管左脑损伤的患者保留了每种语言的单词表达技能,但左右脑都无法进行单词翻译(Gastaldi, 1951),详见第 4 章。

显然,这些研究证据不够充分。只有少数研究报告描述了患者的翻译能力,这可能意味着翻译特异性疾病很少见,或许最大可能性是测试者忽视了此类疾病。此外,每当发现这种病症,人们只将其当作轶事来讲述,就算提及几个例子,也主要将其当作新鲜事。这种翻译表现的数据不是由患者自发产出,就是通过缺乏实验控制的临时评估所引发。再者,对患者脑部损伤和神经心理学特征的描述模糊而且不系统,因此研究者无法得出令人信服的结论。毋庸置疑,在翻译过程理论匮乏的时代,该类研究发现完全无法借助充分的理论进行讨论。

但是,这些开拓性研究的贡献不容低估。口笔译研究(更不用说口笔译认知研究)成为一个自主的学术领域之前,这些研究就为理解特定脑区与语际转换过程之间的关系提供了基本的实证线索。特别是,它们很可能代表了探索翻译过程中语言和非语言机制关系的第一批科学证据,这也是当前重新浮出水面的研究主题(如 Christoffels, de Groot & Kroll, 2006; Christoffels, de Groot & Waldorp, 2003; Morales et al., 2015)。此外,这些研究激发了研究者对正常和病理翻译过程更加详尽的探讨。事实上,一些开创性的著作(Paradis, 1977)曾经提及这些研究,这为开发双语失语者翻译技能的正式测试(Paradis, 1979)铺平了道路。最后,此类研究结果已被纳入神经科学假设和翻译机制模型构建的限制条件中(García, 2012a, 2015a)。总之,该领域的第一批种子大约是在九十年前种下的。

1.5.2　20 世纪后期的重大研究成果

第二阶段包括 20 世纪后半期的相关研究,其特点是在方法论和理论上取得了重大突破。前几十年创立的神经心理学文献库已显著扩大。尤为重要的是,"双语失语症测试"(Paradis, 1979)的发布,可以用来更系统地评估脑损伤患者的翻译表现。具体来说,该测试工具的第三部分包括跨语言对等项识别、单词翻译和句子翻译任务,这些任务均包括两个翻译方向(即正向翻译和反向翻译)和多个语言对(Paradis, 2011)[①]。在此时期,相关临床报告即使没有使用此类工具,也会对患者的翻译技能进行更细致的评估,包括对特定词类的测试,如抽象名词与具体名词(Nilipour & Ashayeri, 1989),以及语际转换模态,如口头翻译与书面翻译(Aglioti & Fabbro, 1993)。此外,引入相关任务取得了一个新的研究发现,即后脑损伤会导致一种迄今未知的翻译障碍(Paradis, Goldblum & Abidi, 1982)。

与此同时,该领域已开始招募健康受试进行相关神经语言实验。第一种实验依赖于行为技术。例如,采用双耳分听范式(参见第 2 章)来评估准同传译员和专业同传译员大脑偏侧化现象(Fabbro et al., 1990; Fabbro, Gran & Gran, 1991),利用心理语言实验结果来推断各类跨语言对等项之间的连接强度(de Groot, Dannenburg & van Hell, 1994; Kroll & Stewart, 1994; van Hell & de Groot, 1998b)。神经科学工具在 20 世纪 90 年代中期进入了语际转换领域。库尔茨(Kurz,

---

① 双语失语症测试的多个版本可以从以下网站免费下载:https://www.mcgill.ca/linguistics/research/bat。

1994, 1995)借助于脑电创新手段研究同声传译期间两个大脑半球的功能连接。克莱因等(Klein et al., 1995)以及普赖斯、格林和冯·斯塔德尼茨(Price, Green & von Studnitz, 1999)等神经科学家,在单词翻译过程中获得了第一批关于血液动力的大脑模式图像。因此,生物学视角的语际转换研究并非思辨的产物,而是在脑神经科学基础上稳步发展的。

实际上,《媒它》(Meta)于 1984 年专门针对翻译与大脑之间的关系,推出了一期名为《大脑、语言和翻译》(Cerveau, langage et traduction)的特刊。该特刊综述了失语症中的翻译障碍(Paradis, 1984),并对这种现在已易于理解的(翻译与大脑之间的)关系进行了初步反思(Bouton, 1984)。如法布罗和格兰(Fabbro & Gran, 1997)的文章所示,相关理论阐释也开始出现在侧重于同声传译研究的文献中。此外,语际转换关键机制的显性模型已建立在神经认知证据之上。例如,帕哈迪(Paradis, 1994)提出了语际对等连接的神经语言学模型,法布罗(Fabbro, 1999)提出了同声传译系统的神经解剖模型(参见第 4 章 4.4.2 节)。

总之,这一时期的研究工具有所拓展,可用来探究口笔译过程中的大脑。进入 21 世纪之前的明显发展是,研究者可以从结构和功能的神经关联角度来研究语际转换,并且口笔译研究学者和神经学家的共同努力表明其有巨大的社会价值。鉴于此,一个全新的研究领域已经为其在 21 世纪的蓬勃发展做好了准备。

1.5.3　21 世纪的重大研究成果

第三个阶段始于 21 世纪初,而且正在进行中。随着语际转换研究在多个维度的发展,我们正处在基于大脑的语际转换研究"扩张时代"。首先,神经心理学的新作品已有出版,包括新的个案研究(如 Fabbro, Skrap & Aglioti, 2000; García-Caballero et al., 2007)和文献综述(如 García, 2015b)。再者,跨语言对等项加工的行为研究激增,成为双语研究的热点(García, 2015a)。此外,后继研究结果为刻画方向性(参见第 5 章)和翻译单位(参见第 6 章)认知效应提供了关键数据。与此同时,多位作者在巴霍、帕迪利亚和帕迪利亚(Bajo, Padilla & Padilla, 2000)的研究基础上进行拓展,探讨了同传译员的执行功能(García, 2014a)。一个蓬勃发展的研究子领域已由此形成,其影响范围甚至超越了口笔译研究(参见第 7 章)。

然而,该领域最显著的发展与神经科学研究进展相一致。学者们通过各种技术获得语际转换过程中大脑活动的实时测量数据,包括正电子放射断层成像术(如 Rinne et al., 2000)、功能性近红外光谱技术(如 Quaresima et al., 2002)、事件相关电位（如 Proverbio, Leoni & Zani, 2004）、功能性磁共振成像（如 Lehtonen et al., 2005）和颅内记录（García, Mikulan & Ibáñez, 2016）。已有研究使用经颅直流电刺激探究健康受试（如 Liuzzi et al., 2010）大脑特定区域在翻译特定单位时的因果作用，也有研究使用直接皮质刺激探究脑损伤患者（Borius et al., 2012）大脑特定区域在翻译特定单位时的因果作用。此外，一些实验探究了口译实践如何影响大脑结构和功能（如 Hervais-Adelman, Moser-Mercer & Golestani, 2015；Hervais-Adelman et al., 2017）。

此类实证文献的数量已经十分可观，足以让研究者进行系统的综述。相关研究已开始系统解读翻译方向与神经认知的相关性、不同翻译单位所涉及的神经机制以及口译专长的解剖－功能影响等内容（Elmer, 2012；García, 2013a）。另外，还有专著致力于建立推定翻译路径的神经解剖模型（García, 2012a）。鉴于此，如果语际转换的神经科学研究对于某些口笔译研究学者仍然是一个谜，那么这不是缺乏证据而是缺少认识的缘故。以下章节旨在尝试弥补这种差距。

1.6 神经科学在当代口笔译研究中的作用

"扩张时代"的另一个里程碑值得单独探讨。一些口笔译研究学者对于大脑的研究产生了兴趣，超越已不再有效的"黑匣"比喻和"公认的未知领域"的说法。对不断扩大的研究团体而言，运用神经认知研究方法来探讨口笔译的前景变得越来越清晰。

年复一年，口笔译研究和神经科学研究人员的合作十分常见。的里雅斯特大学的劳拉·格兰（Laura Gran）和弗兰科·法布罗（Franco Fabbro）开拓了跨学科创新研究（Fabbro et al., 1990；Fabbro, Gran & Gran, 1991），这可能曾经被视为离经叛道，但是这种研究也有追随者。例如，维也纳大学的英格丽·库尔茨（Ingrid Kurz）和赫尔穆特·佩切（Hellmuth Petsche）（Kurz, 1994, 1995），以及图尔库大学的约尔马·汤姆拉（Jorma Tommola）和尤哈·林内（Juha Rinne）（Rinne et al., 2000；Tommola et al., 2001）。类似的跨学科互动目前在全球各研究机构中越来越普遍，包括瑞士的苏黎世大学（如 Elmer, Meyer & Jäncke, 2010；Elmer et al., 2014）和日内瓦大学（如 Hervais-Adelman et al., 2014, 2017）；阿根廷认知和翻译神经科学研究院的实验心理学与神经科学实验室（如 Garda, 2013a, 2015b；Garda, Mikulan & Ibáñez, 2016）；英国杜伦大学（如 Zheng et al., 2020）；巴西的米纳斯吉拉斯联邦大学与位于南里奥格兰德的里约热内卢天主教大学脑科学院的合作研究（如

Alves, Szpak & Buchweitz, 2018)。另外,还建立了新的实验室,主要侧重于口笔译的神经认知研究,例如德国美因茨约翰内斯-古腾堡大学的翻译认知中心(如 Hansen-Schirra, 2017)、中国澳门大学翻译传译认知研究中心(如 Lu & Yuan, 2018)。

　　此外,神经认知研究已经开始出现在翻译学者的论文中,如戴蒙德和施里夫(Diamond & Shreve, 2010)、墨瑟-梅瑟(Moser-Mercer, 2010)、蒂莫茨科(Tymoczko, 2012)和阿伦斯(Ahrens, 2017)。事实上,这种研究成果已在专业文献中得到认可,如穆诺茨·马丁(Muñoz Martín, 2016b: 16)承认"研究团体正在努力把口笔译认知根植于大脑中"。本书被"本杰明翻译研究文库"收录,便足以证明该观点的合理性和正确性。

　　然而,我认为我们的研究方向尚未发生根本性改变。口笔译研究长期以来一直热衷于推动所谓的"范式转变"或"新转向"(Snell-Hornby, 2006)。然而,提出的大多数变革只不过是一时的时尚,通常由引人注目的隐喻构成,并没有真正范式转变的认识论、经验和制度方面的重构(Kuhn, 1962)。那么让我们明确一点:巩固基于大脑的口笔译认知研究方法并不需要在当前的原则、观念和工作方式中引起重大突破。尽管显得啰唆,但是我们还要重申:神经认知研究方法增加、扩展和补充了前文描述的各种非神经研究方法。那些一厢情愿片面的论断往往徒劳无益,我们越早认识到这一点,就越有可能理解语际转换心理层面所需的多维框架。

　　总之,从神经角度进行翻译研究为推断口笔译认知研究中隐形现象的特性提供了另一种有价值的资源。本书的其他章节将从各个角度剖析这种研究方法。下一章旨在初步介绍研究工具及其基本原理。

第 2 章
工具包

2.1　超越麦吉弗的军刀

　　"嗯,陷入困境时,我喜欢掌控局面。"这句台词出自美国电视连续剧主角麦吉弗之口,该剧与主角同名[①],首播于 20 世纪 80 年代。每一集电视剧中,主角都运用智慧来打击犯罪、匡扶正义,观众们常常为之震撼。剧中,秘密特工麦吉弗每天都得开动脑筋来解决各种难题——撬锁、躲过死亡陷阱、逃离短路起火的电梯、制造烟雾分散敌人的注意力、拯救身中剧毒的朋友或者从毒气室逃生。其中最值得注意的是,他只需要一把瑞士军刀。在麦吉弗的手中,仅用一把小刀就足以解决剧中的所有问题。

　　从此角度来看,电视剧与科学研究形成了鲜明对比。不幸的是,没有任何一种工具能够有效解决一个学科中的所有问题。但是,在不同专业领域中,科学进步都与可用工具的发展紧密联系。就此而论,医学很具代表性。几个世纪以来,通用性技术(如放血或使用危害生命的汞化物)均未有效解决感染类疾病、性病和其他一些健康问题。幸好在 20 世纪青霉素开始投入使用,这种情况才得以扭转,并带动了其他相关研究的发展。此外,新技术的融合为学术界开辟了新的研究领域。例如,显微镜在生物学界的投入使用,有助于学者更深入、更仔细地探究各类

---

① 即以主角麦吉弗(MacGyver)命名的美国电视连续剧,其汉译名音译为《麦吉弗》或《马盖先》,意译为国内观众较为熟知的《百战天龙》或《玉面飞龙》;此外,"MacGyver"一词已成为美国俚语,意指像电视剧主角麦吉弗一样能巧妙处理各种难题的人。——译者注

细胞、组织和微生物,拓宽了研究视野。就科学而言,关键问题通常只能用新的技术手段来攻克。

由第 1 章可知,方法革新对口笔译认知研究来说并不陌生。虽然该领域的最初研究仅包括形式语言学的非系统性临时推断和观察者的主观臆测,但有声思维法为探究那些前程似锦的专业译员的内省过程铺平了道路。随后,键盘记录技术横空出世,克服了有声思维法的一些局限,使得评估那些悬而未决的问题成为可能。同样,正如其他学者(García, Mikulan & Ibáñez,2016)所论证过的那样,认知神经科学技术也可以整合到口笔译研究中来,进行更加深入的研究。

基于上述原则,如下各节将着重介绍语际转换的脑科学研究基本方法和工具。总体上,本章设定了两个目标:首先,阐明一些核心概念,以期提升读者理解和批评相关研究的能力;其次,旨在帮助有意自行开展研究的学者提高缜密思考的意识。具体来说,就是提供一个适合该类方法的概述,包括研究设计的主要类型、任务、变量、度量、技术、解释限制条件等。经历了这些步骤,麦吉弗应该会对结果满意。毕竟读者遇到文献里或实验室中的挑战时,同样有能力"转危为安"。

2.2　研究设计

大脑研究依赖于多种类型的实验设计,其中一些类型对研究语际转换至关重要。目前,文献中所使用的研究方法涵盖了单例、单组、组间和前/后测研究这四种。它们之间或相似或不同,但都为理解口笔译神经认知研究提供了一个大框架。

2.2.1　单例设计

单例设计是对单个个体或一系列个体的评估,这是神经心理学研究的一种标准方法。特殊大脑疾病患者可能会格外具有研究价值,因其可被用作典型病例来探究损伤脑区和未损伤脑区在脑功能维持和丧失方面的作用(参见 2.6 节)。极少数情况下,那些由于临床要求而在颅内植入电极的患者还会被单独研究,以寻求神经机制和认知域在时空上的精确相关性(参见 2.7.2.2 节)。

该方法通常要求患者执行两项或多项任务,其目的是证明哪些任务在患者脑部损伤后会受到影响,在脑兴趣区中又有哪些生理模式产生。这两种情况下,可以假定目标功能与现有神经基质之间存在着某种特定关系。尽管此类研究中,将上述结果与其他受试进行比较既不常见也非必需,但有时研究者会将患者的表现与健康个体(Aglioti et al.,1996)或对照组(García et al.,2017c)的表现,甚至是相关的标准数据进行对比(如 Steeb et al.,2018)。

单例设计常用于评估双语失语症患者的语际转换情况。例如,许多报告记录了脑损伤对特定翻译方向、翻译单位和翻译模态的影响(参见第 4 章)。此外,在双语加工过程的颅内记录研究中,初步发现了正向翻译和反向翻译之间的大脑连接差异(García, Mikulan & Ibáñez,2016)。值得注意的是,一些语际转换机制的神经组织特定假设,最初主要来源于个别神经系统患者的检测结果(García,2015b)。

单例设计的主要缺陷是其普遍性差。没有完全相同的两个大脑,且受试间的神经损伤差异也很大,某一个单例研究结果也许很有意义,但并不表明这一结果能被另一个单例研究复制出来。尽管如此,在神经心理学史中,有许多单例报告的观察结果都取得了重大突破,并促使强有力的假说得到进一步完善(Thiebaut de Schotten et al.,2015)。此外,此类研究在受试层面上对检验理论模型的因果预测至关重要(参见 Dubois & Adolphs,2016)。欲了解更多语际转换的相关示例,请参见第 4 章。

2.2.2　单组设计

单例研究的普遍性显得很成问题,令人担忧。部分普遍性问题可以通过单组设计来解决。在单组设计中,多个受试参与同一个实验,视为一个统一样本。单组设计跟组间设计一样,都作为主要研究方法广泛应用于口笔译认知研究、心理语言研究(Ruiz et al.,2008)、执行功能评估(Shlesinger,2003)以及神经科学实验(Lehtonen et al.,2005)。

通常来说,这些设计中包括不同任务(如反向翻译和二语阅读)、不同刺激类型(如同源词和非同源词的反向翻译)或不同条件(如口述回忆中是否带有发音抑制)。因此,可以通过统计比较来揭示隐藏于其中的特定模式,还可以通过其他检验来考察两个变量是否相关,或者一项任务或条件的执行是否能够预测另一项任务的执行。如果样本量足够大(即具有足够的统计功效)并且样本选取合格,那么就可以认为结果代表了一个更大的群体。

基于大脑的大量口笔译研究是依靠单组设计来实现的。具言之,此类研究已证明单组设计有助于探讨方向性涉及的各种问题(参见第 5 章)、不同翻译单位的加工机制(参见第 6 章)、特定语际转换模态的神经基础(参见第 7 章)。此外值得一提的是,语际转换研究中的单组设计已与多种神经科学技术相结合,包括功能性磁共振成像、正电子放射断层成像、脑电图和功能性近红外光谱技术（García，2013a）。

这些设计有时会因不合标准的采样和分析程序而受到破坏。相关文献表明，该问题激起了同声传译的神经可塑性研究领域（Hervais-Adelman, Moser-Mercer & Golestani，2018）和整个神经科学领域的激烈争论（Munafò et al.，2017）。此外，创建刺激集时无法控制所有潜在的内部变量，因此通常无法完全排除对特定假设的一些另类解释（参见 2.4 节）。这些问题能够得到妥善解决时，单组设计便提供了一个强大的框架体系，可以探寻大脑和行为之间的稳定链接，超越了仅仅对受试的观察研究。特别是，单组设计可以揭示语际转换期间多个加工过程共现现象是在不同脑区产生的（如 Hervais-Adelman et al.，2014）。此外，单组设计允许评估样本中某些神经认知模式的可变性，从而说明个体间的异质性和所谓的个体因素。

2.2.3　组间设计

单组设计的主要局限性在于其无法确定所观察到的模式是特定于目标人群还是各种群体。如果一项学生口译实验能揭示正向翻译和反向翻译之间的差异，那么对于同声传译的专业译员和非专业人士，我们可以提出相同的假设吗？这是组间设计能够作出最大贡献的地方，因为它可以识别具有特质的两个或多个样本之间的差异。

理想情况下，各组应该在一个（只有一个）关键变量上有所不同，这样最后结果只会由这一个因素导致。例如，这种方法已经用来探寻，相对于经验较少或没有经验的受试而言，专业笔译员语际转换的特有模式（如 García et al.，2014）和专业口译员语际转换的特有模式（如 Bajo, Padilla & Padilla，2000）。关于神经科学研究，组间设计主要通过结构和功能神经成像、事件相关电位和脑电图衍生的功能连接，探讨语际转换专长的生物特征（参见第 7 章）。

口笔译认知研究的这些设计面临的一个关键问题是缺乏正确分配组别的统一标准，导致无法排除一些关键的混淆因素。另外，个别文献中也提出了有关采样的其他问题（Koshkin & Ossadtchi，2017）。尽管存在这些问题，组间设计将特定的神经认知模式与特定水平的语际转换能力、专长和表现联系起来，起到了至关重要的作用。近年来，此类研究呈现出了增长态势，可以说是该领域的主要发展之一。

2.2.4 前/后测设计

组间设计具有很多优势,但仍无法揭示样本间差异是否由区分其关键变量的**因果关系**所致。例如,如果单项评估显示专业同传译员的大脑皮质中灰质量比没有口译训练的双语者多,这有可能是在专业同传译员开始训练口译之前就存在这种差异。那么,这种特殊性是口译持续实践的结果,还是成功涉足该领域的前提?此问题及其难以预料的后果可以通过前/后测设计来解决。

前/后测方案包括三部分。第一,在前测阶段,对一个或多个组进行评估以获得基线数据。第二,对一个或多个组进行特定的处理(如一段同声传译的训练)。第三,在后测阶段,对一个或多个组采取第一阶段的相同措施。如果第一阶段和第三阶段之间的结果不同,那么这个结果可以说是受干预的结果,如果未进行干预的对照组不存在该影响,则证据会有更强的说服力(如 Trevisan et al.,2017)。

前/后测实验的总体数量匮乏,但在口译经验效应研究中,采用前/后测实验的相关研究数量一直在增长。例如,此类实验设计已用来探讨其如何影响词汇-语义技能(Bajo,Padilla & Padilla,2000)、工作记忆技能(Dong & Lin,2013)、神经解剖机制(Hervais-Adelman et al.,2017)和神经功能机制(Hervais-Adelman,Moser-Mercer & Golestani,2015)。此外,一项前/后测实验研究结果表明,对运动脑区实施经颅直流电刺激可以调节受试对特定词类的翻译(Liuzzi et al.,2010)。

前/后测设计费时费力,整个实验过程中都需要一些受试愿意持续参与实验,须坚持几天、几周或几个月。况且,根据实验阶段的类型和时间长短,受试在实验研究环节之外的经历无法控制,可能会使研究结果产生极大错乱。尽管如此,最强有力的研究设计应该支持因果观并有助于构建认知神经科学机制,这就需要研究者精心匹配任务或条件,确保处理和未处理的样本之间具有可比性,明晰理论相关的介入措施,并将三者有机结合起来。

2.3 心智游戏:实验范式

据研究目的,一项研究可能包括一项或多项认知任务。通常,这些都是既定实验范式的变体,即数据收集模式。数据收集时,预先选择的刺激以特定方式呈现,以便使受试加工刺激并完成预先设定的实验。鉴于许多实验范式需要受试加工刺激,我们可以采用这些范式探讨特定认知功能,通过行为结果(参见 2.5 节)或神经关联(参见 2.7 节)来衡量这些功能的效能、效率和参与度。其中,诸多实验范式已成为深入探讨语际转换机制的基本来源,要么是调查研究的主要目标,要么是以比较研究为目的的控制条件。广义上讲,语际转换研究中的实验设置可以分为自然主义和原子主义两种范式,后者包括大量的语言和非语言任务。重要的是,由此获得的结果可以与神经科学数据结合起来分析,但是从它们自身也可以进行合理的解释。口笔译的心理语言研究就是这样做的。

2.3.1　保真

该领域的许多研究都采用了自然主义范式。这些研究的基础任务与日常环境中某些认知过程的实际情况非常相似。例如,鲍里斯等(Borius et al.,2012)使用了现实生活中的刺激,探索了报纸摘录与视译的神经关联;库尔茨(Kurz,1995)研究了译员在国际会议上进行同传时大脑的功能连接问题。行为研究中,自然口译任务也被用于评估口译(如 Injoque-Ricle et al.,2015)和手语翻译(Macnamara & Conway,2016)中工作记忆和译文质量之间的关系。

自然任务的主要特征是将人为控制降到最低,从而满足生态效度的要求。然而,正是由于缺乏这些控制,它们无法洞察精细机制的特殊贡献。例如,不能确切地揭示出两种条件之间的行为或神经差异到底是由语言或执行要求引起的,还是由特定的加工水平造成的。此外,受试不受约束的反应会产生相当大的运动伪迹,从而给持续的脑信号带来噪声。该类问题可以通过原子主义范式部分地得到解决。

2.3.2　分解

自然主义范式确实有用,但并没有在该领域得到广泛应用。这可能是认知神经科学主要关注于细粒度子功能(如语义通达、跨语言激活、短期记忆能力)特定机制的原因。因此,该领域的大部分研究依赖于原子范式的高度受控任务,包括脱离语境、词符级的刺激,如孤立词、孤立句或一系列孤立词/句。在这些设置中,可以对不相关的变量进行匹配,从而在两个或多个对比条件之间进行分解,使之仅在一个相关变量(如翻译方向性、同源状态或工作记忆负荷)上有所不同。随后,每种条件的行为和神经认知差异可以合理地归因于控制变量(参见 2.4 节)。原子范式以特殊的方式阐明了语际转换的特定语言和非语言行为,如下所示。

2.3.2.1　语言范式

语言范式旨在评估特定的语言机制。在典型实验中,单个单词或句子将依次呈现在电脑屏幕上,受试须对这些单词或句子做出特定反应(比如大声读出它们或根据预定义的标准并通过按键操作对它们进行分类)。虽然这些计算机化的任务将是本综述的重点,但请注意,其他任务也可以用纸笔来完成(如 Yudes et al.,2013)。

探究语际转换最直接的范式是进行**词汇翻译或句子翻译**。此两种情况下,受试在一种语言中看到相应的刺激[①],然后必须用预先设定的目标语说出刺激的对等项。通常,语言反应通过声控设备记录和计时(如 Christoffels, de Groot & Waldorp,2003),尽管一些研究依赖于按键记录或同步显性产出(如 García et al.,2014;Santilli et al.,2018)或随后键入译词/句(Grabner et al.,2007),参见图2.1。这种范式假定我们能深入了解刻意的跨语言操作。此外,刺激的具体操作保证了有关认知机制推论的合理性,例如译员在翻译任务中主要调用了形式层面路径还是概念整合路径(García et al.,2014)。在行为(如 Kroll & Stewart,1994)、神经心理(如 Aglioti et al.,1996)、电生理(如 Christoffels, Ganushchak & Koester,2013)和神经影像(如 Klein et al.,1995)研究中,研究者已经使用了这种基本实验设置的许多变体。因此,收集的数据为相关研究提供了不同的模型和假设(参见第4至7章)。

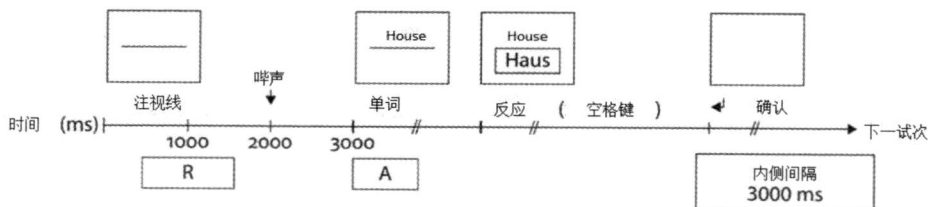

图2.1 单词翻译范式的示例

如图2.1所示,格拉布纳等(Grabner et al.,2007)采用英-德翻译任务,测量脑电和语际转换的相关性,每个试次开始时都有一条注视线,接着是2 000毫秒(ms)的声音提示信号。3 000毫秒后,呈现源刺激,如果受试知道刺激的恰当译词,须按下空格键。在这种情况下,注视线下方会出现一个输入框,受试须输入相应的德语单词,然后按回车确认他们的回答。随后的试次在3 000毫秒后开始。A:激活间隔;R:参考区间。经格拉布纳等(Grabner et al.,2007)许可转载。

以上范式通常伴随着**单语阅读任务**。单语阅读任务与双语翻译任务互补,两

---

① 即一种语言的词或者句子通过计算机屏幕依次呈现给受试,且这些作为刺激的词或者句子往往以随机的方式呈现出来,以期避免序列效应。——译者注

者通常采用相同的实验布局和时间轴,但前者的受试须用与刺激相同的语言来简单地命名每个刺激。语际转换研究的背景下,单词和句子的阅读任务通常充当基线或控制条件。例如,这有利于确定正向翻译和反向翻译之间的潜在不对称性,在多大程度上体现了语际转换特有的变化,从而使其不同于一语加工和二语加工的普通差异。神经影像(如 Klein et al. ,1995)和功能连接(García, Mikulan & Ibáñez,2016)研究中,阅读任务作为控制条件,已用于从翻译过程涉及的语言活动中分离出单语活动模式,旨在揭示语际转换或其可能的神经变化。阅读任务还与翻译任务结合起来,用以测试神经心理学实验报告(如 Weekes & Raman,2008)和大脑刺激(Borius et al. ,2012)实验报告中可能的分离现象。

　　另一个非常有用的范式是**对等辨识**。对等辨识任务的标准版本中,研究者向受试展示两个单词(每种语言各一个),受试须确定第二个单词是不是第一个单词的恰当翻译。在某些实验中,这些词确实是可行的对等词(如西班牙语 - 英语实验中为 *casa-house*),但在其他情况下则不是。至关重要的是,在后一种情况下,非对等词仍可能在语音或者拼写层面上存在隐性关联。例如,词对 *casa-face* 中,第二个单词的默认翻译(*cara*)与第一个单词(*casa*)在语音和正字法上有很大程度的重叠。因此,受试对该类非对等词的表现不同,可以反映出亚词法层面上的隐式跨语言激活(如 de Groot,1992)。类似地,非对等词可以在语义上链接(如 *casa-yard*),并因此反映了概念整合的跨语言效应。这种范式主要用于探讨形式加工路径和概念整合路径在连接一语和二语词汇系统时的作用(如 de Groot,1992;Ferré, Sánchez-Casas & Guasch,2006),甚至与事件相关电位研究结合使用(Moldovan et al. ,2016)。另外,在功能磁共振成像研究中,研究人员已经使用了多个目标选项的对等辨识任务(Mayer et al. ,2015)。

　　跨语言对等词之间的联系也可以通过**双语词汇联想**任务来进行研究(如 van Hell & de Groot,1998a)。受试查看一系列孤立词,且每种情况下他们都必须找到一个相关的单词。在语内条件下,词汇联想必须与刺激属于同一语言;在语际条件下,词汇联想词必须用另一种语言表达。该范式的关键之处在于比较每种条件下同一词项指定的关联词。想象一下,在英语－西班牙语实验中,向受试展示单词 *book*。如果他/她在语内和语际条件下的回答是 *pencil* 和 *lápiz*,则该模式被认为是对等回答。相反,如果是 *pencil* 和 *página*,则该模式将构成非对等回答。因此,通过操纵呈现给受试的词汇类型(如使用同源词和非同源词),研究人员可以推断出在特定词汇的情况下,一语和二语对等词的关系结构是否存在一定的相似性。

词汇判断范式是同样重要的范式。研究者向受试呈现一串字母,并要求受试判断每个序列是否构成一个真词[①]。这种探讨词汇通达机制的规范方法(Yap et al.,2006)有不同变体,可阐明语际转换的不同方面。特别是,在采用跨语言启动的词汇判断实验中(Kiran & Lebel,2007),一部分目标词在其翻译对等词[②]之前呈现,因此可以推断出它们之间的认知联系(图 2.2)。这种方法可以揭示出跨语言词汇加工对于某些类别是否比其他类别更容易,甚至对于一个方向相对于另一方向(即从二语到一语或从一语到二语)是否更容易。

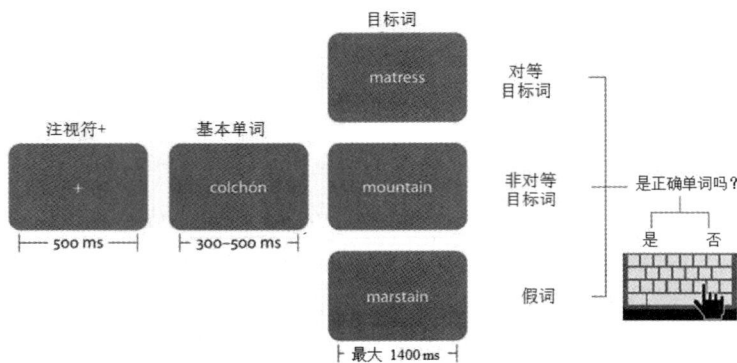

图 2.2 跨语言启动的词汇判断范式

在此项适用于西班牙语-英语或英语-西班牙语双语者的假定任务中,每个试次均以持续 500 毫秒的注视点开始,随后以 300 至 500 毫秒的随机间隔显示西班牙语单词。接下来呈现目标词(最长显示 1 400 毫秒),该目标词可能是对等的英语单词,可能是与之无关的英语单词,也可能是假词。如果目标词是一个真词,受试须按一个键,否则就要按下另一个键。可以预见的效应是,由于预先激活了与跨语言单词相关的共享语义特征,两种类型的真词诱发的反应速度更快,并且翻译对等词应比非对等词更快。

正如词汇通达可以通过词汇判断任务来评估,特定意义的加工则可以通过**语义判断**任务来进行。这些测试中最简单的形式是向受试随机展示单词列表中不

---

① 不构成真词的字符串称为假词(遵守所讨论语言的音位或书写形态限制)或非单词(不遵循此类音位或书写形态约定)。尽管一些研究人员更喜欢以新颖的方式组合真实的音节(如,*pencial* 的第一个音节和 *window* 的第二个音节构成了 *pendow*),但一种典型的构词法是只替换一个真词中的一个字母(如,*wig* 变成 *wug*)。

② 有时会短暂地显示这些内容,以至于受试觉察不到这些内容的存在,这可能能有助于了解潜意识或自动过程。

同语义类别的单词后,要求他们必须根据其所属的类别来按下特定按钮,例如,有生名词 vs. 无生名词(Menenti,2006)或者行为动词 vs. 非行为动词(Dalla Volta et al.,2014)。实验结果可以证明这些类别的单词在其隐含的认知努力或潜在的神经机制上是否存在差异。值得注意的是,某些语义判断实验涉及以相同或不同语言呈现的成对单词,因此受试须确定这对单词是否在语义上相关。经验证,该框架下进行的实验为基于大脑的语际转换研究提供了很多有用信息。例如,双语者即使在单语任务中也无意识地进行了语际翻译(Thierry & Wu,2007),并且专业的同传译员在实验中表现出独特的电生理反应,即加工对等词时,采用最熟练的二语到一语翻译方向(Elmer et al.,2010)。

最后,**双耳分听测试**已用来推断相关群体的半球优势。在双耳分听测试研究中,同时对每只耳朵施以不同的语言刺激,受试须确定哪只耳朵听到了刺激或判断两耳听到刺激的相似度。由于初级听觉加工与相对应的大脑中枢左右位置相反,因此右耳反应的优势可以解释为大脑左半球对该过程的加工偏好,反之亦然。该研究范式已用于评估专业同传译员和口译学生在句法和语义加工方面的半球特异化差异研究(Fabbro,Gran & Gran,1991)[1]。

总体而言,微观语言范式易于实施,能够严格地阐明既定加工机制,并且足够灵活,可以将几乎任何类型的语言刺激材料整合到不同的表达模式中。此外,尽管大多数范式要求显性反应,但可以使用特定配置来研究隐性或无意识的认知过程(Thierry & Wu,2007)。再者,尽管微观语言范式不能捕捉到所有复杂的话语层次和**目的**驱动的语际转换形式,但它们为理解口笔译过程中的**关键子操作**提供了最有用的证据。需要注意的是,无论翻译单位多长、多复杂,词符级的加工必不可少。实际上,具情翻译活动[2]通常包括单个词和单个句子的源语片段(如列表项和标题),更不用说语际转换研究中,自发分割语篇时,通常出现翻译单位由一个词汇或一个句子组成的情况。况且,逐字逐句的语际转换在专业口译中起着重要作用(Christoffels,de Groot & Waldorp,2003),特别是在译员疲劳或有压力的时候(Darò & Fabbro,1994)。

---

[1] 然而,值得注意的是,采用双耳分听测试方法来评估大脑半球对语言的加工能力,其效度受到了学界的强烈反对(Paradis,1992,1995,2003,2008)。

[2] **翻译认知研究的具情观**关注认知层面的语境因素,主张情境认知研究。参见法比奥·艾维斯为本书所作的序言。——译者注

因此,上述语言范式以及之后章节介绍的其他语言范式,都是理解语际转换子过程的基石,这些子过程高度具体,对理解语际转换至关重要。此外,如第4章至第7章所示,语言范式已经提供了大量经验,能够为构建成熟的口笔译神经认知模型提供基本框架。将语言范式与非语言范式放在一起考虑,这些前景似乎更可能实现,下节将详细展开论述。

2.3.2.2 非语言范式

与语际转换相关的课题中,非语言范式主要用于评估同传译员的执行功能。其中一些研究只是简单的纸笔测试,另一些需要额外的要素(如卡片),还有一些则是完全计算机化的。这些研究有时可能涉及语言刺激,但其目的是阐明跨模态加工过程中,普通脑区功能如何调节各个方面的认知控制,因此称其为“非语言范式”。值得注意的是,每个执行功能都与双语者大脑中定义明确的区域和网络有关(Abutalebi & Green,2007),因此同传译员的行为表现可反映特定生物机制的运作效率。

使用最广泛的执行测试是**短期记忆广度**任务。受试会看到越来越长的刺激列表(首先三项,接着四项,然后五项,依此类推),并需要在刺激呈现之后或延迟之后立即重复这些内容。大多数情况下,无错误重复的最长刺激范围被认为是在没有显性或隐性(默读)复述的情况下,相关脑回路中可以保持瞬时活跃的最大信息量指标(Injoque-Ricle et al.,2015)。短期记忆广度范式已广泛用于评估同声传译的专业性,已有的相关研究涉及数字(Bajo,Padilla & Padilla,2000)、字母(Babcock & Vallesi,2017)、图形(Babcock & Vallesi,2017)以及一语和二语中的单词(Christoffels,de Groot & Kroll,2006)。

对同传译员的研究也依赖于**工作记忆存储 + 加工任务**。上述越来越长的刺激还会伴随着并行任务。例如,朗读书面句子(如 Signorelli,Haarmann & Obler,2012)或执行数学运算(Babcock & Vallesi,2017)。因此,这样的设计可以显示受试从事其他认知活动时,其工作记忆中能保留多少信息。这项技能对同声传译的成功至关重要,并且已有研究对专业口译员和口译学员进行了评估(如 Köpke & Nespoulous,2006;Tzou et al.,2012)。

其他研究采用了**自由回忆和线索回忆**范式。这些任务的典型体现是:向受试展示单词列表,并要求他们记住这些单词,以便稍后进行回忆。在所谓的自由条件下,受试能够回忆起的单词是没有具体限制的。相反,在提示条件下,受试仅仅需要回忆那些与提示词有特定关系的单词。例如,他们可能需要立即说出列表里在提示词之后的单词或那些与提示词同属主要语义的单词。这两项任务都已用于评估与其他双语和单语群体相关的专业同传译员和准同传译员(Bajo,Padilla & Padilla,2000;Köpke & Nespoulous,2006;Signorelli,Haarmann & Obler,2012)。总之,这些研究发现揭示了选择性通达工作记忆中特定类信息的能力。

执行并行加工过程能力可以通过所谓的**双重任务**进一步阐明。这通常涉及受试在两组感知模态刺激下做出的决策。例如,可能会向受试展示一系列的音调和形状,并要求每次听到特定声音或看到特定图像时按下按钮(见图2.3)。尽管控制条件仅局限于一种感知模式(如仅测试音调序列中的声音),由于双重任务本身就包含两种感知模态的组合,因此这一研究范式可以反映受试协调不同认知过程的效率。在对同传译员的研究中,该范式已用于严格的行为记录(Strobach et al.,2015)和功能性磁共振成像记录(Becker et al.,2016)。

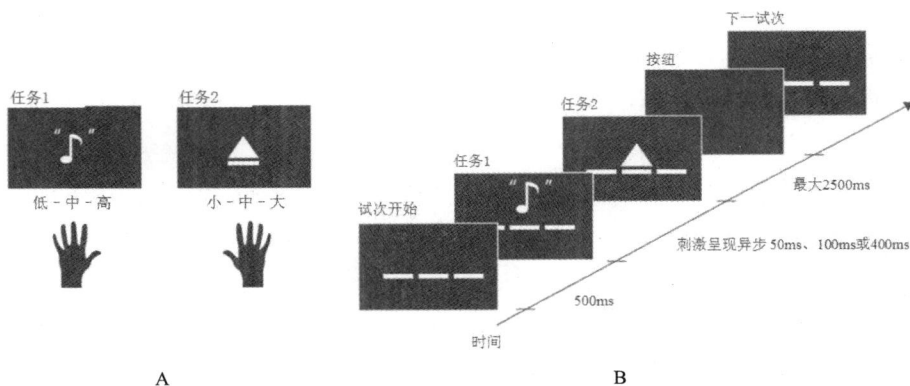

图2.3 双任务范式示例

双任务范式用来测量同传和非同传双语者大脑结构和功能的相关性,受试须完成一项听觉和一项视觉任务(图A)。首先,前一组受试须判断所听到的音调是低音、中音还是高音。后一组受试须判断所看到的三角形是小三角形、中三角形还是大三角形。单任务条件下,受试只进行一项测试。相反,双任务条件下(图B),两个测试同时进行,每个测试的刺激随机出现,测试的间隔为50毫秒、100毫秒或400毫秒。经贝克等(Becker et al.,2016)许可转载。

我们可以通过**思维定势转换**范式进一步了解大脑执行功能,转换范式主要以威斯康星卡片分类测验(Nelson,1976)为代表。该任务中,受试获得四张卡片,需要在其中一张下面放一张新卡片。卡片颜色(红、蓝、绿、黄)、形状(三角形、圆形、星形、叉形)、卡片上的形状数目(一、二、三、四)不同。每个试次中,测试者都会设置一个隐含的分类规则(如颜色),受试须通过推断隐含规则来找到卡片的正确位置。经过多个试次后,测试者在不通知受试的情况下改变规则(如分类规则改为形状),受试须调整其思维模式来推断新规则并作出相应反应。此实验任务和其他相关实验任务(如 Babcock & Vallesi,2017;Becker et al.,2016)已用于评估专业同传译员(Santilli et al.,2018;Yudes,Macizo & Bajo,2011a)和准同传译员(Dong & Xie,2014)的思维灵活性。

　　大脑执行功能的另一个关键组成部分是抑制冲突过程的能力。这可以通过与斯特鲁普范式相似的**抑制控制**任务来验证。在典型的斯特鲁普任务中(彩图2.4),受试查看用不同颜色墨水书写的色词并说出墨水的颜色。两者一致条件下,色词与墨水颜色相匹配(如用红色墨水书写"红")。然而,在两者不一致的条件下,色彩词与墨水颜色不匹配(如用蓝色墨水书写"红")。在这种条件下,受试需要抑制阅读单词时直接读出色词的倾向,以便说出"蓝"而不是"红"。该范式以及其他抑制控制任务已用于检验同传译员在加工各种认知冲突方面是否优于非口译双语者(如 Köpke & Nespoulous,2006;Yudes,Macizo & Bajo,2011a)的研究中。

　　最后是**注意**范式,可以用侧抑制任务(Eriksen & Eriksen,1974)为例来说明。面对屏幕上的几个箭头,受试须专注于一个中心箭头,这个箭头可能指向左边或右边。周围箭头的指向可以与中心箭头的指向一致或不一致,并且周围箭头相对于中心箭头的距离可能因不同试次而异。受试需根据中心箭头的指向,按左键或右键,其行为表现被视为注意力特定组成部分的表征。这些实验任务的变体已被用于评估同传译员的机敏和定向能力(Babcock & Vallesi,2015;Morales,2015)。

　　综上,非语言范式为多种执行机制的研究绘制了一幅综合图景,而这些执行机制在口笔译过程中起到了重要的调节作用。重要的是,这些非语言范式被纳入评估相关人群语言功能的报告中,为探讨语际转换过程中语言和非语言机制之间的关系提供了有价值的见解(如 Christoffels,de Groot & Waldorp,2003;Santilli et al.,2018)。在此可以预期,这些非语言范式有助于理解同声传译实践对双语神经认知的影响(该研究主题将在第 7 章中详细讨论)。

2.4 操控技艺

上述范式在任何研究中的相关性和稳健性,取决于研究人员控制关键变量的谨慎程度。如果想研究同源词和非同源词翻译时神经回路的区别,则需要随机选择同源词和非同源词,记录受试在翻译时的大脑活动,并检测特定脑区在翻译非同源词时的变化。这是否意味着这些特定脑区与非同源词加工有着密切联系?答案却是几乎没有,因为在选择单词这一刺激材料过程中缺乏预先处理。单词列表中的词汇特征,如词频、词长、熟悉度或具体性,对神经模式造成影响,进而造成实验数据的差异。因此,在这种情况下,不能定论同源词这一特殊语言现象会影响翻译过程中的神经认知反应。要规避这些不确定性因素,关键在于对影响刺激材料可靠性的变量进行适当控制。尽管因变量取决于受试的表现或特征(参见2.5节),但是研究人员需要控制其他两种类型的变量,即自变量和控制变量。

自变量对应于实验设计中的操控因素。如上的例子中,自变量是同源状态。同样,如果研究正向翻译和反向翻译,那么自变量则为翻译方向性;如果研究专业口译员和口译专业学生之间的差异,那么自变量就是口译经验。这些实验的效度取决于所选实验任务、刺激材料或受试特征在多大程度上体现出了其截然不同、对照鲜明的特征。例如,同源词以及非同源词在语音和拼写层面的重叠度是否真正存在差异,或者招募的专业口译员是否比学生口译员更有经验。

在这个意义上,正如前面所表明的那样,实验设计的关键是排除其他因素的影响,这些因素可能会造成实验数据的差异。这也正是控制变量的功能所在,即确保实验影响因素在实验条件、实验任务或受试分组之间没有差异。至少需要考虑这三类主要的影响因素。

首先,研究人员必须考虑与实验条件相关的变量。例如,一项实验试图探索句子翻译与阅读之间的差异(如 Lehtonen et al. ,2005),翻译实验与阅读实验的时间安排、试验次数、刺激材料呈现方式和受试反应形式需要一致。受试之间需要平衡的实验条件(如序列差异)也很重要。如果一个条件总是在另一条件之后执行,则其差异结果可能受疲劳效应(如果受试的表现差于一般水平)或任务熟悉/学习效应(如果受试表现好于一般水平)的影响。任何不考虑这些问题的研究都在研究方法上存在严重缺陷。

其次,严格控制与刺激材料有关的变量也很关键。如果一项研究涉及两个或多个任务或条件,则应将所涉及的任务或条件与自变量以外的所有变量相匹配。

如本节开头所建议的那样,如果一项实验旨在探索同源词和非同源词加工过程中的神经认知机制,那么在已知的能够影响行为实验结果和相关神经认知模式的关键变量上,同源词表与非同源词表包含的所有单词应无统计上的差异。大多数实验中,这些关键变量包括词长、词频、熟悉度和具体性。同样,也应控制单词的习得年龄和翻译熵[①]。

相关数据虽然可以通过临时调查问卷获得,不过最好从规范的数据库中获得,例如英语经典的 MRC 心理语言数据库(Coltheart, 1981)或西班牙语的 EsPal 数据库(Duchon et al. , 2013)。然而,在翻译实验中,由于各个语言数据库之间(如所涉及的语料库中包含的单词数量或某些变量的取值范围)缺乏可比性,这可能使得来自不同语言的刺激材料匹配具有挑战性,更不用说大多数语言在几个关键影响因素上都没有经过验证的数据库。但是,至少对于某些语言对还是可以找到合适的对应数据库(如 García et al. , 2014)。总之,重要的是,如果无法准确解释影响刺激材料的混杂因素,那么实验任务或条件之间的结果差异就不能完全归因于兴趣(自)变量。

最后,组间设计的难点是需要控制与受试相关的变量。之所以如此,是因为受试的人口统计特征和经验特征对神经认知影响巨大。我们要考虑性别、年龄和教育水平这三个社会人口统计学上的重要因素。此外,考虑到二语熟练程度和语言习得年龄对翻译机制的影响(García, 2015a),有关语际转换的研究也应确保这些变量组相匹配。此外,特定的研究问题可能需要组建执行技能具有可比性的受试分组(Santilli et al. , 2018)。出于这些目的,大多数研究人员求助于临时问卷,而文献中其实已经为我们提供了经过验证的研究工具。例如,我们可以使用"语言史问卷 2.0"(Lee et al. , 2014)评估二语相关因素,可以通过"翻译能力问卷"(Schaeffer et al. , 2020)评估翻译能力的具体方面。特别是后者能够提供有关口笔译认知研究几个至关重要方面的信息,如自我报告的正向翻译和反向翻译能力、翻译经验年限和翻译习惯。根据不同的研究课题,我们应该匹配或明确显示受试的组间差异。无论如何,系统地报告与受试相关的变量对于建立研究的内部效度并确保整个实验结果具有可比性必不可少。

---

① 熵(entropy)最初是热力学概念中用来表征物质状态的参数,后来引入其他学科中,意指混乱(抑或一致性)程度的量度。由此,翻译熵(translation entropy)可表征源语 – 目标语在不同语言层面的对等状态,此处指一词多译的量度。——译者注

2.5　准确高效

在所有实验研究中,如果实验条件、刺激材料和受试相关的关键变量得到恰当控制,则受试的表现可通过参考行为数据结果进行衡量。简言之,行为数据是受试完成实验任务过程中内部神经认知机制的外在反映。神经认知研究主要参考两种行为数据结果:准确性和反应时。实际上,大多数实验中,对受试的指令都明确要求他们"准确高效地完成实验任务"。

大多数实验范式中,每项实验都有一个正确的答案选项和一个或多个不正确的答案选项[①]。例如,词汇判断任务中,键盘的左右箭头键可以分别用来指示"单词"和"假词"。如果受试看到刺激材料 *dog* 并按左箭头,那么该反应被记录为正确;否则,记录为错误。受试或样本的正确反应数或百分比决定了准确度。根据不同的任务,准确性可以衡量受试知识水平(如词汇判断任务中的整体词汇量)或其在某领域的加工效率(如斯特鲁普测试任务中的抑制控制),参见 2.3.2 节。

此外,认知范式中的行为动作通常是计时的,以便研究人员测量刺激材料呈现与受试反应(如按键或发音开始)之间的时间差。这就产生了所谓的反应时。反应时可以准确测量从受试反应开始到外在行为表现这个过程的整体持续时间,但忽略了脑内时间进程。脑内时间进程可以通过诸如事件相关电位之类的高时间分辨率技术来测量(参见 2.7.1.2 节)。反应时是大脑加工效率的指标,可理解为认知努力和(或)神经连接强度的量化数据。实际上,反应时也可以说是实验认知科学的基石,因为它们提供了定量证据来证明一项任务是否比另一项任务占用更多的认知资源,判定不同任务为哪种加工路径所支配,甚至哪类无意识操作决定受试的表现。就实例而言,请参阅加西亚(García,2015a)。

除了准确性和反应时,口笔译认知研究有时还会考虑其他行为结果。例如,采用"命中次数"来量化口语流利度(如 Santilli et al.,2018)[②]。特定实验任务的

---

① 一些旨在评估特定词汇类别(如同源词)的翻译实验,仅将一个可能的目标词预定义为有效反应。有关详细信息和示例,参见加西亚(García et al.,2014)。

② 虽然作为结果指标来看,"命中次数"类似于"准确性",但区别在于每个受试的刺激数无法通过设计预先确定。例如,词汇判断任务需要进行 30 个试次,如果 2 个受试给出正确的答案,那么他们的表现将相同。然而,在测试口语流利的任务中,2 个受试可能只给出正确的答案,其中一个可能说了 20 个单词,而另一个却只说了 12 个单词。此外,每个受试的反应可能相同也可能不相似,而产生准确性结果的控制任务中,刺激材料之间不可能存在这种变化。

结果也可以通过威斯康星卡片分类测试进行量化,包括"持续性错误数"和"同类错误数"(如 Yudes, Macizo & Bajo, 2011a)。此外,翻译质量评估已用于将特定的认知或神经结果与整体语际转换表现进行关联(如 Hervais-Adelman, Moser-Mercer & Golestani, 2015; Injoque-Ricle et al., 2015)。

对健康受试采用语言或非语言范式进行测评(无论其语际转换能力如何),得到的行为结果仅限于我们对潜在的神经认知机制进行间接推断。如前所述,例如一项任务比另一项任务反应更快,可以解释为神经主动连接的强度更高(García, 2015a),但这无法肯定涉及实际神经基质的任何结论。然而,行为证据对于全面了解神经认知必不可少,因为神经模式之间若失去外部相关性,便无法用于研究特定的认知功能(Krakauer et al., 2017)。尤其是与脑损伤模型或神经科学技术结合时,行为结果对于基于大脑的研究具有极大的启发意义,我们将在如下的两个部分进行探讨。

2.6 损伤脑

对脑损伤患者进行测试是将行为表现与特定神经基质联系起来的经典方法。这些受试提供了所谓的"脑损伤模型",即在无法人为设置的实验条件下,研究人员可以在脑功能或多或少受限的脑损伤情况下探讨认知功能。这类实验旨在确定单分离或双分离现象,即某种脑损伤对大脑神经认知过程的损害是单一的还是双重的。单一损害研究结果来自单一患者,其局灶性损伤扰乱了特定的大脑加工过程(如反向翻译),而其他大脑加工过程(如正向翻译)仍然可完全正常或相对正常进行。双重损害结果的确定则需要对两个或多个病例进行联合分析以建立对比模式,经过对比得出对脑区 A 的损伤会损害功能 X,但不会损害功能 Y,而对脑区 B 的损伤则会产生相反的结果(Dunn & Kirsner, 2003)。

除非结合神经科学技术,否则对脑损伤患者的研究所得到的行为结果不会提供有关脑部活动的实时数据。但是单分离现象和(更关键的)双分离现象有力地表明,功能 X 和 Y 依赖于部分独立的神经回路,分别与脑区 A 和脑区 B 密切相关。事实证明,这一方法对于推动众多领域的神经认知理论发展至关重要,包括记忆(Squire, 2009)、社会认知(Ibáñez et al., 2018)、概念知识(Capitani et al., 2003)和语言(Paradis, 2004; Ullman, 2001a)。

更具体地说,已有大量证据证明各种脑部损伤如何损害双语者的语际转换技能。这些发现往往是通过临时测试得出的,也有通过标准化工具获得的。作为使用频次较多的标准化工具,双语失语症测试(Paradis,1979,2011)的第三部分可用来研究脑损伤如何损害双语者语际转换技能,其所有版本(涵盖数十种语言对)都包括十项对等辨识测试、二十项单词翻译测试和十二项句子翻译测试(正向翻译和反向翻译各一半)。该测试可以系统比较具有相似或不同脑损伤患者的语际转换能力(如 Fabbro & Paradis,1995)。

　　通过采用多种研究方案,脑损伤模型已经帮助我们辨别出四种与翻译相关的神经病理学现象,这将在第 4 章中讨论。这些研究结果都揭示了大脑在翻译过程中的执行机制和语言机制之间的关系(García-Caballero et al.,2007),这两种机制部分独立于支持单语加工的系统(Paradis,Goldblum & Abidi,1982)以及语际转换专用系统的内部组织(Aglioti & Fabbro,1993)。现有的语际转换神经模型对于表征相关系统的解剖结构至关重要(Fabbro,1999;García,2012a),参见第 4 章。

2.7　活体脑

　　上述语际转换任务(以及任何心智运作)涉及的认知过程都与数百万个相互连接的神经元同步活动密切相关。这些神经元网络广泛分布在整个大脑中,但是发挥作用的核心神经元主要集中在一定的关键区域,这些区域产生的代谢变化明显与上述任务有关。此外,不同的认知过程通过时间进程的电生理信号进行系统调节。我们可以通过神经科学技术获取(甚至改变)其各方面信息,这为探究语际转换的实时生物学运作提供了一个窗口。

　　神经科学技术可以分为非侵入式和侵入式两大类。非侵入式技术能够在不产生故意损伤的情况下,实时测量血液动力或大脑的电生理活动,而侵入性技术则涉及人体临床评估中的切口、穿孔或电扰动,研究人员可以在此过程中研究大脑某一区域在特定功能中的作用。这些技术各有利弊,都可以用于并且已经用于研究语际转换的生物学基础。让我们来介绍一下这些神经科学技术的主要原理,以便了解它们是如何工作的。

2.7.1　非侵入式技术

2.7.1.1　功能性神经影像

　　功能性神经影像技术具有良好的空间分辨率,可以提供脑区实时认知运作的准确信息。然而,这一技术缺乏良好的时间分辨率,不能准确地揭示这一加工过程发生的时间。最常用的功能性神经影像技术是功能性磁共振成像和正电子放射断层成像,都被用于研究语际转换的各个方面。

2.7.1.1.1 功能性磁共振成像

现代功能性磁共振成像的发现和发展跨越了整个 20 世纪。最近的突破是奥佳华等(Ogawa et al. ,1990)实现的,他们发现磁共振成像(MRI)扫描仪可以测量血流量并间接揭示神经活动。受试在执行认知任务期间,相关脑区的血流量增加(Huettel,Song & McCarthy,2008)。这种增加会使磁共振信号产生轻微偏移,称为血氧水平依赖(BOLD)效应。通常,通过比较目标任务(如反向翻译)执行期间与对照组或基线状态(如二语阅读)的血流浓度,研究人员可以推断出哪些特殊的脑区参与了目标任务的执行过程。

磁共振成像虽然基于复杂的量子现象,但可以用经典物理学的方式解释其运行原理(Weishaupt,Kochli & Marincek,2006)。超导磁体会产生强大的磁场,从而使氢核的自旋与之平行或反平行排列。然后,以特定频率施加射频脉冲,该脉冲改变氢核的自旋方向,直到它们垂直于主磁场(T1)并同步移动(T2)。接下来,关闭脉冲,使氢核的自旋方向变回主场施加的方向,同时发出天线或线圈可检测到的信号。氢核自旋方向变回主场施加的方向并失去同步("放松")这一过程所需的时间取决于细胞核所处的组织。对不同的"放松"时间进行颜色编码,就会在结构性磁共振成像中观察到白质、灰质和脑脊液之间的差异。功能性磁共振成像中,氧合血红蛋白和脱氧血红蛋白的磁性允许其测量血流量,并呈现不同实验条件之间脑区激活的显著差异。例如,彩图 2.5 显示在阅读自然语言的文本期间,受试脑部激活程度在显著增强。

功能性磁共振成像技术的特点是时间分辨率低、成本相对较高以及对基础设施有严格的要求。此外,由于神经、血管和代谢因子之间关系复杂,以及多重比较测试引起的统计问题,功能性磁共振成像结果的解释通常具有挑战性(Buxton,2009;Logothetis,2008)。但是,采用适当的研究设计、数据分析和解释策略可以在很大程度上克服这些局限。在这种情况下,功能性磁共振成像是最有价值的非侵入式工具,可获得与任务相关脑区的空间精确数据。实际上,它也是语际转换神经基础研究的主要证据来源。此外,功能性磁共振成像业已用于研究反向翻译过程中的句法复杂性影响(Lehtonen et al. ,2005)、语义因素在研究翻译对等项中的作用(Correia et al. ,2014)、与不同感觉运动相关的翻译单位所征用的神经网络(Mayer et al. ,2015)、神经功能在同传译员(Becker et al. ,2016)和口译学生(Hervais-Adelman, Moser-Mercer & Golestani, 2015)中的特殊性,参见第 5、6、7 章。

2.7.1.1.2　正电子放射断层成像

正电子放射断层成像诞生于在 20 世纪下半叶。该技术依靠大脑扫描仪对伽马射线的检测来测量血流量、新陈代谢以及神经递质的结合或摄取(Kandel, 2013)。某位置的神经元放电频率提高时,局部耗氧量和血流量也会增加。因此,在血液中输入特殊的示踪剂可监测不同神经元工作过程。

回旋加速器加速产生的质子进入化学元素(如氧和氟)的原子核可以产生一种同位素。将这种同位素注入受试体内后,一旦不稳定,这些元素将在血液中合成一种可检测到的示踪剂。其中 ^{18}F-FDG 和 $H_2^{15}O$ 是两种使用较为广泛的示踪剂,分别用于测量葡萄糖代谢和血流量,从而揭示局部神经元活动(Portnow, Vaillancourt & Okun, 2013)。同位素发射的正电子在人体组织中以光速传播,并最终与电子碰撞,这一碰撞会使两个粒子湮灭并发射出彼此呈 180 度角的两个伽马射线。两个对角线放置的传感器近乎同时进行检测时,可在三维模型中识别并重建伽马射线发射源(Herholz, Herscovitch & Heiss, 2004)。就实验结果的示例而言,彩图 2.6 显示了在一语和二语同义词生成任务和单词重复任务过程中,大脑呈现出了不同的激活模式。

像功能性磁共振成像一样,正电子放射断层成像具有成本高、设备专用和对研究人员素质要求高的特点。此外,血液动力反应迟缓,无法保证其时间的精准性。然而,该技术具有非常好的空间分辨率,并提供了在非侵入环境下观察脑功能的机会(如 5-羟色胺或多巴胺代谢)。正电子放射断层成像在语际转换研究中已用来探测单语加工和翻译加工所涉及的脑区差异,探寻正向翻译和反向翻译所调用的脑区异同(Klein et al. , 1995; Price, Green & von Studnitz, 1999; Rinne et al. , 2000),参见第 5 章。

2.7.1.2　脑电法

脑电法的典型特征是时间分辨率出色,空间分辨率较差。事件相关电位就如此,可揭示某一特定的加工过程何时发生(以毫秒为单位),但无法确切指出重要的变化源自何处。然而,事件相关电位与密集阵列电极(128 或 256 个记录单元)、三维位置监视系统、最新源定位算法和功能性磁共振成像的配合使用可以减少空间分辨率的限制,并提供更完整的大脑加工过程视图。

2.7.1.2.1　事件相关电位

卡顿(Caton)开创性地记录了猴子和兔子的脑电活动,此后大约50年,汉斯·贝格尔(Hans Berger)于1924年得到了首个人类头皮脑电图(Freeman & Quian Quiroga,2012)。脑电图所测量的是由神经元协同作用产生的头皮电势振荡。人类头皮上放置的单个传感器(电极)可以记录大约平均1亿至10亿个神经元的活动(Nunez & Srinivasan,2006),这些神经元主要来自约10平方厘米大小的头皮外层(Buzsaki,2006)。

神经元间的通信产生两种电信号:动作电位和突触后电位。动作电位沿着神经元的轴突传递,突触后电位则局限于树突和胞体(神经递质与传入神经元的受体结合导致离子通道打开或关闭时,突触后电位就会出现)。动作电位仅持续约一毫秒,不利于进行非侵入式测量。相比之下,抑制性和兴奋性突触后电位可以持续数十毫秒甚至数百毫秒,并产生一个小的偶极(相距很近的一对正负电荷)。多个这样的电位以空间对齐的方式同时出现时,我们就可以从头皮上记录到它们的聚集活动(Luck & Kappenman,2012)。

脑电信号可以通过多种方式进行分析:通过目测检查,将其分解为特定的频率进行分析;通过估计传感器之间的关系进行分析;或者通常通过平均诱发反应来分析(Freeman & Quian Quiroga,2012)。平均诱发反应分析法也称为事件相关电位技术。同类的多个刺激呈现出来的脑电活动模式是由不同实验条件下受试脑电数据的均值得出,所以脑电信号的随机波动跟刺激无关的脑电活动往往会相互抵消,并在多个刺激呈现中留下普通信号(Luck & Kappenman,2012)。通常,结果是一个具有正负峰值的波形,可对不同实验条件下的波幅和潜伏期进行比较研究。许多典型的波形已认定为研究特定神经认知过程的可靠指标。例如,P2成分的变化(刺激开始后约200毫秒正电位达到峰值)已系统地与注意需求的差异联系起来。N400成分的变化(刺激开始后约400毫秒达到负峰值)则可以揭示词汇语义信息与上下文整合的难易程度(Luck & Kappenman,2012)。如彩图2.7所示,阅读句末带有语义异常词的句子时,会出现事件相关电位的N400成分。

事件相关电位研究结果的主要局限性在于无法揭示哪个脑区引起了上述变化和调整,但是对眼睛和运动伪迹高度敏感。然而,行之有效的预防措施可以打破这些限制。此外,该技术的便携性、高性价比和无与伦比的时间分辨率,使其成为神经认知各个领域的重要研究工具。当然,在语际转换研究领域也是如此,例如,采用该技术的相关研究表明,语际转换在单语加工过程中无意识地发生

（Thierry & Wu，2007），并且不同翻译单位（Christoffels，Ganushchak & Koester，2013）和翻译方向（García，Mikulan & Ibáñez，2016）参与了特定的认知机制，参见第 5 章和第 6 章。

2.7.1.2.2 振荡活动

事件相关电位具有刺激开始的时间锁定和相位锁定特征。换言之，这些反应由神经网络的瞬时同步产生，独立于当时发生的整个神经生理动态反应。因此，事件相关电位不会追踪延迟的或随时间变化的神经生理事件，其底层的平均过程使之对非相位锁定的大脑活动"视而不见"（Mouraux & Iannetti，2008）。事件相关电位技术忽略的这种大脑加工模式可以通过测量外部或内部事件引发的持续脑电动态来捕获。这是通过时频分析来实现的，可以跨越时间点和波段检测功率变化。简言之，脑电信号可以分为不同的波段，每个波段对不同的认知现象敏感，这些不同的认知现象由处在一定赫兹范围内的脑电信号表现出来（示例参见 3.3.2.2 节）。大多数研究人员会认可五个这样的波段，分别称为 δ（0.5—4 Hz）、θ（4—8 Hz）、α（8—13 Hz）、β（13—30 Hz）和 γ（>30 Hz），其中一些波段经常被进一步细分（Burgess，2012）。使用这种技术的同时参考刺激开始前发生的基线活动，可以实现功率调制在整个实验中的平均化和标准化。因此，所涉及的认知过程可能与功率增加（事件相关同步）或功率降低（事件相关去同步）有关，这两种形式都是分布式的神经元群在空间上连接形成瞬态功能网络的方式（Singer，1993）。彩图 2.8 说明了在加工正确句和错误句过程中，θ 波段和 β 波段的同步和去同步的不同模式。

至于语际转换研究，振荡动力脑电的测量已经用来阐明低频词和高频词翻译的神经认知机制，以及那些成功（与失败相对）翻译所涉及的机制（Grabner et al.，2007）。

2.7.1.2.3 功能连接

认知领域的神经科学研究可以超越单个大脑部位及其独立时间动态的识别。目前，研究人员能够使用最新方法探究不同脑区在心理活动中如何相互作用。例如，脑连接研究通常区分两种主要神经认知相互作用的形式：分离和整合。如果两个或多个皮质区专门负责不同功能[①]，这些区域处于隔离状态。相反，功能整合是指这些特定脑区在认知加工过程中如何相互交换信息（Friston，2011）。

---

① 这个概念应与功能定位区分开，功能定位可以不限于一个特定区域。

　　功能网络是由大脑各种结构从微观的神经元和突触到宏观的认知系统之间的协同活动创建的(Sporns,2011)。这些网络可以从三个互补角度进行探讨:结构连接(大脑各结构在解剖学上如何组合的)、有效连接(一个神经系统如何影响另一个神经系统)和功能连接(远程神经生理事件如何根据统计依赖性进行连接)(Friston,2011)。功能连接侧重使用统计测量,例如相关性、相干性或转移熵来推断不同微观或宏观结构之间的协同活动模式。如果来自两个脑区的信号显示出高度的相互依赖性,则可以说它们是相互作用的(Buzsaki,2006;Varela et al.,2001;Perez Velazquez & Wennberg,2009)。

　　迄今为止,可以采用正电子放射断层成像、功能性磁共振成像和脑磁图数据来探讨与语际转换相关的大脑网络,但也可以通过脑电图信号对其进行研究。使用复杂网络分析工具,可以对这些网络的解剖和功能特性进行刻画,这是一种起源于图论的跨学科方法,用于研究复杂系统(Rubinov & Sporns,2010)。如图 2.9 所示,受研究任务影响的跨脑区连接模式可以通过可视化手段展示出来,该图显示了句子理解过程中两种关系从句的不同脑半球间耦合形式。

关系从句加工后的功能连接

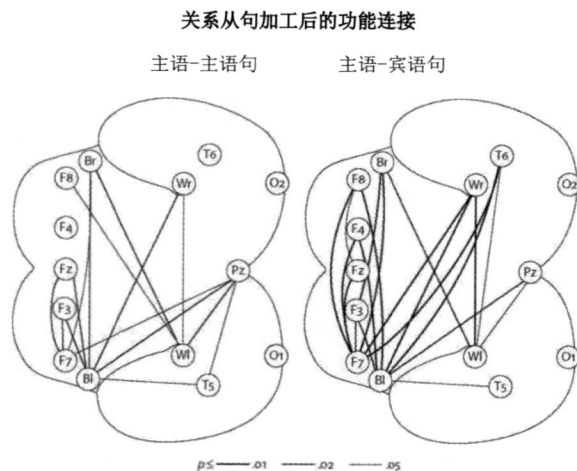

图 2.9　语言加工过程中的功能连接示例

　　该图显示了大脑加工主语－主语句和主语－宾语句的后置关系从句时的功能连接模式,这些模式与在 θ 波段中句子加工开始之前的平均连接性有关。实验结果采用"一致性"指标,从脑电图信号中分析而得出。如图中的连接线粗细(线越粗,连接性的统计意义越大)所示,主语－宾语句的脑半球间连接性大于主语－主语句。经韦斯等(Weiss et al.,2005)许可转载。

　　在过去的几十年中,大脑网络连接研究呈指数增长,并取得了重要成果(Fox &

Greicius，2010；Greicius，2008）。正如翻译方向性研究（García，Mikulan & Ibáñez，2016）所示，大脑网络连接研究在语际转换研究中尚处于起步阶段，但前景广阔。

2.7.2　侵入式技术

只有在给肿瘤或癫痫患者进行脑组织切除的术前评估阶段，才会采用侵入式技术。因此，这种技术很少被用来研究语言功能。该技术提供的证据非常宝贵，不仅因为这种证据非常罕见，而且主要是因为它们能够比神经成像或神经生理学技术提供更为直接的数据。尽管适用面很窄，侵入方法已可以策略性地应用于探索语际转换。

2.7.2.1　直接电刺激

直接电刺激皮质的实践始于 19 世纪的动物实验，并于 1874 年首次应用于人类。此后，它主要用于治疗脑部肿瘤、定位癫痫病灶和在手术时推断脑区的功能（Borchers et al.，2012）。不同患者的皮质组织和损伤后重组的皮质组织呈现出不同特点，所以必须在术前标绘关键功能所在的皮质组织，以免切除具有潜在功能的区域。患者执行特定任务时，用双极电极刺激皮质，这会在行为上引起瞬时和可重复的变化。通常，如果功能 F 因刺激区域 A 而中断，则意味着刺激区域 A 在功能 F 中起到了关键作用。

除临床意义外，执行刺激方案（包括语言任务）期间收集的信息还为神经科学家提供了重要信息。的确，得益于由此获得的数据，大脑功能的映射显著提高（综述，参见 Selimbeyoglu & Parvizi，2010）。该技术有不少优点，但也存在不足之处。电刺激在大量组织中产生的复杂作用取决于多种生理和形态因素，研究者难以对其研究发现作出合理解释（Borchers et al.，2012）。此外，由于直接电刺激研究总是在病理性大脑中进行，因此无法将所有结果推广到正常神经认知模型。然而，电刺激数据可以有效补充通过其他高空间分辨率方法得出的见解。关于语际转换，该技术已用于探讨单一语言和翻译过程在多大程度上依赖于共享的神经基质（Borius et al.，2012）。

2.7.2.2　颅内记录

人类颅内脑电图记录始于 19 世纪中叶（Jasper & Penfield，1949），至今仍常用。它们可以提供医学上难以治愈的癫痫患者病灶位置的独特信息，还用于脑萎缩或肿瘤患者的病灶诊断。神经科医生无法使用头皮脑电图和癫痫发作半侧性定位癫痫病灶时,可植入颅内电极并留置约一周或两周,以期记录自发性癫痫发作情况。颅内脑电图具有高时间分辨率和空间分辨率,专家可以识别癫痫的病灶和动态变化,并评估切除病灶的时机和可行性(Engel Jr.,2005)。这项技术主要使用两种类型的电极:栅网电极和深度电极。栅网极电极放置在硬膜下皮质表面,而深度电极是针状电极,可穿透更深的(甚至皮质下)结构。

癫痫患者留院观察且发病之前,通常会同意执行认知任务。研究人员可以获得颅内脑电图记录,以评估某一精确的脑区在特定功能中的作用。有关不同研究领域对颅内脑电图技术运用的综述,请参阅雅各布斯和卡哈娜(Jacobs & Kahana,2010)以及拉乔斯、鲁德夫和卡哈内(Lachaux, Rudrauf & Kahane,2003)的文章。因为记录基本上没有肌肉和眼部的伪迹(Buzsaki,2006),所以所得数据具有出色的空间和时间分辨率以及相对较高的信噪比。此外,即使在单例研究中,也可以获得详细的神经信息(Jasper & Penfield,1949)。值得注意的是,电极位置的选择仅仅出于临床原因,因此脑区覆盖范围有限。另外,与直接刺激研究一样,将数据推广到健康大脑时必须谨慎从事。尽管存在这些缺陷,但颅内脑电图记录为神经认知研究提供了一个独特的窗口,也为正向翻译和反向翻译特定机制的验证提供了初步证据(García, Mikulan & Ibáñez,2016)。

2.8 如何(不)解释数据

每种神经科学技术都涉及特定的假设来解释其提供的数据。例如,在高空间分辨率的研究中,更大或更广泛的激活模式可能反映额外的认知负荷等效应。在高时间分辨率的研究中,波形的峰值时间和波幅会反映当前过程的方方面面,包括当前过程的加工层级(如语音、语义)和认知努力程度。然而,这种模式的解释通常不像看起来那样简单。无论是阅读已发表的文献还是理解自己的实验数据,解释神经认知研究结果时,都必须借用一些概念上和认识论上的预防性措施。

首先,如第2.4节所述,实验的内部效度通常与实验刺激的变量控制程度有关。如前例所示,如果一项研究旨在评估同源词和非同源词翻译所涉的差异机制,则两种情况下的刺激词表必须在主要潜在混淆因素方面相互匹配。大多数研究过程中,很少有人能够做到这一点。例如,构建刺激词表时通常会控制词频和词长,但其他调节神经认知活动和行为表现的变量,如词汇意象度或语言习得年龄,则很少有研究者可以控制得无差异。这种情况有时可能归因于研究设计过程中的纰漏,但通常源于实际的限制:研究人员将所有相关变量(如词频、词长、熟悉度、具体性、意象度、习得年龄、正字法邻域数目、翻译熵)控制得无差异,他们很可能发现自己每个列表中的项目很少。这样的实验刺激材料就会过于局限,导致实验结果数据缺乏统计效力。选择受试组(如专业译员和有志从事翻译的人)也会发生类似情况:实验中受试的选择通常会在年龄和性别方面进行匹配,但就教育水平、二语水平或二语习得年龄这些变量而言,很少有实验会将这些变量控制得无差异。尽管其中一些变量可能比其他变量更重要,但是严格控制太多变量可能会导致样本量偏低。鉴于此,实验通常采用折中解决方案:将实验最敏感的变量控制得无差异,并假定那些对实验任务影响较小的变量不必进行控制。最重要的是,对于语际转换研究(或关于语言的一般性研究)来说,无法准确地分离出目标变量,因此所有结论都具有暂时性和片面性。每个读者都需要判断实验在排除潜在混淆因素方面的成功率,以及由此得出的结论与目标自变量之间的关联度。更不用说,阅读那些完全忽略刺激材料和受试相关变量的研究时,读者应持保留态度进行阅读。

其次是涉及脑损伤模型的研究发现。如果一项研究表明,脑区 A 损坏后,脑区 X 功能失常,那么在解剖学上无法得出脑区 X 位于脑区 A 内的结论。受损脑区可能涉及更普遍的脑功能,这个功能与 X 相关(但并不等同于 X)。这些情况下,最多只能声称,脑区 A 的**某些部分**与脑区 X 的**某些部分**密切相关(Jackson,1878)。另一方面,脑区 A 发生损伤后脑区 X 并未产生功能缺损,这并不能证明脑区 A 与脑区 X 无关:很可能是脑区 A 的损伤造成了脑区 X 的功能受损,但剩余未受损的脑区足以完成任务。总之,脑损伤模型很少(如果有的话)支持极端的定位解释,这些模型只暗示了哪些脑区起着关键作用或一种功能相对于另一种功能的不同作用,这进一步表明此类功能取决于部分独立的机制,无论它们是不是完整的假定神经基础。当然,这不支持大脑结构和大脑功能之间存在一对一关系的观点。

从神经科学技术的数据中也可以得出类似的观察结果。如果相对于过程 Y,过程 X 在脑区 A 中涉及更多活动或更大变化,并不意味着脑区 A 是活动 X 的唯一基质,也不意味着脑区 A 专门服务于过程 X。这仅仅表明,所讨论的神经机制在前一个过程中起着不同的作用。如果只考虑执行给定任务时的大脑活动模式,而不考虑将其与对照条件下的大脑活动模式进行比较,那么的确很可能会观察到多个脑区的活动模式。还必须注意的是,脑区激活不是全有或全无的现象:在执行给定任务期间,不同强度级别的任务可能激活不同脑区,但是只有那些超过预先设定统计阈值的脑区才会对实验最终结果产生显著影响。

此外,神经科学研究的结果会受到实验设备的限制。例如,脑电实验中的电极数或功能性磁共振成像实验中扫描仪的特斯拉量(磁通量)变化,会使实验数据出现较大差异。另外,如果一种技术在两种情况下没有差异,并不意味着这两种情况在神经学上是等效的:很可能是因为这两种情况下大脑加工过程的差异与对比模式相关联,可通过其他技术监测。还要注意的是,神经图像是大脑活动的快照,所以无法捕捉到神经认知从一瞬间到另一瞬间的变换以及在各个方面(包括化学、电学、解剖学和血液动力学水平)所引起的多种交互作用。因此,神经科学关于复杂现象的研究总是存在技术上的局限性,逃不过单一分析工具束缚的厄运。

另一个重要问题涉及行为测量和神经测量之间的关系。值得注意的是,这些测量通过不同但相互关联的指标独立获取,可用于回归分析或用于相互预测。但是,两者都无法确切表明彼此之间的**因果关系**。我们与世界交往的生物、现象和行为维度是协同发生的,并且存在持续的全方位共同决定关系。尽管这些维度之间确实存在直接的因果关系,但是神经科学研究的设计很少能够追踪到这些因果关系。只有某些方法(如一些大脑刺激研究、某些前/后测设计)允许在该领域提出因果结论,但这些方法也存在争议。教训是:除了特殊情况,认知神经科学中的大多数发现只表明神经和行为模式之间存在**关系**,但这些关系通常不足以在因果效应方面得出机械性结论。

总之,神经科学研究领域并没有什么完美或者无懈可击的综合发现,也并不会揭示脑机制与相关认知功能之间的唯一因果关系。大脑实验所能提供的是在特定方面对更宽广、更复杂事件进行局部的富有成效的观察。当然,这可能适用于口笔译认知研究和任何其他研究领域,但有一个重要的区别:研究认知神经科学工具足够多,可以为其特定研究对象(包括语际转换)提供多维视图。理解现有方法的特殊性、可能性和局限性是将知识碎片整合成口笔译过程中大脑全景图的关键一步。

2.9 结语

马斯洛(Maslow,1966:15)曾经写道:"如果人们拥有的唯一工具是一把锤子,那么就一定会忍不住把周围所有的东西都当作钉子。"幸运的是,研究语际转换神经认知基础的研究人员不必担心这种情况,因为他们有不同的研究方法。挑战在于为当前问题选择合适的方法,这纵然令人望而生畏,但若总是采取麦吉弗的"一刀走天下"方法,就无法直接完成研究任务。

　　正如我们将在第 4 章至第 7 章中看到的那样,上述设计、任务、测量和技术已广泛应用于研究口笔译的神经相关性研究。深入探讨此类内容之前,涉足该领域的新手最好了解一下神经学、语言神经组织以及(作为语际转换先决条件的)双语神经认知方面的基础概念。这些导论性内容将在第 3 章介绍。

第3章
口笔译大脑导论

3.1 奠定基础

2013 年,位于(西班牙)阿利坎特的贝尼多姆镇因为"时光之巅"(InTempo)摩天大楼的建设而声名狼藉.这座 47 层的摩天大楼本应成为代表西班牙未来的地标性建筑。然而,该建筑建设过程中的一系列财务和政治丑闻使其饱受争议,世界各地的报纸都在讨论大楼建设背后的违规行为。其中,引起媒体关注的问题是建筑图纸中根本没有为电梯井预留空间。记者们因此断定,该大楼的建设必定会因前期规划不善而失败。

尽管这座建筑从未完工的消息最终被证实并不属实,但是却引起了从事复杂创作过程人员的关注:一项庞大的工程中,如果一开始就忽视了基本要素,那么后期的辛勤努力终会付诸东流。这一观点无论是对于摩天大楼建设,还是对理论模型构建,都同样适用。

这种教训对于当代口笔译认知研究也具有极大的启示。多数口笔译过程模型并没有意识到这一过程的基本限制条件,诸如口笔译过程发生时整个认知系统的组织方式、口笔译过程所依赖的一般语言机制,以及双语者完成语际转换任务所具备的先决条件。缺乏这些基础知识,就很难理解或应用该领域中的大多数理论模型和概念。如果不将其置于更广泛的理论背景之下,那么口笔译研究结论则必然是不确定和不可验证的,甚至不可信,也不可解释。

鉴于此,本章介绍有关语际转换神经认知特征的基本概念以及数据解读过程中的限制条件,其前提是:口笔译过程并非完全由大脑结构一般组织、语言功能网络映射和双语者神经认知特性所塑造,但这三者具有决定性作用。本章希望通过对这些主题内容的概述,为读者提供一些基础知识,为理解本书第 4 章至第 7 章的内容打下基础。

首先,只要认知活动与大脑结构连接和功能连接不是随机的(Kandel, 2006, 2013),我们就必须在讨论语际转换的生物学基础时,将神经学的一般原则当作主要制约条件。这是本章 3.2 节的核心内容。同时,该节中对不同脑区和不同认知过程的介绍,可以为涉足本领域的新手提供必要的基础知识,以便更好地理解后续章节中提到的各种研究发现。

其次,除了特殊模态的符际转换外,所有口笔译研究都植根于语言机制。从神经学的角度来看,语际转换系统是普通语言系统的一部分(García, Mikulan & Ibáñez, 2016)。基于此,本章 3.3 节将介绍语言网络的整体架构,并将其作为了解语际转换系统和过程特殊性的重要基础。

最后,语际转换任务至少需要两种语言,这就决定了其必然需要双语大脑来完成。鉴于"双语是翻译能力所有表现的基础"(Shreve, 2012: 2),了解大脑如何加工两种共存的语言对理解语际转换任务的神经认知特性至关重要,故近年来双语研究与口笔译认知研究的关系日益紧密。为此,本章 3.4 节主要介绍双语研究的核心发现(Schwieter & Ferreira, 2017)。

简言之,本章主要面向不熟悉神经科学和神经语言学的读者。熟悉相关知识的读者可以跳过本章,直接学习后续章节中更为具体的内容。同时,以下各节仅仅提供了对上述内容的一般性概述。如需深入探讨,欢迎读者参考坎德尔(Kandel, 2013)关于神经科学的著作,希科和斯莫(Hicko & Small, 2015)关于语言神经生物学的著作,埃尔南德斯(Hernandez, 2013)关于双语大脑思维的著作。

3.2　神经学入门

脑是中枢神经系统的一部分,位于颅骨内,重约 3 磅,有 1 000 亿多个神经元。传统的大脑结构图中标明了末脑(延髓)、后脑(脑桥和小脑)、中脑、间脑(丘脑和下丘脑)和端脑(大脑皮质和大脑半球)。这些结构可以在脑正中矢状切面图上看到,如图 3.1 所示。

大脑半球的外表面称为神经皮质,间脑和中脑包含的区域称为皮质下结构。接下来的两小节将分别对这两部分进行概述。

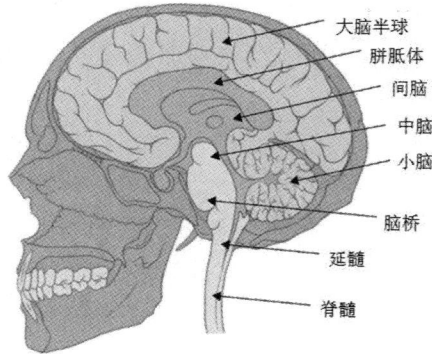

图 3.1　脑正中矢状切面

该图从上至下显示了大脑半球、胼胝体、间脑、中脑、小脑、脑桥、延髓和脊髓。

3.2.1　神经皮质

神经皮质包含最重要的语言加工区,分为大致对称的两个部分,称为两个"大脑半球"。两个半球通过大脑侧裂分开,通过胼胝体(一束长距离神经纤维)双向连接。尽管大多数人类活动需要两个半球通力协作,但每个半球都以不同方式与特定功能相关联。就语言加工而言,尽管右半球(RH)在语言交流中也起着重要的作用(3.3 节),但约 97％的人偏好利用左半球(LH)进行语言加工(Springer et al. , 1999)。同样,如图 3.2 所示,每个半球都在解剖学上被进一步切分为"脑叶",而脑叶则又被进一步细分为更小的"脑回"。

图 3.2 中显示了两个主要脑沟:外侧裂(塞尔维氏裂)和中央沟。两者作为解剖标志用于区分每侧大脑半球内的不同脑区。外侧裂将颞叶与额叶、顶叶分割开,而中央沟则划分了后两者之间的边界。额叶位于中央沟的前部、外侧裂的上部,主要与运动行为和功能有关,例如规划行为和协调来自大脑其他部位的信息。

颞叶位于外侧裂的后侧下部,除了特定功能外,还专门负责听觉信息加工。顶叶位于颞叶之上,在中央沟后部,负责全身的感觉信息加工。每侧大脑半球的后部组成了枕叶,枕叶对于视觉信息加工至关重要。

左额叶和颞叶是语言加工过程中最关键的区域,具有包括语音识别、词汇语义通达、形态句法信息加工和语音生成等关键功能(Ardila, Bernal & Rosselli, 2015)。这些脑区都在外侧裂周围,因而称为外侧裂周区。值得注意的是,与右半球相比,外侧裂在主管语言的左半球更长、更平滑,并且外侧裂与语言相关的区域

（如颞平面和额下回三角部）通常在左半球的灰质密度更高。

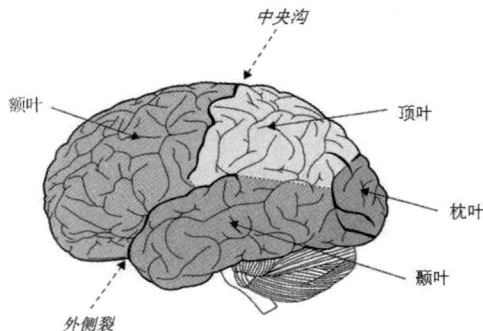

图 3.2　左半脑外侧切面

　　该图展示了四个脑叶以及外侧裂和中央沟。

　　每个脑叶都有自己的内部分区。尤其是额叶和颞叶，均由三个脑回（下、中和上）组成。例如，颞上回是位于外侧裂正下方的颞叶的一部分，颞中回和颞下回连在一起。每个脑叶内的每个脑回都具有特定功能。

　　所有脑区之间均相互连接。任何一个单独的脑区都不能独自支撑诸如思考、视觉空间定位、记忆或语言等高级功能。这些功能往往需要多个神经结构的协作，但这些神经结构很可能在大脑中相距甚远。然而，某些脑区对于特定认知功能的正常运行至关重要。

　　神经元使得大脑不同区域之间得以连接。神经皮质中的神经元胞体构成了大脑皮质，或者更准确地说是一层 3 至 6 毫米厚的灰质。神经元可以（与其他邻近神经元）局部相连，也可以（与其他较远的神经元）远端相连。长距离神经元互连取决于白质，即灰质下方的长髓鞘轴突将脑叶内或跨脑叶，甚至不同脑半球内的细胞连接起来。此外，白质也可承担连接相邻细胞的工作。

　　所有神经元都具有相似的特征（如神经元都由胞体、具有多个分支的轴突以及带有突棘的多个树突组成）。根据形式和功能的差异，也可将神经元分为不同类型。本章不详细解释神经元的生理和分子特性，但需要说明的是，在不同大脑皮质区，神经元细胞类型的分布存在细微差异。第一位将这种差异绘制成图的科学家是科尔比尼·布罗德曼（Korbinian Brodmann，1909）。他根据细胞架构[①]，将

———————
① 即神经元的细胞结构。——译者注

每个大脑半球分为了 52 个区,这些区域称为布罗德曼区(Brodmann Areas;BAs)。图 3.3 展示了其中的部分脑区。

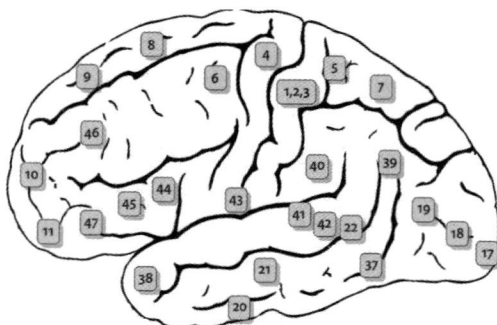

图 3.3　部分布罗德曼区示例

该图显示了左脑的部分细胞架构区。

如图 3.3 所示,布罗德曼分区可以映射到整个新皮质(neocortex)①(以及皮质下)区域,使我们能够根据细胞类型的分组来了解大脑的解剖结构。这种分区方法比解剖学上的标记更加精细,有助于精确识别哪些脑区对特定的认知系统或功能是至关重要的。需要注意的是,布罗德曼区与认知功能之间并不存在一一对应的关系。表 3.1 列出了一些对不同的语言过程都很重要的布罗德曼区。

表 3.1　布罗德曼区及大脑神经解剖结构一般性对应关系

布罗德曼区	大脑神经解剖结构位置
BA44, BA45	额下回(布洛卡区)
BA4	额叶:中央前回(初级运动皮质)
BA41	颞上回(初级听觉皮质)
BA42, BA22	颞上回后部
BA1, BA3	顶叶:中央后回(初级躯体感觉皮质)
BA17	后枕叶

① 在神经解剖学中,新皮质或称为大脑皮质(cerebral cortex),是哺乳动物大脑半球表层的灰质,是大脑的主要部分,由神经元的胞体及其树突构成,负责接收和处理感觉信息、运动控制、高级认知功能(如学习、记忆、思维、意识)以及情绪反应等;新皮质在不同物种之间的发达程度有所差异,其中人类的新皮质尤其发达,是智慧的重要基础。——译者注

3.2.2 与语言相关的皮质下结构

皮质下结构复杂多样,篇幅有限,本章无法对其进行全面介绍,但需要着重说明其中的三个结构,即"基底神经节""海马体""小脑",因为它们在本书后半部分的讨论中较重要。这三个结构如图3.4所示。

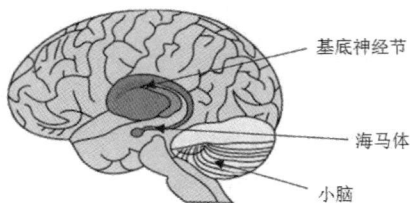

图3.4 部分涉及语言加工的皮质下结构

该图展示了基底神经节、海马体和小脑的位置。

基底神经节由不同部分组成,例如新纹状体(尾状核和壳核)、苍白球和黑质。尽管这些结构各自具有不同的功能,但从整体上讲,基底神经节与躯体运动、运动规划、运动协调以及动作顺序和不同层次信息的学习息息相关。在语言方面,基底神经节在句法(Birba et al.,2017)、语用(Holtgraves & McNamara,2010;Monetta & Pell,2007)、语言流畅度(Raskin,Sliwinski & Borod,1992)和动作语义(Bak,2013;Birba et al.,2017)中均发挥重要作用。

海马体存在于巨大的内侧颞叶网络中,可以连接皮质内许多不同的区域。海马体的一项主要功能是调节分布在整个皮质和皮质下区域的认知和情绪机制之间的信号交换。海马体还有一项重要功能,即参与了大脑的长期记忆,对新信息编码和记忆整合至关重要。在语言方面,海马体及其与颞叶的连接对于词汇语义加工也非常重要(Ullman,2001a,2004)。

小脑位于脑桥后方,结构非常复杂,占脑总体积的10%,却包含了半数以上的神经元。小脑的主要功能是整合感觉和运动信号,以调节感知输入、协调身体动作。因此,小脑对于一些精细动作的控制和排序至关重要,例如弹钢琴和洗牌。一般来讲,小脑的功能涉及搜索和获取概念性信息,以供其他脑区后续加工。在语言方面,它似乎有助于将词汇语义模式映射到句法结构上(Ullman,2001a,2004),并对语言流利性和排序技巧有一定作用(Ardila,Bernal & Rosselli,2015)。

3.2.3　两个关键的语言神经网络

除了各个脑区外,一些语言加工过程还依赖于两个庞大的皮质-皮下网络。这一方面涉及额叶纹状体通路及其投射区,另一方面涉及颞顶区及其与不同区域的连接。两个网络如图 3.5 所示。

额叶纹状体网络发源于前额区,投射至基底神经节。它包括尾状核、壳核、苍白球、黑质和丘脑。丘脑包括投射至前额叶皮质的反馈回路。具体而言,这条回路包括从布洛卡区到壳核的连接,然后继续向苍白球和丘脑延伸,最后又回到布洛卡区(Ford et al. ,2013)。该系统有 5-羟色胺能,能够减少甲肾上腺素能和胆碱能的输入,可以调节运动功能以及实现更高水平的调节功能(Tekin & Cummings,2002)。尽管额叶纹状体网络会参与各种语言加工过程,但对于句法、语音和语义加工尤为重要(参见 3.3.1.2 节)。

颞叶有两个主要的脑沟,平行于外侧裂,代表了颞上回、颞中回和颞下回的解剖边界。其中,颞中回是皮质-皮质下系统的一部分,涉及陈述性记忆功能,包括海马体、齿状回、下托复合体、鼻周皮质、内嗅皮质和海马旁回。这些区域直接或间接地与角状回(位于顶内沟和外侧裂隙的水平分支之间)和缘上回(位于顶下小叶)连接。所有这些区域主要是通过两条通路彼此相连,并与额叶区相连。一条是腹侧通路,其通过钩形神经束连接初级听觉皮质与前颞区;另一条是背侧通路,连接颞区和顶下小叶。这两条通路几乎不同程度地参与了所有语言加工任务,对于语音和语义的加工尤为重要(参见 3.3.1.3 节)。

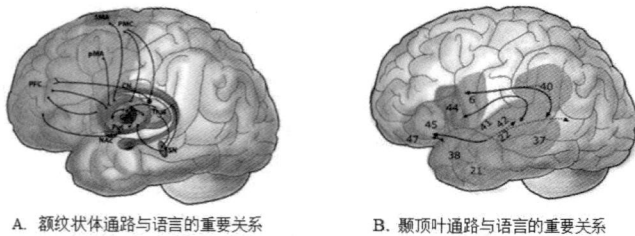

A. 额纹状体通路与语言的重要关系　　　B. 颞顶叶通路与语言的重要关系

图 3.5　主要涉及语言加工的额叶纹状体和颞顶叶通路

该图显示了一些主要的语言相关回路,包括额叶纹状体(图 A)和颞顶叶通路(图 B)组成的关键语言回路,以及与其他脑区的连接。

3.2.4　神经元和突触

神经认知活动由神经元内部和神经元之间的复杂活动完成。每个神经元由三个主要部分组成：一个胞体（或细胞体）、多个树突和一个通常具有许多分支的轴突（见图 3.6）。

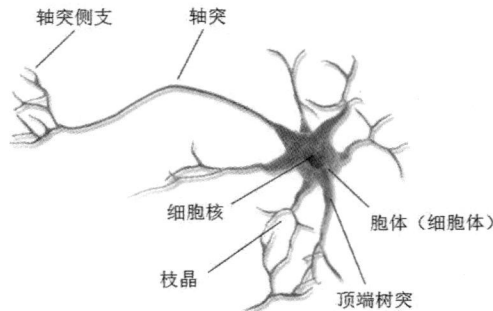

图 3.6　神经元的结构组成

该图展示了锥体细胞的胞体、细胞核和轴突，以及一些轴突侧支和树突。

　　胞体含有神经元细胞核，储存遗传物质，并生成细胞存活所需的蛋白质和其他分子。树突和轴突是神经纤维，负责神经元间的交流。树突是传入（输入）通路，从其他神经元接收信号。轴突是传出（输出）通路，通过其多个侧支将信号发送到其他神经元。轴突可实现邻近和远端细胞的连接，当然所谓的远，其实也只有几厘米的距离而已。

　　基于其结构特点，神经元具有两个关键特性：聚合性（每个神经元可以接收来自多个传出神经元的信号）和发散性（每个神经元可以将信号发送到多个传入神经元）。任意两个神经元之间的接触点称为突触。大脑中的每个神经元都可能与大脑各个位置的数千个神经元建立突触。根据德菲利普和法里纳斯（DeFelipe & Farinas, 1992）的研究，一个典型的锥体神经元大约有五万个传出突触和五万个传入突触。这种丰富的连接在很大程度上促成了人类认知的复杂性。

　　一般而言，细胞间的信息传递始于传出神经元的轴突（在突触前膜上）释放特定的神经递质，之后分子穿过突触间隙（通常约 20 纳米）并通过突触后膜传入神经元的树突或胞体。此过程如图 3.7 所示。

　　一般来说，从单个突触前膜发出的神经递质不足以刺激输入神经元做出反应。但是，当足够数量的传出神经元释放的神经递质同时（或在几毫秒内）到达时，传入神经元会产生一个动作电位，即沿轴突传递的电信号，以推动其他接收神经元的活动。此时，传入神经元便充当了传出神经元的角色。总之，神经元间的信息传递遵循"电—化学—电"顺序：电信号沿着轴突传递，导致神经递质（化学物质）的释放，在特定情况下，这些神经递质将进入传入神经元并触发新的电信号。

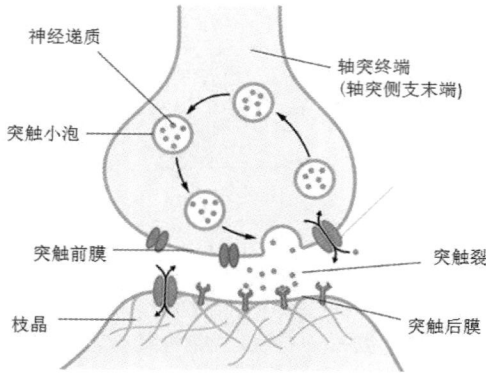

神经递质
突触小泡
突触前膜
枝晶
轴突终端
（轴突侧支末端）
突触裂
突触后膜

图 3.7 突触的简略说明

图中描述了神经递质通过突触小泡，经由突触前膜，穿过突触间隙，进入突触后膜受体的过程。

神经元之间的连接分为兴奋性和抑制性两种，不同类型神经元连接涉及不同的神经递质。前者有助于激活接受神经元，可以在相邻或远端的细胞之间建立连接。相反，后者倾向于减弱接受神经元的活性，通常在于相邻细胞之间建立连接。

容易产生兴奋性连接的神经元主要是锥体细胞和棘状星状细胞。具有抑制性特征的神经元则有多种形式。在新皮质中，最典型的有篮细胞、双花束细胞、枝状吊灯细胞和平滑星状细胞。抑制连接有两种类型，分别是轴突间抑制连接和轴突－胞体抑制连接。轴突间抑制连接建立在相邻轴突的起始段，而轴突－胞体抑制连接建立在相邻细胞的胞体上。

在胞体与轴突连接的位置，有一个称为轴突的结构。进入接收神经元的信号汇聚在此，如果它们的总强度迅速增加或超过神经元的激活阈值，就会触发动作电位（即神经元激活）。相反，如果总电压降至阈值以下，神经元就会保持静止状态。这些过程反映了兴奋性连接与抑制性连接之间的主要区别：前者增加接收神经元的电压，从而有利于其激活，而后者则降低其电压，并倾向于使其停止活动。

动作电位具有"有或无"的特性，即要么产生，要么不产生，没有所谓的部分动作电位。此外，动作电位在从轴突传播到位于每个轴突侧支旁的多个突触的过程中不会减弱。然而，突触后的电位（在接收神经元的突触后膜中产生，能够增加或降低总电压)是模拟信号,从其释放到经过相应树突的过程中,电位强度会随着时间的流逝而逐渐减弱。

突触的连接强度可能会随时间变化。具体而言,如果突触被频繁激活,神经元间的连接也会增强。这与"赫布理论"一致,即"任何两个细胞或细胞系统反复同时激活,都很可能会建立连接,随后一个细胞或细胞系统内的活动便会促使另一个细胞或细胞系统内的活动"(Hebb,1949:70)。神经连接则取决于相反的过程:任何细胞或细胞系统的独立(反相位)激活都会削弱它们间的相互联系(Tsumoto,1992)。这种连接强度的改变由所涉及的神经细胞的生物化学的变化甚至结构变化引起(Kandel,2013),如树突棘的生长(Braitenberg & Schüz,1998)。总之,任何两个神经细胞之间的连接都会通过共同激活而增强,通过独立激活而减弱。

新皮质的另一个重要特征是区域之间相互连接。如果有一组神经细胞将信号从区域 A 发送到区域 B,则通常会有另一组神经细胞将信号从区域 B 发送到区域 A。需要注意的是,由于每个方向信号传输所包含的神经元簇是不一样的,所以这些神经元簇会随着时间的流逝而经历不同的激活、抑制、强化和减弱过程(Pandya & Yeterian,1985;Young,Scannell & Burns,1995)。

3.2.5 认知加工:神经元的团队协作

任何神经细胞都无法独立支撑认知操作,因为单个神经细胞靠其自身有效加工复杂信息的效率很低,其内部过程可能为周围其他信号所干扰(Pulvermüller,2002)。此外,神经细胞可能会快速退化和死亡,如果每种知识模式都依赖于一个神经元,就不可能长期保留信息。

相关研究提出,新皮质中的最小加工模块是皮质小柱(Mountcastle,1998)。皮质小柱大约由 100 个神经元组成,垂直排列在 6 个灰质层中,作为一个功能单元共同运行(Arbib,Érdi & Szentágothai,1998;Mountcastle,1998)。每个皮质小柱的长度约为 4 毫米,直径约为 35 微米。典型的皮质小柱结构中约 70% 的神经细胞是锥体细胞,这意味着它们之间具有兴奋性连接,而其余的神经细胞中有相当一部分具有抑制性连接。因此,皮质小柱能够向其他小柱发送兴奋性信号和抑制性信号。

皮质小柱结构和功能的相关证据主要来自对猫、猴子和老鼠等动物的研究。胡贝尔与威斯尔(Hubel & Wiesel,1962,1977)的研究指出,这些物种的视觉皮质节点是以皮质柱的层级组织形式实现的：每个连续的层级都集合了紧邻较低层级的加工特征，以便之后再激活较高层级。因此，较高层级的皮质结构可以支持更抽象的认知关系。芒特卡斯尔（Mountcastle,1998）通过研究猫和猴子的初级体感皮质和听觉皮质，也得出了类似结论：此类脑区，甚至其他脑区，也可能是按皮质柱的形式来组织的。

由于猫和猴子的大脑皮质与人类的大脑皮质相似，神经科学家有时将基于前者的发现应用于人类大脑模型。这些物种的大脑皮质与我们人类的大脑皮质在拓扑结构和细胞结构上存在相似性，因此神经科学家通常会假设人类的语言、感知和概念系统也是由大脑皮质小柱的层级网络组织而成。

要从对猫或猴子大脑的研究中得出有关语言加工的假设，还需要进行额外的推论。语言特殊的复杂性和功能特性在其他物种中并不存在，所以这种研究方法可能有些极端。然而，就像猫和猴子的大脑皮质柱专门加工特定过程，刺激它们的一根手指就会发生相应的反应一样，人类大脑皮质也拥有皮质小柱，甚至是个别神经元，在某些特定的视觉刺激下会选择性地放电。钱基罗加等（Quian Quiroga et al.，2005）已经证明了这一点，他们对癫痫病人进行的实验表明，单个神经元可能对某个实体的刺激作出明显反应，这些刺激可以具体到如美国女演员詹妮弗·安妮斯顿、美国职业篮球联赛传奇人物迈克尔·乔丹或比萨斜塔等。

其他类型的神经系统也以综合加工单元方式运作，但更加广泛地分布在大脑中。功能性网络就是一个很好的例子。这些结构支持远程系统加工的复杂认知信息组合。例如，"狗"这一概念包含单模态信息，即"四足"（视觉感知，主要由枕叶网络提供）、"犬吠声"（听觉感知，主要由颞叶网络提供）和"软毛"（躯体感觉感知，主要由顶叶网络提供）。

普尔沃穆勒（Pulvermüller,2002）认为功能网络是神经细胞功能的微系统，其特征是分布广泛、轮廓清晰，有四种活动状态：静息、激活、启动和回响。静息是指网络中缺乏（显著的）电化学活性时的状态；激活是指网络受到足够的激活所达到的状态；启动是指该网络因与其他完全激活的网络相连接而受到少量激活时的状态；回响是指网络在几秒钟内保持其内部活动的状态。

认知信息由大脑皮质小柱和功能网支持，这说明各个认知过程并非需要每个神经细胞都参与进来。这一事实有着重要影响：由于大脑中神经元的数量在生命的任何阶段都是有限的，因此每个认知过程必然依赖于有限数量的神经元，而这些神经元的数量不一定总是相同的。还要注意，一个神经元或一个神经柱可能加入不同的神经网络,从而参与不同的认知过程。尽管不同的神经认知网络之间可能存在重叠,但存在部分特有现象,即特殊神经元群参与特定认知活动。

3.3　语言大脑

语言加工功能既相互关联,又有所差别,且具有相对明确的神经相关性。这些功能包括多种语言和语用领域的特定网络和电生理机制,如下所述。

3.3.1　在哪里:语言的功能神经解剖研究

3.3.1.1　两个脑半球的故事

神经科学中一个最重要的发现是,两个大脑半球在语言加工中发挥着不同作用(Josse & Tzourio-Mazoyer,2004)。左脑在基本语言功能(如语音和形态-句法加工)中占主导地位,右脑虽然对这些功能的贡献不那么突出,但包含支持语用功能的关键基质。

经典语言区位于大脑侧裂附近。这些区域主要由左脑的布洛卡区(包括BA44 和 BA45,以及 BA6、BA47、BA46、BA43、BA8 和 BA9 的一部分)和韦尼克区(包括 BA42、BA22 和 BA21 的一部分)组成(Amunts,2008)。该项发现通过多种方法得到了证实。保罗·布洛卡(1824—1880)和卡尔·韦尼克(1848—1905)的开创性报告显示,左额下区和左颞上区的损伤分别与语言生成和理解障碍有关(Broca,1861a;Wernicke,1874),参见彩图 3.8。据长期以来临床手术报告表明,大约 95% 的病例中,直接刺激左侧颞周区的皮质会干扰语言加工,但刺激右脑时却很少出现这种问题(Penfield & Roberts,2014)。同样,选择性麻醉左脑时,基本语言加工功能会受到暂时影响,但右脑麻醉后很少出现这种情况(Stemmer & Whitaker,2008)。此类功能不对称性已通过多项神经影像研究得到证实:单词阅读和重复、同义词和韵律生成以及句子加工主要涉及左外侧裂网络,而外侧裂外区和右脑的活动却不那么明显(Vigneau et al.,2006)。综上所述,这些发现表明,人类的基本语言功能主要与左脑相关(尽管并不完全局限于左脑)。但是需要注意的是,据估计,这种组织模式仅适用于 90% 右利手和 60% 左利手的人,而其余人则在大脑语言加工上呈现出右侧或双侧优势(Mazoyer et al.,2016)。

尽管如此,右脑对于左利手受试的语言能力也有一定作用。事实上,即使完全切除左脑,基本的语言技能仍然可能不会受到影响,但如果左脑再次受损影响到右脑,受试的语言障碍通常会加重(Caplan,1987)。更具体地说,右脑具有负责整个语言交流的大型神经网络的主要中枢(Stemmer & Whitaker,2008)。例如,对于超语段信息的加工,尤其是包括情感语调的产生和理解的韵律加工,右脑具有重要作用(Lindell,2006)。此外,右脑还通过与左外侧裂周区的共同作用(Bohrn, Altmann & Jacobs,2012)参与推理过程(Stemmer, Giroux & Joanette,1994),以及对形象语言和间接语言的理解(Kaplan et al.,1990;Prat, Mason & Just,2012)。同样,右脑在整合和合成整个话语展开过程中的信息方面也发挥着重要作用(Benowitz, Moya & Levine,1990;Joanette et al.,2008)。

3.3.1.2　额叶纹状体网络及其连接功能

如3.2.3节所述,额叶纹状体通路及其连接是确保多种语言功能正常运行的重要基础,主要包括语法、语音–发音和语义加工过程。额叶纹状体回路对于习得和执行结构化的认知程序至关重要,例如支持将词素组合成词和将词组合成句子的程序(Ullman,2001a)。事实上,此回路的损伤一直与此类功能的缺陷有关(Birba et al.,2017;Grodzinsky,2000),且在加工简单句和复杂句时,其中部分中枢的活动水平也有很大不同(Grodzinsky & Friederici,2006)。其中,位于布洛卡区后部的BA44对加工层级句法模式至关重要(Nuñez et al.,2011)。尤为重要的是,进行句法操作时,额叶–纹状体活动受到后部脑区的支持。实际上,前颞叶(包括BA21和BA22,以及BA38的后部)在句子理解过程中支持语法加工,并且在处理句法异常句时与额叶回路共同激活(Humphries et al.,2005),参见彩图3.9。

在语音方面,布洛卡区是语音信息通达大脑运动回路的核心基础,使人能够发音(Indefrey & Levelt,2004;Vigneau et al.,2006)。事实上,额叶纹状体机制的破坏与各种神经退行性疾病(如帕金森病和亨廷顿病)导致的语言产出缺陷有关(Hartelius et al.,2003;Ho, Iansek & Bradshaw,1999)。此外,这些网络的特定部分还参与了更高层次的语言过程。例如,与被动听相比,布洛卡区在单词重复时的激活程度明显更高,在一些后部区域(如左缘上回)中也是如此(Hautzel et al.,2002)。具体来说,左三角回的背侧部分支持语言工作记忆的加工,例如支持需要记忆单词列表的任务(Hautzel et al.,2002)。

此外,额叶纹状体通路参与了各种语义加工过程,语义过程实际上涉及了广泛分布于整个大脑的网络。其中,一些中枢(如BA45和BA47)参与了多模态概念加工过程,即对多种语义类别具有普遍性的加工过程(Amunts et al.,2004;Bookheimer,2007;Newman, Ikuta & Burns,2010)。结合颞叶结构,这些区域集成了一个全局语义加工系统(Patterson, Nestor & Rogers,2007)。同样,额叶纹状体网络对于特定的语义类别至关重要(Pulvermüller,2013),与动词,尤其是动作词(表示身体运动的词)的识别有着明显的联系。这些动词会显著激活额叶纹状体运动回路的识别功能(Pulvermüller,2013)。此外,额叶纹状体的刺激还能够对这类词的加工过程有选择地进行调整(Shebani & Pulvermüller,2013),其萎缩则会导致大脑识别动作词(区别于非动作词)的能力受损(Birba et al. ,2017)。

3.3.1.3　颞顶区的功能及其连接

任何语言任务都会或多或少地涉及颞顶区以及其构成的庞大网络,尤其在语音和语义加工方面,颞顶区起着决定性作用。

在健康受试中,语音刺激在左侧颞上回的后部以及韦尼克区附近诱发激活峰值。实际上,刺激越复杂,颞叶前部和腹侧区的激活模式就越明显(Indefrey & Levelt,2004;Vigneau et al. ,2006)。进一步的研究表明,左侧颞上回是语音序列与相应词汇和发音模式之间的接口(Hickok & Poeppel,2007),主要调节单词的听觉形式和相关语义信息之间的联系。角回发挥着同样重要的作用,涉及语言重复、物体命名、阅读和写作(Vigneau et al. ,2006)。同样,顶下小叶与布洛卡区和前运动皮质协同工作,在进行语言规划和发音之前,促进语言信息的短暂维持(Vigneau et al. ,2006),这是语音工作记忆关键的基础(Ravizza et al,2004)。

颞叶也是构成语义记忆的主要神经基础,负责有关组织词汇知识、词汇意义、其所指对象及其相互关系的系统(Tulving,1986)。特别是前颞叶,它是整合不同感觉运动模式信息的概念中枢(Patterson, Nestor & Rogers,2007)。这种形式的多模态协同是形成概念泛化的关键(Ralph et al. ,2017)。此外,不同的颞叶区、顶叶区和海马区也不同程度地参与了词汇语义任务(Newman et al. ,2001),这些脑区的损伤会损害与各种感官模式相关的词语理解和生成能力(Ardila, Bernal & Rosselli,2015)。总之,现有证据支持以下观点,即词汇及其含义的学习和使用主要取决于所谓的内侧颞叶系统(齿状回、海马下托复合体、海马体)的完整性,颞叶的其他部分和颞顶区也有不同程度的作用(Ullman,2001a),参见彩图 3. 10。

3.3.2　带电词语:语言的神经生理研究

上述语言过程与其他认知活动一样,都依赖于以几分之一秒为单位进行调节的各种神经生理操作。这些过程可以通过高时间分辨率技术(如脑电技术)获取的数据进行探知(参见第 2 章 2.7. 1. 2 节)。

3.3.2.1 事件相关电位特征

事件相关电位证据揭示了多种语言机制的时间进程。例如,相对于不常用的单词,常用词会调节枕叶区域的 P1 成分,并在头皮的多个位置调节 N1 成分(Scott et al.,2009)。不同于字形频率,音位频率反映在对注意力敏感的 P200 成分的波幅上(Kwon, Lee & Nam,2011)。音素辨别力也以用所谓的失匹配负波(MMN, mismatch negativity)来体现,这是一个在刺激开始后 100~250 毫秒达到峰值的负波,主要分布在额中区(Cheour et al.,1998)。失匹配负波在加工真词时的振幅比加工假词时更大,在加工语法不一致词对时的振幅比加工一致词对的振幅更大,这表明它在语音和语义信息整合以及早期语法加工中起到了一定作用(Pulvermüller & Shtyrov,2006)。早期的语法加工也体现在早期的左前负波上,主要在 100 到 300 毫秒之间,出现在左额叶和前颞叶区(Friederici,2004)。此外,N400 主要反映即将出现的词汇语义信息与前序文本信息进行整合的认知努力,是一个分布在颞叶和前额叶头皮部位的负波(Friederici,2004;Kutas & Federmeier,2011),参见第 2 章 2.7.1.2.1 节和彩图 2.7。该成分还可以区分其他几个词汇维度,例如词汇的具体性、可预测性和语义相似度,甚至在刺激未被注意到的情况下也会出现差异(Kutas & Federmeier,2011)。最后,结构再分析过程是通过对 P600 的变化来体现的,P600 主要分布在顶叶中央和额叶,其振幅与句法整合难度成正比(Friederici,2004;Kaan et al.,2000)。综上,这些发现为解释语际转换研究中事件相关电位变化提供了可靠的基础。

3.3.2.2 神经振荡特征

越来越多的证据已经开始揭示语言操作和神经振荡的相关性。尽管基本上所有频率范围都对语言领域的各种加工敏感,但迄今为止,最系统的发现主要对应于 θ(4~8 Hz)、α(8~13 Hz)和 β(13~30 Hz)波段,参见第 2 章的 2.7.1.2.2 节和彩图 2.8。在单词识别和检索过程中,θ 功率会增强。同样,在阅读正确句时,θ 功率也会逐词增加,这反映出对于工作记忆需求的不断增加(Bastiaansen, van Berkum & Hagoort,2002)。此外,尽管阅读正确句也与 α 功率的积累式增加有关,但阅读句法或语义不正确句时,α 功率会降低;β 波段的变化也反映了这一效应(Kielar et al.,2014)。这些波段中检测到的效应会为语际转换研究中振荡动力的解释提供一定参考。

3.3.2.3　功能连接特征

功能连接研究显示,语言加工过程涉及不同脑区间的联合活动模式。句子加工研究表明,前后脑区的半球间互动会随着刺激复杂度的增加而增加,参见第 2 章的 2.7.1.2.3 节和图 2.9。另外,对各种复杂句子的理解与整个大脑网络中 θ、β 和 γ 波段的线性同步活动相关(Weiss et al. ,2005)。θ 的变化与记忆过程有关,而 β 和 γ 的变化则分别反映语义-语用整合和注意力。这些效应的共时性进一步表明,句子理解取决于不同但平行进行的认知操作。

句子加工过程还涉及非线性连接的动态性。例如,语义特征不一致与大约 285 毫秒时的全局 θ 不同步有关,而物理特征不一致(例如:相对于其内容而改变文字的颜色)则在大约 200 毫秒处增加了全局 α 同步。尽管这些结果的解释尚不明确,但在事件相关电位研究中所观察到的相应调制之前,这些结果就出现了。此外,同步效应和相关事件相关电位模式之间的滞后与认知过程复杂性相关。因此,连接度量指标揭示了时间动态性,补充并扩展了事件相关电位作为神经生理标记探索语言加工的可能性(Allefeld, Frisch & Schlesewsky,2005),尤其是探索语际转换机制的可能性(García, Mikulan & Ibáñez,2016)。

3.4　两个舞者跳探戈 [①]:双语的先决条件

语际转换过程必然发生在"双语大脑"中。当代神经语言学术语中,"双语大脑"这一标签适用于世界上大约一半的人口(Grosjean,1994),任何经常使用两种语言或方言的人都可以称为双语者,他们可以根据情况选择用一种语言或方言进行交流,不论其熟练度或习得年龄如何(García, Manoiloff & Wagner,2016)。在这个庞大的群体中,无论是语言机制领域还是执行机制领域,双语体验均与特定神经认知现象有关,这种现象区别于单语系统中的神经认知现象。

3.4.1　双语大脑的语言机制

广义上讲,双语者的语言过程所需的大致脑区和机制与第 3.3 节中详述的相同。不过,有必要作一些说明。虽然两种语言的语言功能都主要依靠大脑前部和后部侧裂区,但每种语言都涉及颞叶、顶叶和额叶区的部分相互分隔的网络

[①]　"两个舞者跳探戈"是"It takes two to tango"字面义的汉译文,其含义是"一个巴掌拍不响,双方都有责任";为了保留源语的形象,此处采用了其字面义的汉译。——译者注

（如 Chee, Soon & Lee, 2003; Klein et al., 2006）。事实上，这些区域的脑损伤可能会导致一语和二语选择性或差异性障碍（Paradis, 2004），并且这种障碍也可以在直接皮质刺激后暂时性地出现（Lucas, McKhann & Ojemann, 2004; Ojemann & Whitaker, 1978）。此外，与二语任务的激活模式相比，不同个体在一语任务中的激活模式更加一致（Dehaene et al., 1997），这可能反映了二语在学习模式和加工策略方面存在更大的变异性。

值得注意的是，双语者和单语者之间某些语言机制似乎存在着系统性差异。例如，有研究发现双语者顶下小叶（Richardson & Price, 2009）和左颞下回（García-Pentón et al., 2016）的灰质密度更高——这种差异与整体词汇量呈正相关。双语者在胼胝体束、额枕下束和上纵束中表现出更强的前后连接性及白质完整性（García-Pentón et al., 2016）。然而，有趣的是，与单语使用者相比，双语者在一语和二语中接受性词汇量往往比同一语言的单语使用者要少，而且不同年龄段，双语者语言流利度会有所下降（Bialystok, 2009; Bialystok, Craik & Luk, 2012）。

此外，语言使用的相关因素会改变相关系统的神经认知过程。例如，相对于熟练程度或二语接触水平较低的双语者，高水平双语者会在关键语言中枢（如颞中回）表现出激活变化（Grant, Fang & Li, 2015）。此外，高水平双语者在两种语言之间的神经重叠程度更高（Sebastian, Laird & Kiran, 2011），并且词汇产出时的右侧前额区（Videsott et al., 2010）和形态句法加工时的额叶纹状体回路（Paradis, 2009; Ullman, 2001b）的激活程度也更高。同时，高水平双语者的各种语言加工效率明显高于低水平双语者（如 Guasch et al., 2008; Sunderman & Kroll, 2006），他们在完成相同的一语和二语任务时也会采用不同的认知路径（Guasch et al., 2008; Talamas, Kroll & Dufour, 1999）。这些特殊性也体现了语际转换过程发生的部分神经认知基础。

3.4.2　双语大脑的执行机制

如第 1 章（1.2.5.4 节）中所述，双语中的语言操作与执行机制之间持续相互作用（Miyake & Friedman, 2012; Miyake et al., 2000; Zillmer & Spiers, 2001）。这些执行机制对于根据具体语境线索控制每种语言的使用时间和方式是必不可少的。支持语言选择、抑制和转换的神经网络广泛分布在整个大脑中，其关键节点位于基底神经节、前额叶、前扣带回和下小叶皮质（Abutalebi & Green, 2007, 2008; Luk et al., 2011），参见图 3.11。其中一些区域（尤其是额叶和扣带皮质）

的损伤会干扰双语者的语言控制,这在病理性语言转换的病例中可见(Fabbro,
Skrap & Aglioti,2000)。

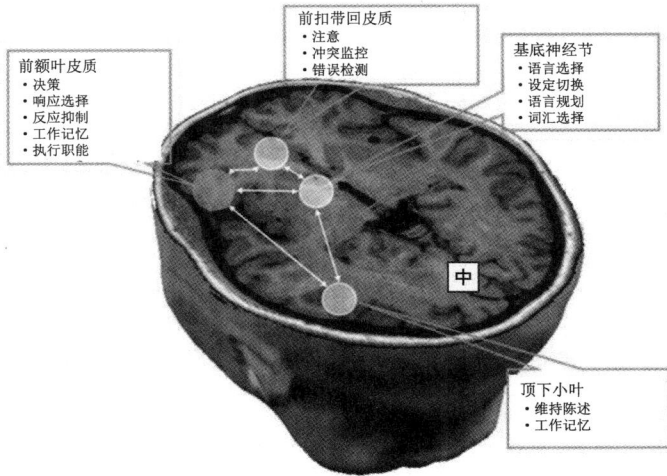

前额叶皮质
· 决策
· 响应选择
· 反应抑制
· 工作记忆
· 执行职能

前扣带回皮质
· 注意
· 冲突监控
· 错误检测

基底神经节
· 语言选择
· 设定切换
· 语言规划
· 词汇选择

中

顶下小叶
· 维持陈述
· 工作记忆

图 3.11　双语者执行控制和语言产出的主要语言中枢示意图(单轴向切片)

认知控制来自可分离的神经系统的整合,包括前扣带皮质、基底神经节、顶叶下小叶以及最主要的额叶前皮质。如图中的标注框所示,这些系统中的每一个部分都负责认知控制的不同方面。经阿布塔莱比和格林(Abutalebi & Green,2007)许可转载。

由于语言交流对控制的要求更高,双语者在各种执行领域具有神经认知优势。尽管证据还不够系统化(Dunabeitia & Carreiras,2015;Paap,Johnson & Sawi, 2015),但皮质和皮质下区域的相关中枢在双语者和单语者之间确实表现出结构差异(García-Pentón et al.,2016;Richardson & Price,2009)。同样,双语经历似乎增强了工作记忆的许多维度、抑制机制、思维定势转换和更新能力(Bialystok, 2009;Bialystok,Craik & Luk,2012)。

此外,上述一些优势与受试的双语技能成正比,因为不同执行过程似乎在高熟练度的受试中比在低熟练度的受试中更有效(Linck et al.,2014;Linck & Weiss,2015)。实际上,如元分析证据所示,工作记忆技能与二语水平和二语加工结果呈正相关(Linck et al.,2014),与二语习得年龄和二语暴露程度也有关。例如,在执行语言任务时,相较于单语者和(出生起便同时学习两种语言的)同时性双语者(simultaneous bilinguals),大约从 4 岁起开始接触二语的双语者在语言任务中前额叶执行网络明显激活程度更高(Jasinska & Petitto,2013)。同样,二语暴露程度较高的双语者执行绩效更好(Bosma et al.,2017)。总之,双语大脑中这些特定配置构成了可以完成语际转换过程的神经认知框架。

3.5 结语

对于那些没有神经病学和神经语言学知识背景的读者来说,理解上述概念是非常必要的。此外,这些概念能够有效避免读者产生本章开篇所描述的那种"建筑丑闻":尽管它们与语际转换机制本身没有直接关系,但为建立一个可行的概念大厦提供了基本范围。语际转换的神经认知模型必须与神经病学基础兼容,必须考虑到为不同层次的语言加工(如语音、词汇、语义、句法)而存在的专门多维机制,考虑到一语和二语的部分独立网络,考虑到语言和执行机制之间大量的相互作用,以及双语的各种特殊性。本章中描述的这些原则是接下来要讨论内容的核心基础。闲言少叙,让我们开始对口笔译神经认知研究进行深入探索吧。

第4章
从脑损伤中创建神经翻译模型

4.1 借鉴脑损伤研究

如果你像爱丽丝梦游仙境时掉进兔子洞那样,时不时发现自己掉进了"油管"(YouTube)① 的兔子洞,可能会遇到一个频道,名为"揭秘内幕:一探究竟"(What's Inside?)。这个奇特并吸引人的频道上有一些视频,视频中父亲和孩子会随机打破物体来研究其内部构造,其中一个视频片段聚焦在"苹果直升机"上,这是一种水果形的飞行玩具,配有能快速旋转的塑料机翼、运动检测设备和音乐播放器。视频中父亲手拿斧头,将飞机玩具劈开,里面露出由多根电线连在一起的一系列组件(马达、扬声器、芯片、传感器、电池)。在探索过程中,他按下了一个开关,启动了马达并播放了音乐。然后,男孩扯断连接到扬声器的两条白色电线,音乐停止,但马达仍在运转。结果非常令人满意,因为这首曲子实在是难听。

从这个家庭实验中至少可以得出两个结论。首先,每个组件虽然相互关联,但在不同的功能中起着不同的作用。其次,即使其中的一些组件(如白色电线和扬声器)受到干扰,另一些组件(如电机)也可以保持工作状态。基于此,我们可以推断出,虽然在正常组装的玩具中按下"开启"按钮,玩具飞机的飞行功能和音乐功能会被同时启动,但是玩具的飞行和音乐功能是相互独立的,并且依赖不同的

---

① YouTube(在中国互联网上,广泛使用的汉译名为"油管",偶见汉译名"优兔"),是一个成立于 2005 年 2 月 14 日的视频分享网站,允许用户上传、观看、分享及评论视频,由谷歌公司收购并运营,是全球最大的视频搜索和分享平台之一。——译者注

电路。

　　某种程度上类似的探索早已成为神经认知研究的主流方式。当然,人脑比九美元的小工具要复杂得多(大脑的结构和功能之间没有一一对应关系),当代科学家也不会故意砸碎患者的头部。事实上,我们目前对神经认知的许多知识都来自对功能失调系统的研究,尤其是对损伤模型的研究(参见第 2 章 2.6 节)。

　　概括地说,这些都是"自然实验",即一个人由于意外或病理原因,遭受部分范围的脑损伤,并表现出特定的认知改变。最重要的是,通过对此类患者的研究可以建立单层分离(从个别病例中观察到 A 区受损影响了 X 功能,但没有损害 Y 功能)和双层分离(通过其他证据表明 B 区受损影响了 Y 功能,但没有损害 X 功能,从而对之前的发现进行了补充)。简而言之,这些例子说明,功能 X 和 Y 被部分独立的神经系统所控制,并且它们与 A 区和 B 区的关系不同,即使它们在非功能障碍的认知中无缝互动(Damasio,1994;Dunn & Kirsner,2003)。

　　脑损伤病例研究是心智生物学研究的一种基本方法,提供了临床解剖相关的宝贵报告,这些报告又有助于塑造当今的神经科学(Finger,1994)。实际上,正是由于对路易斯·维克多·勒伯格内(Louis Victor Leborgne)等个别脑损伤患者的研究,人们才首次了解到额下回在语言生成中的关键作用(Broca,1861a,1861b)、眶额皮质在社会行为中的关键作用(Damasio,1994;Harlow,1868)以及内侧颞叶在陈述性记忆中的关键作用(Dossani, Missios & Nanda,2015;Scoville & Milner,1957)。尽管这些发现最初是在大脑区位化的框架下进行的,存在不足,但这些发现以及它们所带来的变化仍然引领着现代认知模型,并激发了新的前沿研究(Thiebaut de Schotten et al. ,2015)。

　　除了这些开创性的病例之外,损伤病变模型方法让我们了解了包括视觉感知、面部识别、颜色识别、短期记忆和抑制控制在内的无数神经认知系统的组织。它还促成了双语大脑的关键发现,包括一语和二语子系统的部分自主性、程序性和陈述性记忆回路在每种语言的词汇语义和形态句法机制中的不同作用,以及受试变量(如二语熟练程度)对二语神经分布的影响(Paradis,2004,2009;Ullman,2001b)。最关键的是,这一系列探索为语际转换研究提供了神经认知基础的重要数据。

　　如第 1 章(第 1.5 节)所述,大脑受损的双语者翻译障碍早在百年前已有记录,这为口笔译认知研究提供了一条全新的研究思路。翻译障碍主要分为四种类型:强制翻译、无法翻译、矛盾翻译行为和无理解翻译。每一种在神经病理学中都具有独特的行为表现，尽管语际转换过程部分或完全中断，但其他语言功能却在很大程度上或完全不受影响。二十多年前，法布罗和格兰(Fabbro & Gran, 1997：14-15)指出，这种证据对于口笔译认知研究的理论建构具有重大意义。在一篇题为《同声传译的神经语言学研究》的开创性论文中，作者强调了损伤方法对该领域的重要意义，并认为：

　　　　子系统假设模型和一般语言模块不是该领域学者疯狂幻想的产物，而是对神经病患者中观察到所谓"分离"和"双层分离"真实现象的解释。

不幸的是，尽管口笔译认知研究有了多样化发展，研究成果累累，但仍未被纳入主流研究领域。本章旨在扭转这种情况，从多个报告中提炼出最突出的证据，分析它们在口笔译神经认知领域方面的重大意义。除此之外，本章的成果对于更好地解释第 5 章至第 7 章中详细介绍的神经科学发现也十分重要。

4.2　语际转换障碍

下列证据来自年龄在 15 至 91 岁之间的 23 位双语/多语患者。他们会说多种语言，且证实或假定是右利手。他们中的大多数患有因局灶性损伤导致的某种持续或暂时性失语症，其中一例患有老年性痴呆，而另一例则表现为社交障碍。每个病例都包含不同的官能不良，包括失语症、语言混乱和不流利。然而，所有患者的其他智力官能，如记忆力、注意力和视觉空间能力都正常，这突出了其语际转换缺陷的部分特异性。

4.2.1　强制翻译

强制翻译是指即时、无意识的翻译行为。这种行为往往伴随着无法自主控制翻译的情况。在某些情况下，患者会强制性地将一些表达翻译成单语交流环境中无法自发使用的语言。佩雷克曼(Perecman, 1984)认为这种紊乱可能反映了概念层面的功能障碍。然而，这也可能是由于负责抑制上下文无关语言系统的机制受损所致(Green, 1986)。更广泛地讲，它可以被看作一种跨语言的言语模仿(echolalia；用同一种语言自发地重复话语)形式。

第一份报告由考德斯(Kauders, 1929)撰写，涉及名为 D. O. 的患者，这位患者会讲三种语言，即德语(一语)、法语(二语)和英语(三语)，而且熟练掌握法语和英语，因为他在巴黎和伦敦生活和工作的 25 年中一直使用这两种语言。但是，这种情况在 1925 年发生了改变,那时他患了脑卒中,严重损害了左脑的颞上区和顶叶区。因此,三种语言的理解力都受到了干扰,同时伴随着令人费解的语言表达,出现了语言混合现象。该患者还表现出阅读困难和轻微的书写困难症状,最显著的症状却与语际转换有关。被要求说出德语(一语)中的物体名称时,患者 D. O. 首先将目标词翻译成另外两种语言,然后才讲出德语单词。例如,要求 D. O. 说出黄色图形的颜色时,他的回答是"*yellow... jaune... gelb*"。同样,在呈现出一把刷子时,他的回答是"*zumBresen*(伴随着梳理的手势)*... brosse... chaumiere... Burste*" ①。

两年后出现了强制翻译的第二个病例(Veyrac,1931)。患者 Ch. 自 15 岁起就一直居住在巴黎,并且会讲英语(一语)和法语(二语)。五十年后,她因脑卒中而导致布洛卡失语症,无法自如地讲话和翻译,但仍会强迫自己在交流时从英语翻译到法语。例如,被问及"*What time is it?*"时,该患者会回答"*Quelle heure est-il?*"②。后来,检查者告诉她"*Show me your tongue*"时,患者没有按要求做,却回答了"Montrez-moi la langue" ③。类似的情形,在额叶损伤的患者中也观察到了(如 Stengel & Zelmanowitz,1933;Weisenberg & McBride,1935)。

著名的语言学家罗曼•雅各布森(Jakobson,1964)以第一人称提供了更多的轶事证据。他在一次车祸中头部左侧颅骨受伤后,花了数小时强迫自己将自己的语言翻译成五种不同的语言。然而,遗憾的是,关于他的情况没有更多的细节报道。

几年后,舒尔茨(Schulze,1968)描述了一位德国文学教授的病例,该患者在左侧颞脓肿后被诊断为运动失语症。该患者一语是保加利亚语,同时精通德语、俄语和法语。除了在形态学层面上有语言混合的迹象外,他最明显的症状是会自发翻译成毫不相关的语言。例如,被要求重复德语单词"*Jacke*"(意为夹克"jacket")时,患者回答道:"*Jacke ... Jackett ... Dschakett.*" ④

---

① 伪表达 zumBresen 可能是妄想症的结果。最后三个词的意思是"brush"(法语)、"cottage"(法语)和"brush"(德语)。

② 用英语提问"现在几点了?",患者无法用英语回答,却用法语重复提问"现在几点了?"——译者注

③ 用英语提问"给我看看你的舌头",患者无法用英语回答,却用法语重复提问"给我看看你的舌头"。——译者注

④ 最后一个词在保加利亚语中的意思是"夹克"。

此后的 20 世纪 80 年代,佩雷克曼(Perecman,1984)报告了患者 H. B. 的病例,该患者精通德语(一语)、法语(二语)和英语(三语),英语是他使用的主要语言。患者在 75 岁时发生交通事故,导致双侧颞叶受损。除了表现出失语症、失读症和重复障碍的症状外,患者还会混用不同的语言,强迫自己将德语的句子翻译成英语。当检查者用德语告诉他 *"no, das ist blau"*("不,那是蓝色的"),病人的回答是 *"blau oder gelb... blue or yellow"*(德语句子和英语句子的意思相同,都是蓝色或黄色的意思)。这种强制性的跨语言行为在患者自己的话语中更为明显。例如,据记录,他曾说:*"verstehen sie Deutsch... do you know German [...] verstehen sie Deutsch... aber nur ein bischen... but only a little"* [1]。患者 H. B. 的自发性语际转换技能在每种语言组合中都受到了严重影响。

同样的疾病在老年痴呆病例中也有记载(De Vreese Motta & Toschi,1988)。N. T. 会说多种语言,患有阿尔茨海默病,颞叶严重受损。患者经常说意大利语(一语)、法语(二语)和英语(三语),有时也说德语(四语)。他的语言表达能力很好,但表现出命名障碍,并且阅读、写作和理解能力有严重障碍。更广泛地讲,他在一语中保留了自发的对话能力,但在二语中自发对话的能力却大大降低了。在这些功能障碍中,患者最显著的改变包括强迫翻译自己、对话者或者第三方所产出的短语和句子。这种行为在一语到二语之间最为常见,在一语到三语和四语之间也有发生,但患者无法用三语和四语表达自己的意思,也无法自发地翻译这两种语言。例如,当测试者用意大利语和他要一个烟斗(*"Mi dia la pipa"*)时,N. T. 回答 *"Questa e una pipa, this is a pipe"* [2]。在重复任务中也出现了自发翻译:检查者说出 *"Mattino"*(意大利语,意为"早上")这个词时,N. T. 的反应是 *"Mattino, c'est matin ça"* [3]。此外,阅读书面文字时,也会有类似的表现。读到 *"Commissario"*(意大利语,意为"警长")这个词时,他说 *"Commissaire, c'est un mot important ça"*,同时他用意大利语正确地抄写了下来 [4]。值得注意的是,病人这种强制性的语言障

---

① 患者的话语可能会被曲解为:"你理解德语吗"(德语),"你懂德语吗"(英语),"你理解德语吗"(德语),"但只会一点点"(德语),"但只会一点点"(英语)。

② 患者先用意大利语回答"这是一根烟斗",后用英语重复之(将意大利语翻译成了英语)。——译者注

③ 回答可能被曲解为:"早上"(意大利语),"那是早上"(法语)。

④ 表达可能会被曲解为:"警长,这是一个重要的词"(法语)。

碍仅出现在语间,没有发现语内模仿异常的迹象。

勒布伦(Lebrun,1991)记录了一个非典型的病例。右脑受损后,在没有口语失语症的情况下,患者会强迫自己将书面单词和文本从一语(法语)翻译成二语(佛兰芒语)。尽管人们对这个潜在功能障碍了解甚少,但这种倾向的患者被认为丧失了遵循社会语言传统的能力。

进一步的证据来自患者 R. K.(Eviatar Leikin & Ibrahim,1999)。她是一位会说俄语(一语)和希伯来语(二语)的病人,因脑卒中导致左侧大脑半球基底节和放射冠受损,被诊断患有流利性失语症、书写困难症和阅读困难症(两种语言都如此)。尽管 R. K. 根本无法主动完成翻译,但进行希伯来语词汇联想和反义词生成任务时,仍在进行强制翻译。然而,没有观察到她从二语到一语的强制翻译。

最后,加西亚-卡瓦列罗等(García-Caballero et al.,2007)描述了一位老年罹患交叉性失语症的病例,该病例显示患者的一语(加利西亚语)和二语(西班牙语)都存在缺陷。脑梗死损害了右基底神经节后,患者不再能够自如地运用一语,并且对两种语言的理解能力均受到损害。在一语语素重复任务中,她会将内容强制翻译为二语,但是无法主动完成这个方向的翻译。该病例之所以与众不同,是因为该患者虽然是右利手,但在语言上属于右脑优势,是少数人群。

总之,强制翻译主要由左脑(或更确切地说是语言主导的半球)损伤引起,11例病例中有 10 例都得到了观察证实。受损区域包括参与语言和执行功能的额叶和后部区域,这与该疾病可能代表语言控制机制受损的观点一致(参见第 3 章 3. 4. 2 节和图 3. 11)。最后,请注意,无论目标语是否能够自然产出,强制翻译都可以在两个翻译方向上出现。表 4. 1 总结了所有病例,而且包含每位患者的附加信息。

表 4.1 强制翻译:证据总结及患者的其他数据

病例	年龄	性别	利手	语言	自发语言	单词翻译	强制翻译	病因	损伤部位
D. O.	62	M	R*	L1:Ger	L1:X	?	L2 和 / 或 L3	Str	LH:STG, PL
				L2:Eng	L2:X		到 L1		
				L3:Fr	L3:X				

续表

病例	年龄	性别	利手	语言	自发语言	单词翻译	强制翻译	病因	损伤部位
Ch.	65	F	R*	L1:Eng	L1:X	L1 L2:X*	L1 到 L2	Str	LH*
				L2:Fr	L2:X	L2 L1:X*			
施坦格尔和查尔马洛维茨（1933）的病例	57	M	R*	L1:Cz	L1:X*	?	L1 到 L2	TCH	LH:
				L2:Ger	L2:X*		L2 到 L1		FL
维森伯格和麦克布莱德（1935）的病例	49	M	R	L1:Eng	?	L1 L2:—	L1 到 L2	?	LH*:
				L2:Sp		L1 L3:—	和 L3		FL*
				L3:Fr					
				4 多种					
雅各布森（1964）	?	M	R	L1:Rus	?	?	L1 到 L2、L3、	CC	LH
				L2:Fr,Ger,其他			L4 和 L5		
舒尔茨（1968）的病例	?	M	R	L1:Bul	L1:—	?	L2 到 L1	Abs	LH:PTR
				L2:Ger	L2:—				
				其他					
H. B.	80	M	R*	L1:Ger	L1:?	各方向	L1 到 L3	Hem	Bil:
				L2:Fr	L2:?	不稳			TL
				L3:Eng	L3:X				
N. T.	65	M	R	L1:It	L1:—	L1 L2:√	到任意语言,尤其是 L2	Alz	LH:
				L2:Fr	L2:X	L1 L3:X			TL
				L3:Eng	L3:X	L2 L1:X			
				L4:Ger	L4:X	L3 L1:X			

续表

病例	年龄	性别	利手	语言	自发语言	单词翻译	强制翻译	病因	损伤部位
勒布伦（1991）的病例	?	M	R*	L1:Fl L2:Fr	L1:√ L2:√	?	L2 到 L1,书面语	?	RH
R. K.	68	F	R	L1:Rus L2:Heb	L1:— L2:—	L1 L2:X L2 L1:X	L2 到 L1	Str	LH: BG, PPCR
卡瓦列罗和拉多等（2007）的病例	91	F	R	L1:Gal L2:Sp	L1:X L2:√	L1 L2:? L2 L1:—（单词）	L1 到 L2 L2	CI	RH: BG （交叉失语症）

符号：星号(*)：据推测；问号（?）：未提供信息；对勾（√）：从非常好到可以接受；横线（—）：中度受损；叉号（X）：重度受损。**性别**：F：女性；M：男性。**利手**：R：右利手。**语言**：Bul：保加利亚语；Cz：捷克语；Eng：英语；Fl：佛兰芒语；Fr：法语；Gal：加利西亚语；Ger：德语；Heb：希伯来语；It：意大利语；Rus：俄语；Sp：西班牙语。**病因**：Abs：脓肿；Alz：阿尔茨海默病；CC：脑挫伤；CI：脑梗死；Hem：血肿；Str：脑卒中；TCH：外伤性脑出血。**损伤部位**：bil：双侧；LH：左半脑；RH：右半脑；BG：基底神经节；FL：额叶；PL：顶叶；PPCR：放射冠后部；PTR：顶颞区；STG：颞上回；TL：颞叶。

4.2.2　无法翻译

所谓无法翻译是指失去语言转换能力的病症，导致患者严重或完全丧失主动进行语际转换的能力。即使患者执行单语任务的语言产出能力得以保留，这种损伤也会影响一个或两个翻译方向的转换。相关证据来自轶事证据，还有量化证据。

从上一节可以看出，一些强制翻译患者很难或无法在任何语言上按照要求生成合适的目标语。要求病人 H. B.（Perecman, 1984）翻译德语单词"*essen*"[①]，他却回答"*English*"（意为"英语"）。他将英语短语"*the wall*"翻译成"*val est*

[①]　这个词在德语中的意思是"吃"。

langue française[①]。面对名词"*Seife*",他说出了"*Franzosiche Auskunft*"[②]。同样,在 R. K 病例中也观察到了类似情况(Eviatar, Leikin & Ibrahim, 1999)。尽管作者没有提供具体的数据,但是指出,"需要将俄语单词翻译为希伯来语时,或将希伯来语翻译为俄语时, R. K. 无法执行此任务"(Eviatar, Leikin & Ibrahim, 1999: 129)。

加斯塔尔迪(Gastaldi, 1951)描述了另一个病例,他的患者能说德语(一语)和意大利语(二语),因左脑患有慢性炎症导致失语症。尽管该患者在两种语言中均部分保留了物体命名的能力,可以理解简单的指令,但是正向翻译和反向翻译都无法实现。

宾等人(Byng et al., 1984)报道了一个名为 B. 的病例, B. 是一个阅读障碍儿童,左顶叶和颞叶严重局灶性损伤。他的朗读能力在二语(英语)中很正常,但是在一语(尼泊尔语)中很差。更有趣的是,一项视译测试显示,其在正向翻译(72%)和反向翻译(0%)之间存在显著差异,在执行这些任务时犯的一些错误似乎是语义上的(如他将尼泊尔语中的"马"翻译为"鸭子",将英语中的"马"翻译为尼泊尔语中的"狗")。

患者 A. S. (Nilipour & Ashayeri, 1989)会说波斯语(一语)、英语(二语)和德语(三语)。他曾经历过一场爆炸,造成了严重的额颞区损伤。一个多月的时间里,他出现了一语和三语之间的交替对抗症状(一种语言可以自然使用时,另一种则不能)。单词翻译的准确性在一语—二语中为 10%,在二语—一语中为 20%,在一语—三语中为 0%,在三语——一语中为 50%。尽管对源语的理解没有问题,但句子翻译技能却完全丧失了。患者在反向翻译中的一些错误表现为语义错乱,例如将德语单词 Fahrrad(意为"自行车")翻译成波斯语 Farsi(意为"汽车")。

阿廖蒂和法布罗(Aglioti & Fabbro, 1993)报告了一个名为 E. M. 的病例,该患者能使用威尼斯语(一语)和意大利语(二语)。患脑卒中后, E. M. 的左罹患脑卒中之基底神经节出现了缺血性损伤。她的一语口语产出能力完全消失,但二语仍然运作良好。两种语言的理解力都得到了很好的保留。E. M. 执行了三项翻译任务,所有任务中正向翻译和反向翻译之间都显示出巨大差异。正向翻译和反向翻译的准确性分别在口语词汇翻译中占 69%和 41%,在书面词汇翻译中占 95%

---

① 　大概可译为"墙是法语"。

② 　这一刺激在德语里的意思是"肥皂",而作为回应的部分在德语里意为"法国信息"。

和 5%,在口语句子翻译中占 72% 和 35%。但是在作为健康对照组的 E. M. 丈夫身上,没有观察到这种差异。这个病例表明,失去语言转换能力可以通过方向差异的方式表现出来,且翻译句子时的表现比翻译单词时的表现更为严重。三年后的后续单词翻译任务证实了之前的模式:E. M. 在正向翻译中的准确率为65.7%,在反向翻译中的准确率仅为 39.2%(Aglioti et al. , 1996)。

法布罗和帕哈迪(Fabbro & Paradis, 1995)在图书章节中也报告了这个名为E. M. 的病例,此外还报告了患者 C. B. 、El. M. 和 O. R. 因左侧大脑半球基底节受损而导致的翻译缺陷。像 E. M. 一样,其余三例患者因脑损伤造成的一语障碍比二语障碍更严重。他们的翻译技能通过双语失语症测试的第三部分进行了评估(Paradis, 1979, 2011)。

C. B. 是一位 71 岁的患者,会说三门语言(一语:弗留利语;二语:意大利语;三语:英语),因缺血性卒中,损害了部分左侧大脑半球基底节(尾状核,一小部分壳和内囊)。她无法将单词从三语转换为一语,也无法在一语和三语之间以及二语和三语之间进行语言转换,但是她仍能理解自己的源语言。她的表现证明了反向翻译相对于正向翻译功能的独立性,因为她从二语和三语到一语的单词翻译准确率(25%)显著低于从一语到二语和三语的单词翻译准确率(52%)。将所有语言对和方向综合起来看,患者在单词翻译方面的表现(准确率为 43%)胜于句子翻译(准确率为 11%)。此外,如果仅考虑患者最擅长的两种语言(一语和二语),则单词(准确率为 70%)和句子(准确率为 33.3%)的翻译之间会有更大的差异。

EI. M. 精通弗留利语(一语)和意大利语(二语)。他曾因大出血导致皮质下大面积病变,损伤左侧大脑半球基底节(尾状核、壳核、内囊、苍白球的一部分),并造成了两种语言的非流利性失语症。无论是反向翻译还是正向翻译,他都几乎无法翻译句子,但是单词翻译能力在两个方向上都得以保留。不区分翻译方向的话,单词和句子翻译准确率分别为 65% 和 1%,证实了这些能力互相分离。

O. R. 会说弗留利语(一语)和意大利语(二语),缺血性卒中后,脑岛和左侧大脑半球基底节(尾状核、壳状核)受到严重损伤。虽然 O. R. 仍然能流利地使用两种语言,但他无法翻译句子(每一个方向上的准确率都是 16%)。从一语到二语(准确率为 90%)的词汇翻译效果好于相反方向的翻译(准确率为 40%)。此外,尽管词汇层面的整体翻译准确率能达到 65%,但句子翻译的缺陷要严重得多(准确率为 17%)。

　　法布罗和帕哈迪（Fabbro & Paradis，1995）讨论最后四个病例时，观察到左侧大脑半球基底节可能在翻译中起着重要作用，并且支持正向翻译和反向翻译的路径可能会独立受损。然而，他们似乎忽略了这些患者的数据中其他有趣的模式。第一，反向翻译在词汇翻译和句子翻译方面都比正向翻译受到更大影响。第二，句子翻译（准确率为46%）比词汇翻译（准确率为61%）更容易受到损害。第三，反向翻译中，单词翻译比句子翻译的优势更明显（平均差异分别为19%和10%）。进一步的证据来自患者 S. M.（Detry，Pillon & de Partz，2005），她会说法语（一语）和英语（二语），左侧侧裂周区受损。虽然她表现出语法错误和命名困难的迹象，但对两种语言的理解都保持良好。然而，她在两个翻译方向上的表现都大打折扣，正向翻译和反向翻译的平均准确率分别为60.4%和50%。正向翻译的结果特别值得注意，因为患者几乎丧失了二语的图片命名能力。

　　最后，威克斯和拉曼（Weekes & Raman，2008）报告了一个名为 B. R. B. 的双语者（一语：土耳其语；二语：英语）病例，因脑卒中导致左顶枕区严重损伤。该患者表现出严重的语言障碍，两种语言都流利但语义空洞。翻译测试仅采用反向翻译。第一次测试显示其无法翻译动词和动名词，口头的缺陷比视译更严重。第二次测试证实了这种差异，每种语际转换模式的平均结果分别为5%和93%。这些缺陷不能归因于听觉或语言产出缺陷，因为患者 B. R. B. 在二语听觉词汇判断（100%）、重复（一语=82%，二语=65%）、单词阅读（一语=100%，二语=85%）和图片命名（一语=72%，二语=82%）上的得分较高。

　　总之，所有这些病例都和左脑损伤有关，而且表明即使单语的理解和产出不受影响，单一损伤也可能会影响单词和句子反向翻译或正向翻译的某些方面。此外，失去翻译能力在单词和句子之间、口语刺激和书面语刺激之间会有不同的表现，这表明根据不同的翻译单位和翻译模态，患者可能使用了不同的神经回路。更多的患者数据和证据总结见表4.2。

表 4.2　无法翻译：证据总结和患者的其他数据

病例	年龄	性别	利手	语言	自发语言	单词翻译（口语）	句子翻译（书面语）	病因	损伤部位
加斯塔尔迪（Gastaldi，1951）的病例	42	M	R*	L1:Ger	L1:—	L1 L2:X	L1 L2:?	CIL	LH
				L2:It	L2:—	L2 L1:X	L2 L1:?		

续表

病例	年龄	性别	利手	语言	自发语言	单词翻译（口语）	句子翻译（书面语）	病因	损伤部位
H. B.	80	M	R*	L1:Ger	L1:?	L1 L2:X*	?	Hem	Bil:TL
				L2:Fr	L2:?	L1 L3:X*			
				L3:Eng	L3:X	L3 L2:X*			
B.	15	M	R	L1:Nep	L1:X	L1 L2:√	L1 L2:?	LwSO	LH:PL, TL
				L2:Eng	L2:√	L2 L1:X	L2 L1:?		
					大声阅读	视译			
A. S.	49	M	R	L1:Far	L1:aa	L1 L2:X	L1 L2:X	CC	LH:FTR
				L2:Eng	L2:X	L2 L1:X	L2 L1:X		
				L3:Ger	L3:aa	L1 L3:X	L1 L3:?		
						L3 L1:—	L3 L1:?		
E. M.	70	F	R	L1:Ven	L1:X	L1 L2:√	L1 L2:√	Inf	LH:BG
				L2:It	L2:—	L2 L1:	L2 L1:X		
C. B.	71	F	R	L1:Fri	L1:X	L1 L2:√	L1 L2:X	II	LH:BG
				L2:It	L2:X	L2 L1:—	L2 L1:X		
				L3:Eng	L3:X	L1 L3:—	L1 L3:X		
						L3 L1:X	L3 L1:X		
						L2 L3:X	L2 L3:X		
						L3 L2:X	L3 L2:X		
El. M.	56	M	R	L1:Fri	L1:X	L1 L2:√	L1 L2:X	CH	LH:BG
				L2:It	L2:X	L2 L1:√	L2 L1:X		
O. R.	63	M	R*	L1:Fri	L1:√	L1 L2:√	L1 L2:X	II	LH:BG, NPI
				L2:It	L2:√	L2 L1:X	L2 L1:X		

病例	年龄	性别	利手	语言	自发语言	单词翻译（口语）	句子翻译（书面语）	病因	损伤部位
R. K.	68	F	R	L1：Rus	L1：—	L1 L2：X	？	Str	LH：BG,
				L2：Heb	L2：—	L2 L1：X	？		PPCR
S. M.	40	F	R	L1：Fr	L1：—	L1 L2：—	？	Str	LH：PSR
				L2：Eng	L2：—	L2 L1：			
B. R. B.	67	M	R	L1：Tur	L1：—	L1 L2：？	L1 L2：？	Str	LH：POR
				L2：Eng	L2：—	L2 L1：	L2 L1：？		
						视译：√			
						口译：X			

符号：星号（*）：大概；问号（？）：未提供信息；对勾（√）：从非常好到可以接受；横线（—）：中度受损；叉号（X）：重度受损。**性别**：F：女性；M：男性。**利手**：R：右利手。**语言**：Heb：希伯来语；Eng：英语；Far：波斯语；Fr：法语；Fri：弗留利语；Ger：德语；It：意大利语；Nep：尼泊尔语；Rus：俄语；Tur：土耳其语；Ven：威尼斯语。**病因**：CC：脑挫伤；CH：脑出血；CIL：慢性炎症损伤；Hem：血肿；Ⅱ：缺血性脑梗死；INF：脑梗死；LwSO：锐器伤所致病变；Str：脑卒中。**损伤部位**：双侧；LH：左半脑；BG：基底节；FTR：额颞叶；NPI：岛叶的新皮质部；PL：顶叶；POR：枕叶；PPCR：放射冠后部；PSR：颞叶；TL：颞叶。

4.2.3　矛盾翻译

矛盾翻译行为是一种罕见的病理现象。患有这种疾病的患者能够翻译成一种无法自发产生的语言（如一语），但不能翻译成一种实际可自发产生的语言（如二语）。值得注意的是,在病情的急性发作期,参与反向翻译或正向翻译的能力可能交替存在。

帕哈迪、高布伦和奥贝迪（Paradis, Goldblum & Abidi, 1982）首次报告了两例病例。患者 A. D. 是一位会说法语（一语）和阿拉伯语（二语）的修女,因车祸致使左侧颞枕叶挫裂伤。像患者 A. S. 一样,她也表现出两种语言交替对抗的迹象。有一个多月的时间,她能自主运用二语（阿拉伯语）交流,此时能够把二语转化为一语,却无法把一语转化为二语。相反,她能说一语时,就不会说二语,只能将语言翻译成二语。初次评测中,该患者无法用一语描述图片,但孤立词（100％）和单句（100％,少量用不定冠词代替定冠词）的反向翻译能力保持正常。第二天,她的一语产出能力有所提高而二语产出能力下降,只能翻译前一天正确翻译的六个阿拉伯句子中的两个。

帕哈迪、高布伦和奥贝迪(Paradis, Goldblum & Abidi, 1982)报告的第二个病例是一名年轻的加拿大患者(此后称为 C. P.)。他能流利地说法语(一语)和英语(二语),接受了左颞顶叶区静脉畸形的切除手术。水肿消失之前,C. P. 表现出两种语言交替对抗的症状。在他的二语能力比一语能力弱时,研究人员让他在每一个翻译方向上翻译六个句子。他在翻译 "*Mon voisin travaille à Toronto depuis 2 ans*" 和 "*Son frère a traversé la rivière à la nage*"[①] 等句子时,翻译得很完美。相反,尽管他可以完美理解所有刺激内容,但无法完成反向翻译:其中有两句话没翻译出来,另两句则是逐字翻译的,导致译文很难理解。其余句子刚开始翻译时,总是译错,最后花费很大力气总算翻译出来了。

在 N. T. 身上也观察到了矛盾翻译行为(De Vreese, Motta & Toschi, 1988)。N. T. 只能用一语进行交流,在句子翻译测试中的累积平均分数从一语到二语为70%,从二语到一语为20%。此外,他几乎无法在一语和三语之间进行语际转换。总之,虽然 N. T. 可以用一语进行会话,但他无法翻译到一语。然而,尽管二语自发产出的语言受到严重干扰,他依然能够将一语翻译到二语。

简言之,左侧脑损伤后会出现矛盾翻译行为。这种语际转换障碍表明,反向翻译或正向翻译的能力并不分别依赖于支持一语或二语产出路径的完整性;当正向翻译受到严重损害时,仍然可能完成反向翻译,反之亦然。表4.3 提供了结果总结及患者的其他数据。

表4.3　矛盾翻译行为:证据总结及患者的其他数据

病例	年龄	性别	利手	语言	自发语言	单词翻译(口语)	句子翻译(书面语)	病因	损伤部位
A. D.	48	F	R	L1:Fr	L1:√	L1 L2:√	L1 L2:√	CC	LH:TOPR
				L2:Ar	L2:X	L2 L1:X	L2 L1:X		
					L1:X	L1 L2:X	L1 L2:X		
					L2:√	L2 L1:√	L2 L1:√		

---

① 这些句子的参考译文是 "My neighbor has been working in Toronto for two years"(我邻居在多伦多工作两年了)和 "Her brother swam across the river"(她哥哥游过了河)。

病例	年龄	性别	利手	语言	自发语言	单词翻译（口语）	句子翻译（书面语）	病因	损伤部位
C. P.	23	M	R	L1:Fr	L1:√	L1 L2:?	L1 L2:√	VM	LH:TPR
				L2:Eng	L2:X	L2 L1:?	L2 L1:X		
					L1:X	L1 L2:?	L1 L2:?		
					L2:√	L2 L1:?	L2 L1:?		
N. T.	65	M	R	L1:It	L1:—	L1 L2:?	L1 L2:√	ALz	LH:TL
				L2:Fr	L2:X	L2 L1:?	L2 L1:X		
				其他					

符号:问号(?):未提供信息;对勾(√):从非常好到可以接受;横线(—):中度受损;叉号(X):重度受损。**性别:**F:女;M:男。**利手:**R:右利手。**语言:**Ar:阿拉伯语;Eng:英语;Fr:法语;It:意大利语。**病因:**Alz:阿尔茨海默病;CC:脑挫伤;VM:静脉畸形。**损伤部位:**LH:左半脑;TL:颞叶;TOPR:颞枕顶区;TPR:颞顶区。

4.2.4 无理解翻译

无理解翻译是影响语际转换的第四种神经系统疾病。患有该病的患者能够正确翻译语句,尽管他们不知道源语表达的含义。迄今为止,已有三例相关报道①。有趣的是,每一位患者都同时表现出上述三种功能障碍中的某一种,因此文献中似乎不存在这种疾病的"纯粹病例"。

患者 Ch. (Veyrac,1931)是这种功能障碍的第一个病例。她会将诸如"*What time is it?*"(现在几点了？)和"*Show me your tongue*"("让我看看你的舌头")之类的语句,强迫(并且正确地)翻译成法语(参见 4.2.1 节),此后没有表现出理解源语的迹象。Ch. 没有试图查看手表,也没有努力伸出舌头。因此,源语词汇理解似乎受损,但常用短语的语际转换似乎未受损。

---

① 令人惊讶的是,法布罗(Fabbro,2001)在简要讨论这种疾病的背景下引用了法布罗和帕哈迪(Fabbro & Paradis,1995)的研究结果。然而,后一份报告中没有提到其所涉及的四名患者中任何人患有无理解翻译的症状。尽管他们在单语任务中表现出理解缺陷,但在语际转换中没有提到这种障碍。事实上,法布罗和帕哈迪(Fabbro & Paradis,1995:143-144)讨论患者 C. B. 时,确认"C. B. 正确地识别了相关物体(如头、墙),表明她完全理解了要翻译的单词含义,她还可以将一语单词翻译成三语,但反之则不行"。

患者 C. P. （Paradis, Goldblum & Abidi, 1982）也有类似的症状。有一天，他讲法语比英语更流利，要求他翻译"*plafond*""*porte*""*fenêtre*""*table*"①等具体名词时，他准确地提供了英语翻译，但无法识别并指出那些事物。奇怪的是，病人说他确信房间里有那些东西，但他不能分辨出哪个是哪个。某些情况下，他毫不费力地提供了正确翻译，但却指向了错误的物体，例如把水槽当成了窗户，或者把床当成了桌子。

在患者 N. T. 身上也观察到了无理解翻译的现象（De Vreese, Motta & Toschi, 1988: 253）。尽管没有提供具体细节，但报告指出：

[患者] 表现出与帕哈迪等（Paradis et al. , 1982）报告的第二个病例相似的行为。要求 N. T. 指出图片中用意大利语命名的物体时，他能正确地用法语翻译这些词，但是却时常无法正确指认各张图片。

总之，这种症状发生在左脑后部损伤之后，表明与源语词汇相关的感知和语义信息在翻译过程中不需要激活。换言之，成功的语际转换不一定取决于概念整合路径。表 4.4 提供了有关这些病例的更多详细信息。

表4.4　无理解翻译：证据总结及患者的其他数据

病例	年龄	性别	利手	语言	自发语言	单词翻译（口语）	句子翻译（书面语）	病因	损伤部位
Ch.	65	F	R*	L1:Eng	L1:X	L1 到 L2	?	Str	LH*
				L2:Fr	L2:X				
C. P.	23	M	R	L1:Fr	L1:√	L1 到 L2	?	VM	LH:TPR
				L2:Eng	L2:X				
					L1:X	?	?		
					L2:√				
N. T.	65	M	R	L1:It	L1:—	L1 到 L2	?	ALz	LH:TL
				L2:Fr	L2:X				
				其他					

符号:问号（?）：未提供信息；对勾（√）：从非常好到可以接受；横线（—）：中度受损；叉号（X）：重度受损。**性别**:F:女性；M:男。**利手**:R:右利手。**语言**:Eng:英语；Fr:法语；It:意大利语。**病因**:Alz:阿尔茨海默病；Str:脑卒中；VM:静脉畸形。**损伤部位**:LH:左半脑；TL:颞叶；TPR:颞顶区。

---

① 分别表示"天花板""门""窗户"和"桌子"的法语单词。

4.3　研究范围

除了潜在的临床意义外,以上证据还印证了语际转换系统神经认知组织的初步结论。特别是,可以根据实证推断出其偏侧化,相对于其他语言机制的自治性,以及由不同翻译方向、加工水平和源语语言单位类型所涉及回路功能的独特性。如下依次探讨这些问题。

4.3.1　左脑还是右脑

如第 3 章(第 3.3.1.1 节)所示,虽然两个大脑半球在语言交流过程中不断交换信息,至少对绝大多数个体来说,许多基本语言机制都扎根于左侧脑回路(Mazoyer et al.,2016)。四种神经病理学的证据表明,支持语际转换关键过程的网络也是如此。

在 23 例病例中,有 20 例翻译障碍仅是由左脑损伤引起的(参见表 4.1 至表 4.4)。这些患者均被证实或推测为右利手,这表明损伤可能仅限于有语言优势的大脑半球。实际上,从单语任务中可见大多数患者的基本语言功能都受到不同程度的影响。这些观察结果支持了左脑结构可能与核心语际转换机制有关的观点,且电刺激证据进一步表明,抑制左额叶区会直接干扰语际转换过程(Borius et al.,2012)。从更广泛的角度来看,这些发现表明,语际转换网络可能整体嵌入在支持语言加工的系统之中(García, Mikulan & Ibáñez,2016)。事实上,患者病变主要位于额叶纹状体和颞顶区,这些脑区在单语任务中涉及多项语言操作(第 3 章,3.3.1.2 节和 3.3.1.3 节)。

其余三名患者的情况与此结论并不矛盾。病患 H. B. 的左右脑都损伤了(Perecman,1984);另外两个病例的损伤局限于右脑,但这不一定与假设相矛盾。首先,加西亚-卡瓦列罗等(García-Caballero et al.,2007)测试的患者患有交叉失语症,这意味着患者的右脑正在维持左脑所支持的语言功能。其次,勒布伦(Lebrun,1991)认为患者是存在"社会语言缺陷"。尽管社会语言能力确实在翻译中发挥作用,但它们本身并不是语际转换过程的一部分。右脑的参与可能也反映出专注力、语用和其他非语言策略的使用(Paradis,2003,2009)。这一过程与勒布伦(Lebrun,1991)所指的社会语言能力有关,与语际转换需要的技能截然不同。此外,如后续章节所示,神经影像研究中的全脑记录表明,与其他语言功能相比,语际转换主要甚至仅在左脑引起显著的激活增强现象(Klein et al.,1995;

Lehtonen et al.，2005；Rinne et al.，2000）。

诚然，这种说法可能存在部分偏差，因为文献中患有右脑损伤的患者代表性不足：要么是因为他们没有表现出语言症状，要么是因为没有对他们的语际转换进行评估。然而，最近对右脑大面积损伤的一位右利手双语者的研究显示，该患者在两个方向上的翻译识别、单词翻译和句子翻译能力都得到了保留（Calvo et al.，2019）。这说明左脑在语际转换中发挥更重要的作用。

然而，上述说法并不意味着右脑与语际转换无关。如下研究发现都将在后续章节中详细介绍。首先，正电子放射断层成像结果表明，语际转换（相对于单语种阅读）过程中，左脑的主要激活增加可能伴随着前扣带回和基底神经节的双侧参与（Price，Green & von Studnitz，1999）。其次，正向翻译和反向翻译过程中，专业笔译员（García，Mikulan & Ibáñez，2016）和口译员（Kurz，1994，1995）的两个大脑半球之间存在显著的功能连接（详见第 5 和 6 章）。第三，关于半球功能特化的行为实验（Fabbro et al.，1990；Fabbro，Gran & Gran，1991；Proverbio & Adorni，2011）和电生理研究（Proverbio，Leoni & Zani，2004）表明，与其他人群相比，同传译员的翻译过程依赖左脑程度更低。最后，左右脑的皮质和皮质下区观察到了与持续进行同声传译相关的神经可塑性变化（Hervais-Adelman，Moser-Mercer & Golestani，2015；Hervais-Adelman et al.，2017），详细信息，参见第 7 章。

总之，语际转换似乎主要发生在左脑，但是支持语际转换的结构也离不开右脑的贡献。据研究，不论受试有没有受过口笔译专业训练，都存在这种模式。有趣的是，至少一种语际转换方式（同声传译）的持续练习似乎涉及左右脑的神经变化。因此，尽管左脑区占主导地位，但跨语言操作似乎依赖于大脑两个半球的复杂交互作用。

4.3.2　独特的语际转换

如上一节所述，语际转换机制似乎建立在调节多项任务基本语言过程的一般脑区中。这种**宏观**神经区域上的对应关系并不意味着语际转换在神经认知方面没有其特殊性。如果情况确实如此，那么这些部位损伤也不应引起翻译和单语能力之间的分离。但是，无法翻译和矛盾翻译行为的情况则并非如此。

源自这些病例库的四种翻译障碍模式表明，相对于一语和二语的产出，正向翻译和反向翻译路径具有部分独立性。首先，参与一语产出部分的神经回路严重或部分受损时，支持反向翻译的神经回路可以保持功能正常运转（参见患者 A. D. 和 C. P.)。同样,即使支持二语产出的神经回路损伤,支持正向翻译的路径也可以保留(参见患者 A. D. 、N. T. 、E. M. 、C. B. 和 Ch)。此外,一语产出技能保持完好的情况下,涉及反向翻译的子系统可能会出现功能障碍(参见患者 A. D. 、C. P. 、O. R. 、N. T. 和 R. K.)。同样,尽管仅在二语中表现良好,但正向翻译仍可能受到显著干扰(参见患者 A. D. 、O. R. 、R. K. 和加斯塔尔迪在 1951 年报告的病例)。因此,语际转换的路径似乎与单语过程所涉及的路径至少部分独立。

单语接收过程的完整性也不能保证可以进行语际转换。因此,无理解翻译病例与患者 A. S. 和 C. B. 表现出的某些缺陷之间存在双层分离。患者 Ch. 、C. P. 和 N. T. 能够在不理解意义的情况下翻译源语单位,患者 A. S. 和 C. B. 确实理解了输入项的含义,但无法翻译。例如,在一语和三语任务中,A. S. 保留了对所有刺激的理解,但只能在反向翻译中翻译其中一半,而在正向翻译中完全无法翻译。因此,保留对源语言的理解能力似乎对语际转换来说是不够的。

该结论与帕哈迪(Paradis,1984)在仅参考两个病例时提出的主张相吻合,即帕哈迪、高布伦和奥贝迪(Paradis,Goldblum & Abidi,1982)报告的病例。这也很符合法布罗(Fabbro,2001)的观点,即翻译子系统在神经功能上独立于一语和二语任务的子系统。更重要的是,这与以下发现相一致:如患者 N. T. 的症状所示,强制翻译并不一定意味着强制重复同一种语言(De Vreese,Motta & Toschi,1988)。

除神经心理学发现外,还通过脑刺激获得了更多的有力证据。在一项针对具有不同程度笔译和/或口译经验的双语者研究中,鲍里斯等(Borius et al. ,2012)评估了向左脑施加电流如何影响反向翻译和单语任务(阅读、图片命名)。刺激布洛卡区和额上回时,语际转换会受到影响,尽管其他任务也同样受到影响。刺激外侧裂区时,语际转换是唯一未受影响的技能。因此,至少单语加工中涉及的一些机制对于语际转换来说或许相关但并不重要。

总之,在语际转换过程中起基础作用的神经通路似乎部分独立于其他语言网络。尽管现有数据不足以用来确定这些网络的具体位置,但它们所提议的功能分化并不罕见。事实上,大脑中的语言区包括负责独特、细致操作的专门子机制(参见第 3 章、3. 2. 2 节、3. 2. 3 节、3. 3. 1. 2 节、3. 3. 1. 3 节和 3. 4. 1 节)。从这个意义上讲,语际转换路径的相对功能自主性或许是整个语言系统内部组织的一种自然体现。

4.3.3　译入译出

除了总体上与其他语言通路保持半独立状态外,语际转换系统还包含部分负责特定子操作的独立路径。特别是,不同的神经网络似乎参与了不同模态的正向翻译和反向翻译。这部分的证据依然来自无法翻译和矛盾翻译的病例。

这些情况表明,支持正向翻译的神经网络受损时,支持反向翻译的神经网络仍可以正常运转,如患者对单词(参见患者 A. S. 和 A. D.)和句子(参见患者 A. D.)的口译所示。同样,这些病例也表明,即使反向翻译的神经通路受到严重影响,正向翻译相关的神经通路也能正常运行。这一点在要求患者视译单词(参见患者 B.)和口译单词(参见患者 E. M. 、C. B. 、O. R. 、A. D.)及句子(参见患者 C. P. 和 N. T.)的任务中也能观察到。如果这两个方向的翻译都依赖于相同的神经通路,那么就不会观察到这种情况。

实际上,关于正向翻译和反向翻译路径功能分化,早期的研究中已有假设。一方面,早期的神经心理学研究(Fabbro & Paradis, 1995; Paradis, 1984)已经承认了这一点。另一方面,基于反应时数据的心理语言模型注意到了这种差异(如 Kroll & Stewart, 1994; Kroll, 2010)。尽管如此,与每个方向差异相关的特定中枢在解剖学上仍未确定。法布罗和帕哈迪(Fabbro & Paradis, 1995)报告的四个病例表明,无论翻译单位如何,基底神经节在反向翻译中发挥的作用可能要比在正向翻译中的作用更大。此外,神经影像证据进一步表明,前额叶纹状体通路的皮质部分可能在两个翻译方向中发挥着不同作用(参见第 5 章)。迄今为止,除了这些相当宽泛的初步模式以外,我们不能做出任何的确切结论。

总之,语际转换似乎是一种部分独立的机制,并且取决于其执行的方向。因此,语际转换系统似乎具有特定的内部组织,不同的子系统会根据翻译方向性的不同而不同程度地参与其中。实际上,这一结论在许多神经科学和行为学研究中得到了不同程度的证实和完善,详见第 5 章。

4.3.4　词和概念

这些综述性的证据还暗示了语际转换系统内的另一个神经认知区别性特征。口笔译似乎可以通过概念整合路径(涉及语义信息的获取)或形式层面路径(允许在没有概念激活的情况下建立跨语言链接)实现。尽管最有说服力的证据来自无理解翻译中的病例,但在其他情况下也有相关数据可供参考。

概念整合机制在语际转换中的作用无可争议。实际上,许多无法翻译的患者所表现出的问题都意味着语义过程的中断。例如,患者 A. S. 产出的一些翻译错误似乎构成了跨语言的语义错乱。例如,他将"自行车"翻译为一语中的"汽车"(Nilipour & Ashayeri,1989)。同样的情况在患者 B.（Byng et al.,1984)身上也观察到了,例如他将"马"翻译为尼泊尔语中的"狗"。此外,考虑到患者 N. T. 的许多强制翻译都是意译而非逐字译,德·弗里斯、莫塔和托斯奇(De Vreese, Motta & Toschi,1988:253)认为"该患者的自动翻译无意识地通达其他语言,可见其翻译是在语言生成之前的概念层面上完成的"。

更值得注意的是,无理解翻译为形式层面路径的相对独立性提供了证据。如 Ch.、C. P. 和 N. T. 三位患者所示,某些脑损伤会暂时损害概念通达,但不会妨碍跨语言对等表达的成功检索。确实,这些患者无法指明他们刚刚翻译过的名词所指代的事物,但这并非由于相关感知、注意力或意识受到损害造成的。正如帕哈迪、高布伦和奥贝迪(Paradis, Goldblum & Abidi,1982)所提出的那样,这些患者的表现表明他们并未理解源语表达,这显示了语际连接在非语义信息中的作用。

在患者 S. M. 身上观察到的一种特殊模式也很有参考价值(Detry, Pillon & de Partz,2005:41)。尽管她能够理解源语言,但几乎完全无法用二语来命名图片,正向翻译时表现出的缺陷则相对较轻。这进一步说明了语言之间形式层面连接的相对自主性。正如作者所言:

> S. M. 在翻译中比命名中更准确地检索到二语的输出词形,这表明存在一条连接一语输入词形和二语输出词形的直接加工路径……相比而言,该路径在 S. M. 身上似乎保留完好,但一语翻译到二语语义加工路径严重受损。

此外,在语际转换过程中,概念整合和形式层面加工路径的区分与之前采用不同方法进行研究的结论一致。这种区别是"修正层级模型"的核心内容之一,该模型是解释双语记忆组织的主流模型(如 Kroll & Stewart,1994;Kroll,2010)。**释意学派**也提出了一种类似的**二分法**,即脱离语言形式和语码转换(Lederer,1994;Seleskovitch,1981,1978)。此外,正如本书中其他部分所述,一些研究者认为,专业译员在疲劳或紧张时可能更喜欢逐字翻译(Darò & Fabbro,1994),由此在同声传译过程中可能会出于策略原因,不同程度地采用这两条路径(Paradis,2009)。

行为实验也支持形式层面与概念整合路径之间的区别。实验表明对两种路径的依赖程度取决于二语熟练度。斯特鲁普实验(Heij et al.,1996)和其他词汇任务(如 de Groot, Dannenburg & van Hell, 1994; Duyck & Brysbaert, 2004)表明,对于高水平双语者来说,概念整合似乎在正向翻译和反向翻译过程中都有重要作用。例如,正向翻译和反向翻译过程中,这些受试翻译小数字(如 1、2)比翻译大数字(如 8、9)更快(Duyck & Brysbaert, 2004)。由于数量值大小是意义的一个方面而非形式,这一结果反映出概念整合机制的参与。

这些结果并没有为形式层面连接的作用提供任何直接证据,但在低水平双语者身上却可以清楚地观察到它们的作用。与高水平双语者不同,如果刺激根据语义类别进行分类的话(如水果类别的刺激列表),低水平双语者在阅读和翻译过程中的反应并不会出现延迟(Kroll & Curley, 1988)。这表明,在这类人群中,语际加工可能并不主要通过概念整合路径完成,更多的使用形式层面的连接。相关证据还见于翻译识别任务中,干扰词(错误的翻译)可以在语义(*man-mujer*)或词形(*man-hambre*)层面上产生影响[1](参见第 2 章 2.3.2.1 节)。高水平双语者在前一种情况下会犯更多错误,而低水平双语者则在后一种情况下表现较差(de Groot, 1992; Ferré, Sánchez-Casas & Guasch, 2006; Talamas, Kroll & Dufour, 1999)[2]。综上所述,这些数据表明语际转换过程中两条加工路径都在起作用,并且它们的具体使用情况取决于二语能力。

总之,这些证据为口笔译神经认知模型提出了进一步的约束条件。虽然现有的研究结果有限且略显间接,但我们至少可以假设,语际转换可以在两个功能层面上运作,每个层面都对概念整合和形式层面的路径提出了不同的要求。尽管目前相关证据仍然不足,但对语际转换的神经生物学的合理解释应明确捕捉到这种差异。

4.3.5 翻译单位决定神经网络

前几节的初步结论是在未考虑任何特定翻译单位的情况下得出的。然而,有证据表明源语输入的语言特性不同,则需要调用不同的大脑网络进行加工。具体来说,额叶纹状体回路和颞顶回路在句子和单词翻译时的激活模式似乎并不相同。

---

① 单词 Hambre 与 man 的翻译对等词 hombre (人类)在词形/语音上有很大的重叠。

② 瓜施等(Guasch et al, 2008)的其他证据表明,操控单词形式对所有翻译水平的译者表现均产生影响,而控制语义关系且仅当语义关联非常强时,只对中级和更高水平的译者产生影响。

与单词翻译相比,句子翻译似乎更加依赖额叶纹状体。最有力的证据来自法布罗和帕哈迪(Fabbro & Paradis,1995)描述的四个病例。所有这些基底神经节损伤患者的句子翻译障碍都比单词翻译障碍更明显。加西亚-卡瓦列罗等(García-Caballero et al.,2007)评估的交叉失语症也是如此,患者也出现了额叶纹状体损伤。此外,有关句子翻译的神经影像研究表明,额叶区(而非后部区域)的激活明显增加(Lehtonen et al.,2005),参见第 6 章。

另一方面,单词翻译似乎与大脑后部明显相关。首先,颞顶损伤患者的强制翻译主要涉及单词和词素。仅在双侧大脑损伤的患者身上才观察到自发翻译现象,且只限于非机械学习的句子翻译(参见患者 H.B.)[①]。其次,在包括神经解剖参考资料在内的七项强制翻译报告中,有五个病例损伤仅限于左颞/颞顶区。其他两名则是额叶受损(García-Caballero et al,2007;Weisenberg & McBride,1935),但这两位患者在单词翻译方面表现优于前五位患者。最后,额叶纹状体患者在特定方向的单词翻译上基本未受损或完全没有受损(E.M.、C.B.、El.M.、O.R.)。目前,还没有前额叶纹状体损伤后无法进行单词翻译的报告,但一些后脑损伤的患者确实无法进行单词翻译。

因此,如果这两组网络都遭到损害,那么句子和单词的语际转换技能都会明显受损,这正是在患者 A.S. 身上观察到的情况(Nilipour & Ashayeri,1989)。他的脑部损伤影响额叶和颞叶区域后,总体翻译得分(不区分语言组合)为单词20%,句子 0%。

也有证据表明,根据词汇刺激的具体特征,需要的神经回路也有差异。例如,在患者 S.M.(Detry,Pillon & de Partz,2005)身上观察到,非同源词的正向翻译和反向翻译缺陷比同源词大。同样,在患者 El.M.(Fabbro & Paradis,1995)身上观察到,具体词的双向翻译能力优于抽象词。尽管现有的临床数据还不足以明确不同词类所涉及的特定机制,但大量的神经科学和行为学证据为这一问题提供了启发(参见第 6 章)。

简而言之,语际转换过程并不依赖通用系统,尽管后者参与所有认知过程。语言输入的复杂性和特殊性似乎是决定神经机制调用的关键因素。这再次证明了口笔译过程中固有的认知复杂性。

---

① 需要进一步研究来解释此类不同的模式。这可能涉及多种因素,如病因(血肿)、损伤部位与扩展、侧化(实际上未报告该患者的利手)。

4.4 综合分析

上述确定的一些总体模式已整合到两个神经解剖模型中（Fabbro，1999；García，2012a）。这些模式既有优点也有不足，为我们提供了语际转换系统整体构架的综合图景，从而得出了可以在新研究中进行实证检验的明确假设。

4.4.1 翻译路径的神经结构模型

基于临床和神经科学的发现，我之前提出了神经结构翻译模型（Neuroarchitectural Translation Model，NTM），是对语际转换所需的语言系统的神经认知解释（García，2012a），参见图 4.1。具体而言，神经结构翻译模型旨在描述语言系统的整体模型中语际转换特有路径的组织特征。该模型主要由损伤研究驱动，并且与之前关于双语大脑的描述（Paradis，2004，2009；Ullman，2001b）相一致，确定了一语和二语整体加工中的部分独立系统（如语音生成、语音识别、形态句法整合、词汇语义操作），以及与每种语言相关的更通用的非语言系统。此外，神经结构翻译模型明确预测了这些成分与两个成熟的神经认知系统之间的差异，其中一个系统支持程序性记忆（沿额叶纹状体回路的中枢），另一个支持陈述性记忆（跨越颞部、顶叶、海马区内部及其周围的各种结构）。

在这个总体架构中，该模型包括四个相对独立的语际转换特有路径。语言之间的语义连接取决于概念整合的正向和反向路径。正如双语记忆的心理语言模型中所言，这些语义连接包括每种语言的语义特征群之间特定方向的连接（de Groot，1992，1993；de Groot，Dannenburg & van Hell，1994；Kroll & Stewart，1994；Kroll et al.，2010）。同时，也有人认为语际转换依赖于形式层面不同方向的直接词汇连接。这一系列的连接在上述心理语言研究中也得到了认可，是对其他两种路径的补充。另外，如无理解翻译的病例所示，形式层面的词汇连接甚至可能在特定的语际转换情况下占主导地位，尽管需要更多的研究来检验该假设的可靠性（参见 4.3.4 节）。

除了特定的病理病例外，神经结构翻译模型也认为概念整合和形式层面的路径几乎共同参与了所有的语际转换任务，并且其相对贡献取决于与受试和实验刺激相关的变量。有关这些因素作用的详细说明请参阅第 5 章和第 6 章。需要注意的是，根据第 4.3.3 节总结的证据和神经科学的趋同实验发现（参见第 5 章），每一个方向的翻译都依赖于单独的路径。此外，该模型与第 4.3.2 节中提出的结

论一致,因为该模型承认语际转换的这四条路径相对于其他支持单语过程的路径
具有部分神经功能独立性。

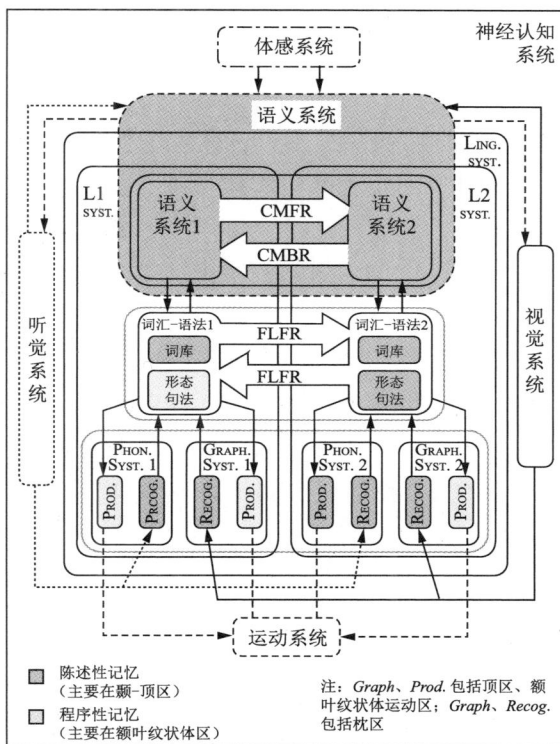

图 4.1　神经结构翻译模型

如双语者脑损伤研究的主要发现所示,该图显示了神经结构翻译模型的各个组成部分,每
个方框代表一个部分自主运作的子系统。图的中间部分是语际转换特有的四个功能自主系统。
深色方框主要与陈述性记忆系统相关,而浅色方框与程序性记忆系统密切相关。请注意,该模
型是指晚期和/或低熟练度双语者的功能结构。CMBR:概念整合的反向路径;CMFR:概念整
合的正向路径;FLBR:形式层面的反向路径;FLFR:形式层面的正向路径;Graph. syst.:字形
系统;L1 syst.:一语系统;L2 syst.:二语系统;Ling. syst.:语言系统;Morph. syst.:形态系统;
Phon. syst.:音系系统;Prod.:产出;Recog.:识别;Synt.:句法。经加西亚(García,2012a)许可
转载。

从神经解剖学的角度来看,神经结构翻译模型认为支持语际转换路径的关键
脑区主要包括左脑外侧裂和额叶纹状体区域(参见 4.3.1 节)。此外,与第 4.3.5
节一致,该模型假设单词翻译和陈述性记忆所涉及的后部网络相关,而句子翻译

则和程序性记忆所涉及的额叶纹状体通路相关。但是我们也认识到，没有一个翻译单位是**单独**依赖某条回路的。最后，神经结构翻译模型提出，无论口笔译水平如何，这些组织特征适用于所有双语者。然而，程序性和陈述性记忆系统在原文加工和译文产出过程中的相对贡献取决于与受试相关的因素，如二语习得年龄和二语能力。关于这一点，请注意本书所介绍的模型（图4.1）将二语形态句法和语音产出与陈述性记忆系统联系起来。因此，与之前的神经语言学框架（Paradis，2004，2009；Ullman，2001b）一致，神经结构翻译模型描述了晚期和/或低水平双语者的主要大脑组织特征。事实上，该模型的另一个版本旨在描述早期和/或高熟练度的双语者，认为二语形态句法和语音产出过程主要取决于程序性记忆系统（详见García，2012a）。

总之，神经结构翻译模型是逐步构建起来的，它参考了语言系统总体组织、双语记忆特征、语际转换路径特异性的研究成果。神经结构翻译模型在大脑功能和解剖学意义上都非常明晰（这为直接验证和进一步修正铺平了道路），并与损伤模型和神经科学实验证据相符。然而，它忽略了非语言机制的作用以及动态的在线加工，同时也没有考虑右脑区的功能。如第4.3.1节所示，这些脑区也有助于语际转换。以下介绍的模型部分地弥补了其中一些不足。

4.4.2 同声传译系统的神经模型

上述模型主要是为了描述口笔译模式中语际转换系统的组织，而法布罗（Fabbro，1999）还提出了一种侧重于同声传译的模型（图4.2）。这一模型假设两个大脑半球在源语的听觉输入分析和译语产出时的运动控制方面都有均衡贡献，分别由听觉皮质和感觉运动皮质发挥关键作用。每个脑半球主要负责不同的高级操作。左脑在严格意义上的语言过程中起着至关重要的作用，从语音解码（与颞顶皮质和皮质下皮质相关）到跨语言加工（归因于前额叶下部），再到发音功能（与皮质和皮质下运动网络以及扣带回相关）。右脑则主要在一些补充性的过程中发挥关键因素，包括韵律、语用、情感和注意力机制（除扣带回外，还包括颞顶叶和运动前区）。

然而，该模型在语际转换系统的内部组织方面不太明确。该模型中的正向翻译和反向翻译的路径是不同的，部分独立于一般语言机制，但该模型没有考虑到概念整合和形式层面的作用，也没有说明不同翻译单位所需要的特定脑区。尽管如此，法布罗提出的这个模型首次尝试解释了同声传译所涉及的语言和非语言系统的神经解剖组织。该模型未能纳入第 4.3 节中涉及的一些主要模式,但它确实提供了一组相互关联的假设,这些假设可以通过各种基于大脑的研究方法进行实证检验。从这个意义上讲,它是指导该领域进一步研究的潜在有效平台。

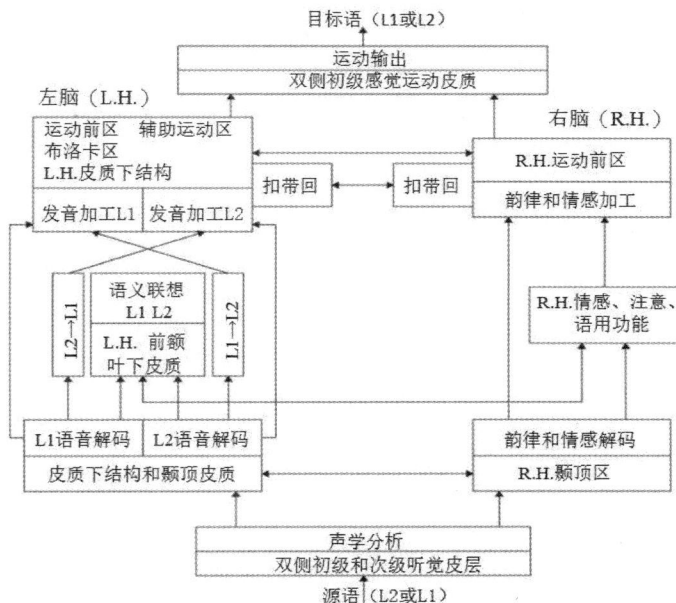

图 4.2　同声传译过程中的主要功能组件(据 Fabbro,1999:205)

该图显示了模型的各个组成部分,每个方框代表一个部分自主的子系统。图左侧代表了主要由左脑支配的系统,右侧则描绘了主要与右脑相关的系统。L1:一语;L2:二语;L. H. :左脑;R. H. :右脑。经法布罗(Fabbro,1999)许可转载。

4.5　解释说明

"苹果直升机"的每项功能都由一个专门的独立部件完成。例如,只要连上电池,玩具的扬声器就自己独立完成发声功能。传感器与玩具的运动检测功能之间,或者电动机与其直升机旋翼的旋转功能之间,也同样如此。在这个意义上以及其他许多方面,用这个小玩具来比喻人脑并不合适,因为人脑中结构和功能之间的联系远非这么简单,因此有必要在此做出一些说明。

用方框和箭头制成的草图可以清楚地表示玩具的功能性组织。但是,如图4.1 和图 4.2 所示,使用这些视觉工具来绘制神经认知系统图时,则必须谨慎。与语际转换(或任何其他任务)有关的大脑机制并不像图中所示那样包括离散、独立的模块。特定脑区和网络很可能参与不同方框所代表的过程,而且会有不同程度的重叠。因此,在这些模型中,由方框限定的边界不能在神经层面上进行同构解释。

此外,与特定加工过程相关的脑区,在该任务加工过程中,无需完全激活,激活的脑区强度也可能有所不同。另外,在同一任务的不断推进中(如翻译特定名词或句子),可能会调用不同的组织。因此,对上述解剖位置和功能连接进行全有或全无的绝对性解释是有问题的。

同样,连接两个方框的箭头并不代表单一的神经通路。两个子系统之间的联系实际上可能植根于区域内和区域间的多组连接,其中一些连接甚至同时参与不同的功能。此外,在与方框本身相关联的区域内也存在无数连接。因此,不应将上述图表中显示的关系理解为机械玩具中连接独立组件的电缆。

病例研究中对解剖学与临床相关性的功能区位化解释过于简单化,且已经过时(Catani et al. , 2012)。一方面,这样的观点通常隐含着错误的表征主义观点,即假定受损脑区中包含着想象中的符号单位,关于这种错误观点的全面论述,请参见兰姆(Lamb, 1999)。另一方面,患者在某一特定脑区受到局灶性损伤后表现出的症状,实际上可能反映了损伤对远处更关键区域的影响。虽然这些关键中枢本身完好,但它们因与其他区域的连接被中断而可能受到牵连。因此,可观察到的缺陷不一定总是与损伤部位直接相关(Lichtheim, 1885; Wernicke, 1874)。

此外,无论是模型还是模型背后的解剖-临床相关性,均未表明所讨论的区域仅对其相关功能负责。尽管特定的高阶认知过程对某些脑区的依赖性更强,但是每个心理活动都涉及相邻和远程区域的分布式活动模式,这些活动可能在结构和/或功能上相互联系。事实上,即使在严重、大量的局灶性损伤情况下,患者通常也仅表现出部分功能丧失,这表明在受损组织之外还保留了一些与该功能相关的回路。因此,我们不应误认为某个脑区与某项认知功能之间是一对一的自足关系。

同样,没有哪个脑区只与特定过程相关。整个大脑的各个宏观区域和微观区域都参与多种操作,并且这些操作与非常具体的领域或者非常泛化的领域相关。事实上,即使在选择性功能障碍的病例中,患者也会表现出多种认知技能的改变,尽管严重程度通常有所不同。再次强调,上述模型不应被视为任何形式的一对一映射。

通过上述解释,我们就可以客观公正地评估第 4.3 节提出的结论和第 4.4 节介绍的模型。首先,这些结论和模型在方法论上具有实证研究基础,使之区别于翻译认知研究中常用的研究方法(参见第 1 章 1.2 节)。其次,它们提供了综合信息,概括了多个单例研究中出现的主要模式。再次,这些结论和模型表述明确、可检验,因此可修正,即它们是一系列明确命题的总和,可以通过实验评估,并最终得到证实、否定、纠正或扩展。重要的是,它们可以与通过神经科学和行为实验方法揭示系统动态、实时工作原理的研究(参见第 5、6、7 章)进行对话。总之,尽管这些模型并不完美,但确实为理解语际转换系统的神经认知机制提供了一个可行的起点。

4.6　从静态图纸到动态画面

前几节提供了基于损伤的方法进行语际转换研究的全景图。首先仔细筛选了大量研究的证据,以揭示特定的神经功能模式,然后证明这些模式在明确的解剖模型中可以形式化。特别是,语际转换系统似乎主要依赖左脑,并且部分独立于涉及单语加工过程的一般路径。此外,这些系统似乎包括正向翻译和反向翻译的独立路径,还包括概念整合和形式连接的独立路径。现有数据进一步表明,句子和单词的翻译分别由额叶纹状体和颞顶区负责。基于此,我们便可绘制出一幅相当详细的语际转换神经路径图。

尽管这些初步里程碑式的发现十分有价值,但也存在着与其他大多数图纸相同的局限性:正如输水管道图无法显示其中流淌液体随时的起伏变化,这些静态图纸也无法显示语际转换时的生理变化及其外在的时间特征。后续章节将对这些特征进行阐述,通过对其内部事件及外部相关因素的动态描绘,来完善我们的初步架构方案。

第5章
翻译方向性的动态研究

5.1 翻译方向的意义

没有到过克里斯特尔(Crystal)和布鲁克林公园(Brooklyn Park),明尼苏达州的观光之旅就不完整。这些城市风景如画,绿树成荫,也不乏供儿童及成年人游玩的小路和娱乐活动。游览方案大体上可以分为两种:先参观克里斯特尔,然后驾车经波提诺(Bottineau)大道北行路到达布鲁克林公园;也可以选择相反的路径,沿着南行路骑行到达布鲁克林公园。您做出决定前,请记住每种游览方案都包含不同的条件。北行路的限速为45英里/小时,南行路的限速为55英里/小时。此外,波提诺大道西侧与铁轨平行,但东侧有一条临街路和几个高速公路交叉口。对游客来说,从A到B的路径与从B到A的路径几乎完全不一样。

如果这类旅行者也对口笔译认知研究感兴趣的话,那么他们可以轻而易举地用这一经验推断出翻译方向性的概念。翻译方向性囊括了所有语际转换模式中正向翻译和反向翻译之间的对比(Pokorn,2011),最近重新成为语际转换领域的主要研究议题。如今,一语到二语或二语到一语的翻译实践毫无疑问是口笔译的日常活动(Donovan,2004;Monti et al.,2005;Pavlović,2007;Whyatt & Kościuczuk,2013),并且这两个方向在许多方面都存在差异(Ferreira & Schwieter,2017)。然而,承认这些事实之前,必须摒弃许多错误的观念和误解。

应尽量避免许多理论家和教员数十年来广为传播的先验观念,即译为二语(正向翻译)必然效果不佳,因此应尽可能避免(Pokorn,2005)。这一观念在笔译中显得尤为突出,正向翻译长期受到有意或无意的排斥(Ferreira & Schwieter,

2017；Pokorn，2005）。更荒谬的是，在20世纪末之前，流行教科书中的一个公理是："翻译得自然、准确并达到最大效益的唯一方法是翻译成译者习惯性使用的语言。"（Newmark，1988：3）从这个角度来看，翻译基本被简化为反向翻译。

　　类似观点在口译界（或者更确切地说是西方口译界）也存在。国际会议口译员协会心照不宣地一再反对**正向翻译**，即通常将二语作为目标语（B语言）的口译（Gile，2005）。正如该协会的一个官方出版物所写，"大多数口译员，特别是口译教师坚持认为真正的口译仅指译为译者的'A语言'，即母语"（Bros-Brann，1976：17）。即使在21世纪，欧洲议会上的同声传译员也将**正向翻译**视为"既定行情下的麻烦事"（Wooding，2001；引自Donovan，2004：206）。这可能是造成正向翻译在口译教育与一些主流口译模型中相对缺乏或被忽视的原因。实际上，**释意理论**一直坚持的理论教育宗旨是，只有母语表达才是自如地道的表达，因为母语在传递信息方面可以达到完全精确程度，并优于二语（Seleskovitch，1968；Seleskovitch & Lederer，1989）。简言之，这种语际转换模态还具有回避正向翻译以及将方向性看作一个整体的特点。

　　尽管如此，一语到二语的正向翻译仍是一种普遍现象。一些国家，尤其是不讲或不主要讲英语的国家，普遍采用正向翻译（Ferreira & Schwieter，2017）。例如，波兰91%的翻译工作者（Whyatt & Kościuczuk，2013）、西班牙84%的翻译工作者（Roiss，2001）和克罗地亚约3/4的专业译员（Pavlović，2007）经常需要进行正向翻译方面的工作。

　　正向口译也是如此。冷战期间，正向口译在那些不欢迎外国翻译从业者的国家占据了主导地位（Donovan，2004）。即使在当代，后苏联国家更倾向于正向口译而不是反向口译，因为正向口译保证了最佳的原文理解，从而为重新表述提供了更好的基础（Gile，2005）。同样，欧洲各国的议会会议广泛采用正向口译（Monti et al.，2005）。采用正向口译的欧洲各国议会会议译员认为只要满足基本质量标准，正向口译就完全可以接受（Donovan，2004）。实际上，来自前瞻性同声传译的研究表明，正向翻译和反向翻译的信息传输量在统计上相似（Tommola & Helvä，1998）。

　　现在，除了翻译教育和商业翻译领域对一语到二语翻译存在偏见之外，研究者的漠视则在理论上对口笔译认知研究产生了直接影响。最为大家所熟知和唾弃的是，对一语到二语翻译研究的忽视间接导致了非方向性模型假设的提出，此类模型忽略了方向性这一认知相关因素，并采用源语系统（用于加工输入）和目标语系统(用于加工输出)来描述语际转换操作的特征。仅举几个例子:奈达的三阶段模型(Nida & Taber,1969:33)、巴黎高等翻译学院的释意模型(如 Hurtado Albir,1990:71)和贝尔的心理语言模型(Bell,1991:59)。这些模型虽然彼此之间有很大差异,但都遵循图 5.1 中的基本结构。有关每种模型的详细信息,参见第 1 章 1.2 节。

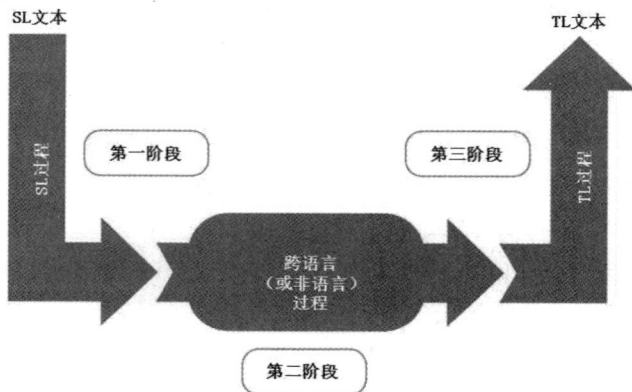

图 5.1 口笔译认知研究中非方向模型的基本架构

在口笔译的几种模型中(如 Nida & Taber,1969:33;Hurtado Albir,1990:71;Bell,1991:59),翻译的深层过程通过源语过程和目标语过程特征来阐释。因此,这些阐释忽视了 L2 到 L1 或 L1 到 L2 翻译加工路径和机制的存在。L1:母语或一语;L2:外语或二语;SL:源语;TL:目标语。

如图 5.1 所示,这些模型被分为三个宏观阶段,分别为源语加工、跨语言(或非语言)加工和目标语加工。每个模型对这三个阶段的描述都基于不同的理论前提。奈达和泰伯(Nida & Taber,1969)基于转换生成语法将上述三个宏观阶段描述为"分析""转换"和"重组"。在释意模型中,这三个宏观阶段则表述为"理解""脱离语言形式""再表达"(Hurtado Albir,1990;Lederer,1994;Seleskovitch,1978,1968)。贝尔(Bell,1991)借鉴了系统功能语言学和语用学将三个宏观阶段概括为"原文分析""执行语义过程"和"译文合成"。除了理论上的具体差异外,这三个模型在所有表述上都有一个基本特征:假设二语——一语和一语——二语翻译的任务阶段没有任何差异。实际上,只要源语和目标语构式不受母语或二语的影响,那么就意味着语际转换依赖于双向的统一机制。

客观上,由此创建的模型图难以对语际转换机制进行认知阐释。如第 4 章所示(参见4.3.3节、4.4.1节、4.4.2节),每个翻译方向都依赖于部分自治的神经网络来加工不同的翻译单位,并且所依赖的任何一个神经网络都可能受到或者在不同程度上受到脑区损伤的影响。此外,正向翻译和反向翻译中存在形式层面和概念整合连接的分离现象已在基于实验的双语记忆模型中正式确立(例如:Kroll & Stewart,1994;Kroll et al.,2010)。由于无法捕获这些系统特性,非方向模型在架构上未得到充分说明。除了这种架构上的遗漏之外,如果完全忽略了两个不同方向之间的动态区别,语际转换的认知模型还是有效的、强大的、全面的吗?正向翻译和反向翻译在关键机制上是否有相同的激活水平?正向翻译和反向翻译在相关认知系统之间是否包含类似的信息共享模式?正向翻译和反向翻译的关键子操作是否在整个过程的时间进程中完全相同?神经科学和心理语言证据表明,这些问题的答案都是绝对否定的。原因和详细说明详见以下小节。

5.2　翻译方向性的多维特征

方向性神经认知特征的研究发现来源于三个方面。一是功能性神经影像实验呈现了正向翻译和反向翻译中大脑特定区域活动的数据。二是电生理研究提供了关于各个方向的跨脑区连接和时间动态的见解。三是行为研究进一步说明了相关过程整体效率。让我们依次分析一下这些证据。

5.2.1　功能性神经影像证据

如第 4 章所示,正向翻译和反向翻译并不依赖于同一组脑区。但是,哪些关键脑区能显示两个方向的激活水平存在差异呢?克莱因等(Klein et al.,1995)首次针对这一问题进行了研究。该研究招募了具有较高二语能力的右利手英法双语者作为受试,采用正电子放射断层成像探究了不同语言过程之间的神经相关性。实验任务共八项,其中有六项任务在单语条件下完成,包括一语单词复述、一语同义词作答、一语韵词作答、二语单词复述、二语同义词作答、二语韵词作答。其余两项任务是涉及名词、形容词和动词的翻译任务,其中第一个任务要求受试将口述的一语单词译成二语,第二个任务要求受试将口述的另一组二语单词译成一语。

实验结果表明,在两种翻译方向下,受试的反应速度和准确度都相似,两个方向答案的正确率都接近 90%。此外,正向翻译和反向翻译在一些血液动力模式上相吻合。首先,右脑活动强度在两个翻译方向上均未产生明显差异。其次,颞下区(BA37/20)、顶上小叶(BA7)和小脑区域的弱强度激活增加。更值得注意的是,两种翻译方向下,左额叶和前额叶的下外侧和背外侧区域,特别是 BA47、BA46、BA45、BA8 和 BA9 激活均显著增加。考虑到同义词和押韵产出过程也涉及这些区域,克莱因等(Klein et al.,1995)认为,无论在不同实验任务还是不同语言中,这些脑区在语音和语义加工中都发挥着关键作用。

除了上述诸多相似性,该研究还有一项关键发现:相较于反向翻译,正向翻译的壳核参与度更高(彩图 5.2)。壳核是额叶纹状体回路的中枢,在语言功能和执行功能方面发挥着关键作用,尤其是语义和语音加工功能(参见第 3 章 3.3.1.2 节)和双语控制功能,例如语言选择、词汇选择和思维定势转换(参见第 3 章 3.4.2 节)。此外,值得一提的是,若脑损伤患者的壳核受到损伤,则出现正向翻译技能和反向翻译技能脱节现象(Fabbro & Paradis,1995),有关详细信息参见第 4 章。

总之,这项开创性的研究表明,尽管两个翻译方向都主要牵涉左额叶区(与颞顶中枢的作用互补),但正向翻译呈现出利用额外的皮质下机制来辅助语言功能和执行功能的典型特征。

另一项研究也采用了正电子放射断层成像技术,探索哪些关键脑区能够显示两个方向的差异性激活水平这一问题(Price, Green & von Studnitz, 1999)。该研究要求六名右利手且精通英语的德语母语者,完成德语和英语书面单词的阅读任务和翻译任务。研究发现,两个翻译方向上的准确性相似。相较于阅读过程来说,在两个翻译方向的翻译过程中,前扣带回、壳核、尾状核头部都涉及更大的双侧激活,且前岛叶、小脑和辅助运动皮质左侧激活增加。同样,在两个翻译方向的翻译过程中,左内侧颞叶皮质(BA39)、额上回(BA10)、后扣带回(BA39)皮质以及右侧颞中和颞下(BA20 和 21)激活均减少。但是,这些模式在正向翻译和反向翻译之间没有显著差异。

该研究的样本量极低,严重削弱了研究效度,导致了零效应[1],这与克莱因等(Klein et al.,1995)报告的翻译方向具有显著调节作用这一研究结论相冲突。较低的样本数据统计确实在客观上降低了神经科学研究检验的可靠性(Button et al.,2013)。此外,两个实验用作比较基准的条件和刺激呈现方式也有所不同[2]。因此,克莱因等(Klein et al.,1995)获得的研究结果不一定与普赖斯、格林和冯·斯

---

① 实验研究中,若受试为随机变量,其标准样本量为 30。实验刺激不变的条件下,受试量低于标准样本量,研究效度随之降低,很可能产生难以测量出某效应的情况。——译者注

② 更全面地探讨这些差异,参见加西亚(García, 2013a)的研究。

塔德尼茨(Price, Green & von Studnitz, 1999)的研究结果冲突。实际上,两个翻译方向涉及不同活动模式这一发现已在其他几个实验中得到进一步验证和说明。

例如,同声传译的第一个功能成像研究证明了两个翻译方向涉及不同活动模式(Rinne et al., 2000; Tommola et al., 2001)。该研究中,拥有 5 至 20 年专业经验的会议口译员进行了一语(芬兰语)和二语(英语)的跟读和口译任务。刺激内容为 8 段演讲,持续时间在 3.5 到 4 分钟之间,每分钟 98 个单词。所有任务执行两次,每次使用不同的原文。

对口译能力的定性评估显示,与反向口译相比,正向口译的准确性更高。该研究认为,这种差异可能反映了一语原文的理解要好于二语原文的理解。不过,这项研究最有价值的结果还是和潜在的大脑激活模式相关。

尽管两个方向的口译都没有涉及明显的右脑激活,但它们在左脑的激活方式有所不同。据彩图 5.3A,相对于二语跟读,反向口译导致左侧辅助运动皮质(BA 6)和布洛卡区(BA 46)前方的一个区域激活水平更高。

此外,一语—二语(正向)口译减一语跟读的影像(见彩图 5.3 B)显示,同一脑区左侧额叶与左侧颞下叶(BA20 和 BA28)被额外激活。一语跟读和一语—二语(正向)口译之间的直接比较表明,相较于反向翻译来说,正向翻译在布洛卡区更加活跃。这种差异可能反映出工作记忆和形态句法加工机制的要求更高(García, 2012a)。

通过运用功能性近红外光谱技术,我们有了更多的发现。功能性近红外光谱是一种非侵入性技术,能够测量预选的脑区在不同实验任务影响下的氧合血红蛋白(O_2Hb)和脱氧血红蛋白(HHb)浓度(Quaresima, Bisconti & Ferrari, 2012)。特别是,氧合血红蛋白变化是认知活动期间脑血流的高度敏感指标。鉴于该设备的设计、功能和便携性,该方法可以在受试处于直立坐姿时跟踪其大脑活动的调节变化,从而为评估口笔译过程提供了更真实的场景[①]。通过功能性近红外光谱技术进行的正向翻译与反向翻译的比较研究得出了一致结果。

在第一个实验中,夸瑞斯马等(Quaresima et al., 2002)探讨了早期荷兰语-英语双语者对简单句(如 *I'm eating fish and chips. She writes with a pencil.*)进行正向翻译与反向翻译时,布洛卡区及其周围脑区的血液动力活动(图 5.4 A)。相

---

① 有关功能性近红外光谱优缺点的更多详细信息,参见夸瑞斯玛、比斯康提和费拉里(Quaresima, Bisconti & Ferrari, 2012)的研究。

对于句子阅读而言,正向翻译和反向翻译时的脑区活动模式相似,额下皮质的不同部位(包括布洛卡区)的活动都更加明显。但是,该脑区附近部位的实验数据显示了正向翻译与反向翻译有不同的调节作用(图 5.4 B)。这一发现拓展了一个观点,即正向翻译和反向翻译共享宏观/一般的加工机制,但也依赖于部分不同的微解剖回路(García,2012a,2013a)。

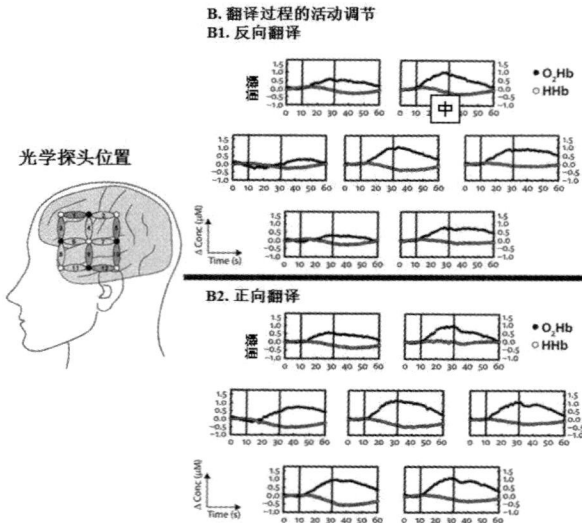

图 5.4 正向翻译和反向翻译过程中布洛卡区及其周围脑区不同的变化活动

A. 该示意图显示了光学探头和左侧额叶皮质上方十二个测量部位,这些测量点以 10-20 系统定位的布洛卡区为中心。光源和探头分别用白色和黑色圆圈表示。B. 在反向翻译(图 B1)和正向翻译(图 B2)期间,O₂Hb(实线)和 HHb 随时间变化的局部解析如图所示。该图显示了八个受试脑区的平均结果。垂直线表示翻译过程。HHb:脱氧血红蛋白;O₂Hb:氧合血红蛋白。经夸瑞斯玛等(Quaresima, et al, 2002)许可转载。

何妍等(He et al.,2017)进一步提供了有关翻译方向效应的功能性近红外光谱证据。该研究要求高水平的中英双语翻译专业学生阅读并翻译两种语言的自然文本,这些文本在可翻译性等多个变量上已进行了匹配。在实验期间,研究人员记录了大脑左半球超过 14 个部位的血流动力变化情况,这些部位包括布洛卡区的一部分、背外侧前额叶皮质和其他额叶结构(如运动前皮质和辅助运动皮质)。正向翻译和反向翻译所用的平均时长在统计上无差异[1]。但是,氧合血红蛋白的浓度显示两种翻译方向的翻译过程存在潜在差异。尤其是在布洛卡区,与反向翻译相比,正向翻译对神经活动的调节作用更大。总之,这项研究表明,涉及布洛卡区这一关键语言中枢的翻译方向性差异在各个翻译单位中均存在。但是,鉴于功能性近红外光谱技术涉及的大脑范围有限,不能基于此证据便排除其他脑区在正向翻译和反向翻译上的不同作用。

总之,功能性神经影像实验研究结果均表明,与语言和执行加工有关的脑区在正向翻译和反向翻译过程中的激活水平不同。正向翻译呈现出额叶纹状体回路参与度增加的特征,这些回路跨越了皮质下(如壳状核)和皮质(如布洛卡区)中枢。研究人员已经在不同的语言对、语言单位和语言模态中观察到这种模式,从而证明了翻译方向效应的神经认知普遍性。

然而,鉴于上述研究中使用的分析方法以及血液动力技术的固有局限,此类研究证据对语际转换过程的跨脑区连接和时间动态仍存在争议。幸运的是,一系列脑电研究已弥补了这些缺陷,并进一步阐明了正向翻译和反向翻译之间的动态差异。

5.2.2 电生理证据

除了单个脑区的参与外,口笔译的潜在机制(就像支持任何其他认知过程的机制一样)还依赖远距离神经回路间的协同调节,神经回路间的协同调节随时间呈现出独特的动态变化。如第2章(第2.7.1.2节)中所述,功能连接和事件相关电位可以用以探测这种生物特征。它们在语际转换研究中的应用使我们能够进一步了解正向翻译和反向翻译的神经认知特性。

初步数据由库尔茨(Kurz, 1994, 1995)首次报告。基于所谓的相干法(coherence method)[2],这项研究考查了专业会议口译员在正向翻译与反向翻译中的功能连接变化。为了规避运动伪迹,所有受试在口译时不允许出声。正向翻译和反向翻译

---

[1] 奇怪的是,作者指出不同方向之间的翻译时间差异显著,但是只报告了任务产生的主效应,包括全部的四个条件(正向翻译、反向翻译、一语阅读、二语阅读),未报告事后检验结果。(基于报告的均值和标准差)进行事后比较时,正向翻译与反向翻译的反应时差异不显著($p > 0.10$)。

[2] 相干法主要用于评估输入信号和输出信号之间的关系,是探测输入和输出过程在各频率分量间线性相关程度的方法。——译者注

都是四分钟同声传译和一分钟休息交替进行。

与静息态的脑区活动相比较,正向口译与反向口译过程中左脑额区和颞区记录位点之间的连接增加。此外,与反向口译相比,正向口译更需要右脑参与。这种模式反映了对注意功能或语用功能不同程度的依赖(Muñoz, Calvo & García, 2018;Paradis, 2009),但由于其样本量小,方法上存在局限性,所以无法从此研究中得出明确的结论。

加西亚、米库兰和伊巴内斯(García, Mikulan & Ibáñez, 2016)也报告过正向翻译和反向翻译的脑神经对比连接模式。这项研究要求较高英语能力的西班牙译员完成英语与西班牙语中的一系列单词阅读和翻译任务,包括具体名词、抽象名词、同源名词和非同源名词。跨区连接与分离情况通过加权相位滞后指数① 进行估算(Vinck et al. , 2011)。减去反向翻译中二语阅读相关实验数据和正向翻译中一语阅读相关实验数据后,剩余实验数据揭示出正向翻译和反向翻译这两个翻译方向的差异模式。

值得注意的是,β 波频率结果显示,右侧颞枕神经网络在反向翻译过程中进行了更多的信息交换。同样,双侧额颞神经网络在正向翻译过程中进行了更多的信息交换(彩图 5.5)。该研究的作者推测,β 波频率结果显示出的正向翻译模式可能反映了认知控制机制的额外调用现象。

上述研究得到的模式与首例语际转换颅内脑电研究观察到的模式基本一致(García, Mikulan & Ibáñez, 2016),该研究在真正意义上探寻了大脑**内部**翻译方向性差异。上述相同的实验方案被应用于一位西班牙语－英语高水平双语者,这名患者因难治性癫痫接受术前评估。结果显示,尽管其大脑左侧顶叶和颞上皮质有损伤,但该患者仍保留了全部语言功能,包括语言概念的形成、推理、理解和表达。在患者的左侧额叶、颞叶和顶叶区植入 105 个电极,实时记录执行翻译任务,结果发现该患者在语言加工中表现出右脑优势。

基于加权符号互信息度量(King et al. , 2013)的脑电连接分析表明,正向翻译和反向翻译的脑叶内和脑叶间活动存在显著差异。反向翻译时,额叶、颞叶和顶叶区的脑区间神经元连接分布更广,密度更小,特别汇聚在楔前叶上部的后部节点(彩图 5.6 A)。相反,正向翻译时,前颞叶、额叶和前额叶区(包括内侧额叶和眶

---

① 加权相位滞后指数是通过计算两个神经元之间的相位差,来反映神经元之间的同步程度,可为估计两个脑区之间相位耦合强度提供一种指标。——译者注

额叶皮质）之间的信息共享更加密集,显著的脑电连接模式主要集中在这些额叶区（见彩图 5.6 B）。脑电连接模式的差异可能反映出正向翻译比反向翻译对大脑的执行控制功能要求更高。也就是说,正向翻译较反向翻译更多地依赖于更具体的知觉和词汇机制（García,Mikulan & Ibáñez,2016）。

除了脑区间的连接模式不同之外,两个翻译方向脑电的时间动态变化也不同。随着语际转换的出现,几个加工过程相对连续地发生。以下两项研究旨在比较正向翻译和反向翻译的脑电时间进程。

克里斯托弗、甘努夏和凯斯特（Christoffels,Ganushchak & Koester,2013）招募了精通荷兰语和英语的双语者,让他们完成孤立词显性产出 [①] 的正向翻译和反向翻译任务。尽管正向翻译和反向翻译的行为实验数据没有差异,但是两个翻译方向的事件相关电位数据显示出翻译方向对脑电有所影响,并且两个方向的数据都表明受影响最大的是中央顶区。

一方面,相较于正向翻译,反向翻译过程中 N400 成分受到更为明显的调节（图 5.7）。如先前研究所示（García,2015a;Moreno,Rodriguez-Fornells & Laine,2008）,这种影响可能反映出在反向翻译过程中输入词的语义通达更加容易。然而,考虑到该实验数据缺乏潜伏期效应,该文作者进一步推测,无论是正向翻译还是反向翻译都可能包含概念系统的通达过程,这与一项翻译识别研究（Guo et al,2012）的结果一致。

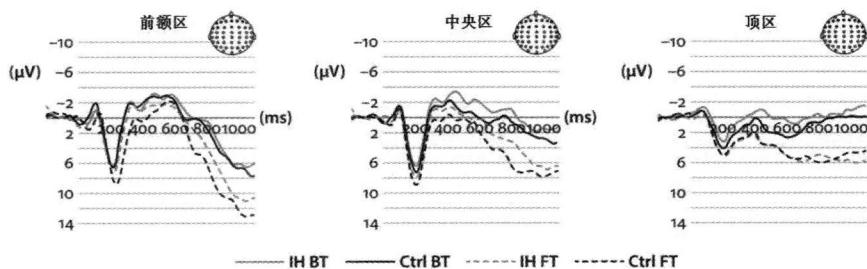

图 5.7　双向翻译两类词时的事件相关电位（ERP）波形

在 150—270 毫秒的时窗内,正向翻译在中央和顶叶区产生的正波振幅大于反向翻译产生

---

① 此处是指克里斯托弗等（2013）采用了生态效度更高的翻译产出（translation production）任务进行实验研究,而非采用学界流行的翻译辨识（translation recognition）任务完成翻译实验。——译者注

的正波振幅。在300—600毫秒的时窗内,反向翻译在中央和顶叶区产生的负波振幅大于正向翻译产生的负波振幅。对于中央区的对照词与语际同形异义词而言,情况也是如此。仅出于呈现目的,信号经过了低通滤波(10赫兹),并对前额、中央和顶叶三个脑区的电极波形进行了平均处理。BT:反向翻译(实线);FT:正向翻译(虚线);Ctrl:对照词(深色);IHs:语际同形异义词(浅色)。经克里斯托弗、甘努夏和凯斯特(Christoffels, Ganushchak & Koester, 2013)授权转载。

另一方面,与反向翻译相比,正向翻译时中央和顶叶部位的 P2 成分振幅更大(图 5.7)。鉴于 P2 成分与大脑早期加工相关,观察到的模式则表明正向翻译时的词汇检索工作量更大,选词过程耗费时间更长。此外,P2 的变化具有潜伏期,这一发现表明,正向翻译和反向翻译的脑神经认知差异在看到原文句段后 200 毫秒左右就开始表现出来。

加西亚、米库兰和伊巴内斯(García, Mikulan & Ibáñez, 2016)的颅内脑电研究也有类似的发现:正向翻译与反向翻译时,患者的两个植入脑区(即后梭状回和前颞中回)的相关事件电位数据存在显著差异(彩图 5.8)。这些发现是从非语言优势大脑半球获得的,但应注意的是,两个观测脑区中与语言相关的活动同样广泛分布于两个大脑半球中(Cohen et al. , 2003;Kennepohl et al. , 2007)。此外,非优势脑半球在二语加工过程中的参与程度要强于一语加工(Perani et al. , 2003)。

在这两个脑区,反向翻译的负波振幅大于正向翻译,最大变化出现在 500 到 580 毫秒之间(彩图 5.8 A 和 B)。这种差异可以解释为 N400 家族的一种脑电成分,尤其是双语者语言加工过程中,该成分的峰值出现时间明显晚于单语者(Moreno & Kutas, 2005)。因此,鉴于其触发区的语言相关功能,这种脑电模式与克里斯托弗、甘努夏和凯斯特(Christoffels, Ganushchak & Koester, 2013)的发现相似。这进一步表明,反向翻译的源语理解比正向翻译更费力。

在后梭状回记录到的另一种效应(彩图 5.8 B)也与克里斯托弗、甘努夏和凯斯特(Christoffels, Ganushchak & Koester, 2013)的发现不谋而合。具体来说,单词呈现后的 220 到 250 毫秒之间,正向翻译的振幅大于反向翻译。根据潜伏期和极性,这种效应可能代表的是 P2 成分的调节作用,这表明在语际转换的初始阶段,正向翻译所需的认知努力有所增加。这些数据进一步证实,翻译过程开始后的 0.25 秒内,正向翻译和反向翻译的神经认知动态就变得显著了。

约斯特等(Jost et al. , 2018)也为翻译方向的电生理研究提供了更多数据。这项研究的受试是法语一语者,七岁后习得英语,达到了中高级水平。研究中受试除了完成语内任务外,还要完成单词的正向翻译和反向翻译,且均为出声翻译。行为数据结果表明,正向翻译和反向翻译条件下的翻译产品准确性相似,但是正向翻译时受试的反应较慢。尤为重要的是,这一效应在这两项任务之间的神经差异也得到了体现。源估计分析显示,在正向翻译过程中,后扣带回和丘脑在晚期窗口(从 589 到 680 毫秒)的激活程度更强。该论文指出,扣带回的活动变化可能反映出正向翻译时注意力需求的增加以及更高的知觉唤醒,而丘脑的模式则可能反映出更大的运动和语义需求。

总之,脑电证据进一步揭示了翻译方向性是语际转换神经活动的关键调节因子,具有特异性。首先,相对于反向翻译,正向翻译似乎在脑叶和大脑半球之间有着语言和执行机制的更广泛功能耦合。其次,来自头皮和颅内记录的事件相关电位证据表明,正向翻译涉及更费力的词汇检索、选择操作以及更大的注意力负荷,而反向翻译则有着更大的源语片段加工需求。最后,原文句段通过视觉呈现之后,约 200 毫秒在每个方向的区分动态变得显著,这揭示了方向之间的快速认知差异,这种差异很难通过非神经科学方法捕捉到。

5.2.3　心理语言证据

神经学现象本身并不能揭示翻译方向效应是否有显著的外在表现。实际上,正向翻译和反向翻译之间的血液动力和电生理差异可能表明,每个方向或多或少地依赖于特定加工路径或认知机制,但是这些相关模式不一定通过行为效应得到体现。翻译方向对外在行为的影响能够(并且已经反复多次)通过心理语言实验进行评估。

如本书其他章节所述,行为证据可以通过三种主要方式为神经认知研究提供参考。首先,基于"反应越慢,耗费认知努力越多"这一假设,行为证据可以间接揭示潜在脑连接的强度。其次,由于行为实验通常采取假设验证法,因此行为证据可以揭示哪些加工层面(如形式层面、语义层面)在正向翻译和反向翻译过程中更为重要。最后,行为证据还可以为相关系统如何根据受试层面的变量(如二语熟练程度和翻译能力)改变其功能组织提供线索。如下研究发现是对上述神经科学总体研究结果的重要补充。

克罗尔和斯图尔特(Kroll & Steward,1990)以及桑切斯-卡萨斯、加西亚-阿勒贝克和戴维斯(Sánchez-Casas, García-Albea & Davis,1992)在已确立的研究趋势基础上,设计了包含正向翻译和反向翻译任务的双语孤立词实验。由此,得出一个新发现：至少对于特定的词类而言，反向翻译的速度明显快于正向翻译，但是这种不对称性在二语熟练程度较高时会减弱。随后报告的补充结果证实并发展了这些发现。在克罗尔和斯图尔特（Kroll & Steward, 1994）的研究中，受试翻译了不同组合方式的两组单词。第一组单词有序排列，属于同一语义范畴（如武器）；另一组单词则随机排序。由此，克罗尔和斯图尔特发现了正向翻译和反向翻译的两个主要差异：一是正向翻译的速度比反向翻译慢；二是与反向翻译不同的是，正向翻译受语义范畴的干扰，即语义分组条件下的单词翻译速度慢于随机分组条件下的单词翻译速度。该研究得出的初步结论是：语义连接对正向翻译的影响比对反向翻译的影响更大。更值得注意的是，基于这些结果，克罗尔和斯图尔特提出了一个综合理论假设，即修正层级模型（图 5.9）。

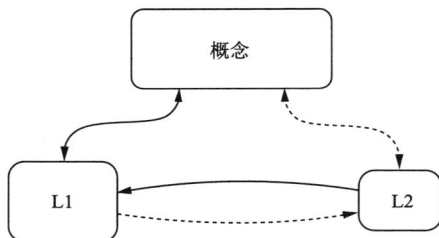

图 5.9　修正层级模型

　　该模型基于三个组成部分，即一语词库、二语词库和共享概念系统，阐述了双语记忆的组织方式。这三个部分通过相互的路径连接，包括每个翻译方向的形式层面和概念整合连接。实线表示强连接，虚线表示弱连接。L1：母语；L2：外语。改编自克罗尔和斯图尔特（Kroll & Stewart, 1994）。

　　修正层级模型旨在解释双语记忆中三个系统之间的关系，这三个系统分别为一语词库、二语词库和共享概念系统。请注意，在图 5.9 中，该模型关注的是一语为优势语言的低熟练度双语者，一语词库范围比其二语词库更为广泛，因此一语词库的模型框更大。一语词库系统与二语词库系统通过共享的形式直接相连，并且通过各自的概念整合间接相连。重要的是，修正层级模型与第 4 章（第 4.4 节）介绍的神经解剖模型非常吻合。修正层级模型指出：1）语际转换中涉及的路径（至少某些）独立于单语加工过程中涉及的路径；2）正向翻译和反向翻译依赖于部分独立的连接；3）无论是正向翻译过程中的语际转换，还是反向翻译过程中的语际转换，都包含形式层面加工路径和概念整合加工路径（参见第 4 章 4.3.2 节、4.3.3 节和 4.3.4 节）。

　　然而,修正层级模型引入了许多先前介绍的神经解剖学假设中没有的观点。首先,修正层级模型假定不同连接的强度不同。特别是,反向翻译过程中形式层面的加工路径比正向翻译过程中形式层面的加工路径强度更高(分别由实线和虚线表示)。此外,该模型假定与二语词库相比,一语词库与概念系统的连接更强,但是该模型认识到随着二语能力的提高,不同路径的相对强度趋于平衡。

　　基于这些假设,我们可以用两个因素来解释为何反向翻译的进行速度比正向翻译更快。首先,反向翻译过程中形式层面的连接比正向翻译过程中形式层面的连接更强。其次,由于这种连接的牢固性,反向翻译能够在很大程度上绕过语义通达过程,直接连接到具体单词。相比之下,正向翻译必须依靠语义整合,依赖于概念系统与一语词形之间的强连接。由此,修正层级模型进一步假设,由于涉及更多、更长的连接,因此概念路径比形式路径更慢。

　　至于正向翻译存在范畴干扰而反向翻译不存在范畴干扰这一问题,修正层级模型提出了一个假设,属于同一语义场的多个单词会促进当前范畴中多个样例的激活,这会使词汇选择变得复杂并降低加工速度。鉴于一语的概念信息和词汇信息之间连接强于二语,因此只有正向翻译会受到范畴干扰的影响。

　　然而,修正层级模型作出了进一步假设,即二语水平的提高会使二语中概念和单词之间的连接更加紧密,从而能够快速获取相关单词意义。因此,在高度熟练的双语者中,语义因素将在正向翻译和反向翻译中都发挥关键作用,从而减小或消除正向翻译与反向翻译之间的差异。实际上,这一观点已在多项研究中得到证实(如 Christoffels, de Groot & Kroll, 2006; García, 2014; McElree, Jia & Litvak, 2000)。

　　在这个意义上,对高水平双语者进行的后续实验表明,概念整合在正向翻译和反向翻译中都起着重要作用(de Groot, Dannenburg & van Hell, 1994; Duyck & Brysbaert, 2004; Heij et al. , 1996)。例如,迪克和布利斯博特(Duyck & Brysbaert, 2004)的研究表明,数字的大小会影响正向翻译和反向翻译的表现。具体来说,即使在亚词特征相匹配的情况下,指代数量少(如 1、2)的数字也比指代数量多(如 8、9)的数字被翻译得更快。既然数字大小是一种语义特征,该证据表明,在低熟练程度条件下概念整合加工路径在正向翻译过程中更具主导作用,但是至少对于某些词类而言,无论翻译方向如何,都会同样采用概念整合路径。

　　此外,无论是正向翻译还是反向翻译过程中的行为表现,都受翻译能力的影响,但是翻译能力要达到一定水平。在加西亚等(García et al. , 2014)的研究中,初级翻译学生、高级翻译学生和专业译员执行了一系列单词翻译任务,包括正向翻译和反向翻译。所有组的翻译能力等级存在差异,但是连续组在二语熟练度上相匹配。结果显示,高级学生的表现优于初级学生,但他们的反应时与专业人士没有差异。这表明,在特定领域的强化训练达到一定程度之后,双向翻译的路径可能会达到上限水平。此外,补充分析表明,在任何一组中出现特定词类(如具体名词、抽象名词、同源名词或非同源名词)方向性效应时,始终显示出反向翻译优于正向翻译的优势。因此,高熟练度水平下,方向性效应可能在跨类别中不再出现,但在特定词汇领域仍可能观察到方向性效应。

值得注意的是,修正层级模型的体系结构非常简单,自提出以来已有数十篇相关论文问世。此模型在许多方面受到批评(Brysbaert & Duyck,2010),但上述核心原则至今似乎在很大程度上颇具合理性。事实上,最近的计算模型已经将修正层级模型与其他理论原理进行了集成,并设法模拟了双语词汇加工中多种既定效应,包括翻译方向和翻译能力效应(Dijkstra et al. ,2018)。尽管如图5.9所示的修正层级模型不足以说明文献中所有模式所需的全套机制,但该模型为理解非对称翻译效应背后最基本的功能性差异提供了一个基础框架。

总之,低熟练度双语者的行为效应系统地反映了正向翻译和反向翻译之间的神经认知差异,这些双语者的反向翻译通常会更快。然而,这一规律在高熟练度二语使用者(包括专业译员)中并不成立。尽管如此,在特定词汇领域中,即使是高水平二语使用者也可能表现出反向翻译比正向翻译更快的特点。更概括地讲,尽管形式层面路径和概念整合路径的相对作用因受试和任务要素而有所不同,但是似乎在正向翻译和反向翻译过程中都发挥着重要作用。

5.3 译入译出评析

上述发现非常清楚地表明:从认知角度来看,翻译方向很重要。语际转换过程中资源调配的巨大差异主要取决于源语材料是以二语还是一语的形式呈现。具体来说,正向翻译和反向翻译可以通过参与的脑区、共享神经基质的相对参与度、远程大脑中枢之间的交互作用、持续过程的时程以及行为表现等方面进行区分。

首先,如第4章所述,每个翻译方向似乎都依赖于相对独立的加工路径。无论翻译单位是什么,无论采用何种模式,单个大脑部位的损伤极少对正向翻译和反向翻译造成同等影响。由此,可以推测正向翻译和反向翻译在解剖结构上存在部分差异。

其次,正向翻译和反向翻译在跨单位和跨模态的关键神经基质参与强度上也有所不同。尤其是,正向翻译似乎具有额叶纹状体中枢(如壳核、布洛卡区)高度激活的特征。该中枢涉及语言功能和执行功能,尽管迄今尚未探索的其他脑区可能还会有更多区别性特征。双向翻译的行为表现相似时,这一点也成立。这强调了用神经科学方法来挖掘潜在模式的价值。相应地,正向翻译和反向翻译对各个认知系统的要求也不尽相同。

再者,不同翻译方向之间跨脑区的信息整合也存在差异。在反向翻译的词汇-语义加工过程中,似乎后部中枢之间耦合度更高。相反,正向翻译的脑连接相对松散,且涉及额区的脑连接,这可能反映了潜在操作对隐性控制有更高的要求。

此外,关键子过程的时间进程也随翻译方向的变化而变化。从看到源语片段开始,其后的 250 毫秒内,正向翻译和反向翻译的电生理动力测量结果明显不同。同样,刺激锁定调制表明,正向翻译在早期加工窗口(大约 200 毫秒)中的神经认知要求更高,而反向翻译在后期加工窗口(大约 400 毫秒)中的神经认知负荷更高。因此,语际转换的内部时间进程也对翻译方向这个因素敏感。

最后,翻译方向效应的行为表现似乎在很大程度上受到受试相关变量的影响。具体而言,受试在二语水平较低的情况下,反向翻译通常比正向翻译更快,但是高水平受试(包括准译员和专业译员)的这种差异往往会消失。尽管如此,即使是高水平受试,特定词汇-语义领域也可以观察到反向翻译比正向翻译的速度更快。简言之,外部行为的差异也可以归结到翻译方向中的神经认知影响。

总之,不同翻译方向的语际转换涉及神经认知的多维决定因素。具言之,正向翻译和反向翻译分别与本质截然不同但局部相互关联的神经结构、脑区激活水平、跨脑区连接、时间动态进程、外在行为表现相关。正如穿越明尼苏达州的某条林荫大道那样,从 A 到 B 的路径与从 B 到 A 的路径截然不同。

这些实验结果可以直接纳入当前口笔译认知研究的翻译方向性讨论之中。一方面,它们与先前的非神经方法结果相一致。例如,在眼动追踪(Pavlović & Jensen,2009)和键盘记录(Ferreira,2012)研究中,已经确定了正向翻译比反向翻译需要更多认知努力,相关指标包括瞳孔扩张、平均注视时间、总体加工时间和停顿时间。同样,无论是学生译员还是在专业译员,反向翻译的注视时间都比正向翻译长(Pavlović & Jensen,2009),这一发现与反向翻译 N400 变化更大(Christoffels, Ganushchak & Koester,2013)的发现相吻合,因为两者都指向加工二语输入的认知负荷更大。

另一方面，一些神经科学的研究结果挑战了以前由非神经研究提出的主张。例如，一些神经科学的研究结果与帕夫洛维茨和詹森（Pavlović & Jensen, 2009）基于眼动数据提出的两个翻译方向上源文本认知加工相等这一观点相冲突。实际上，上述所有脑电结果都捕获到了与任务相关的神经生理变化，这些变化是时间锁定的特定刺激反应，这意味着它们揭示了各个方向上与源语片段神经认知加工相关的不同过程。因此，用不同方法探寻已知认知过程的不同维度，这里的教训是，一个因变量（如注视时间、瞳孔扩张）中的零效应不能反映自变量（这里是方向性）整体的零效应。正向翻译和反向翻译也许在眼动研究中不存在具体差异，但在神经认知水平上存在普遍而显著的区别。

此外，我们通常采用功能模糊的术语（如"更大的认知努力"）来探讨非神经科学研究中的翻译方向效应，但是神经科学方法可以对翻译方向效应进行更明确的诠释。例如，研究人员可以根据既定脑区中的翻译方向性差异检测提出假设，即在该脑区的假定功能已得到充分证实的前提下，哪些特定的子过程可能在翻译方向性效应中起作用。同样，鉴于大多数事件相关电位可以与特定的认知操作相关联，因此特定成分（如上所示的 P2 或 N400）之间的差异可以表明，不同翻译方向之间的差异是由特定执行维度（如注意力）还是语言维度（如词汇语义）所驱动。从该意义上说，大脑研究可将"认知努力"的广义概念解构为更精确的要素，从而更好地了解翻译方向效应和语际转换中的其他现象。

从更广泛的理论角度来看，神经科学研究的发现挑战了非方向性模型的有效性和普遍性。如果非方向性研究发现是正确的，那么无论是正向翻译还是反向翻译，将源语转换为目标语的**任何**过程都应包含相同的认知系统。事实并非如此：简言之，尽管正向翻译和反向翻译都将源语转换为目标语输出，但它们各自依赖于不同的机制。

因此，基于神经认知研究的证据可以看出，即使非方向模型并非完全错误，但也十分局限。至少，这一模型长期让人们误以为无论使用哪种语言（一语或二语）作为输入和输出，语际转换的所有实例都具有相同的特征。即使有学者辩解非方向模型实际上只用来解释反向翻译，但也必须承认这些学者忽略了双向翻译在各个国家、各种环境和各种模态中的广泛使用。更糟糕的是，由于非方向模型不适用于正向翻译，这样会导致文化偏见。

更普遍地来说，值得注意的是，非方向模型（如本章开篇提到的模型）是没有实验依据的。目前,尽管关于翻译方向相关性的说法是正确的,但是非方向模型的不足之处在很大程度上可以归于其依赖单纯的分析、观察、轶事或内省方法。由此可见,忽略客观、直接、可量化的心理活动研究,很难获得对语际转换的可靠认知。

此外,本章中回顾的研究数据为第 4 章(4.4 节)中描述的神经解剖模型提供了有力的解释限制条件。首先,尽管加西亚(García,2012a)和法布罗(Fabbro,1999)提出的模型采用完全独立的箭头描绘了每个翻译方向的路径,但必须假定这些箭头表示大量重叠的脑回路。这直接源自观察到的结果,即只有少数孤立的脑区会在正向翻译和反向翻译之间产生血液动力差异,也就是无论是在正向翻译还是反向翻译过程中,更广泛的脑区并未呈现出特定翻译方向的活动模式,但可能同样参与活动。因此,这些图示连接,就像框箭模型中的大多数图示连接一样,不应以离散的同构术语来理解。

翻译方向性效应也不应简化为特定孤立脑区的差异激活模式。事实上,从功能连接分析中可以看出,正向翻译和反向翻译表现出了不同程度的跨脑区交互作用,而这又反映了每种情况下不同认知域之间的交互作用。因此,上文提到的神经解剖模型中,特定方向的箭头可能更好地代表跨越多个神经认知中枢的差异连接和分离动力的简略表达方式。

同样,不应假定协调正向翻译和反向翻译的系统同步运行。实际上,正向翻译和反向翻译的分布式机制和部分重叠机制之间不同,特定功能的加工时间以及任务的整体加工时间也不相同。从这个意义上讲,尽管所讨论的模型无法在视觉设计中明确捕捉到这一点,但必须承认的是,正向翻译和反向翻译通达语言和非语言信息的时间是不相同的。此类具体特征表明,使用多元方法(因此是多维的)输入来构建模型,具有建设性优势。

5.4　步入正途

基于大脑的翻译方向研究对于探究正向翻译和反向翻译的认知特殊性具有重要作用。它不仅揭示了流行模型的局限性,还确立了语际转换的细化实证约束条件等具有重要作用。然而,翻译方向性并不是影响口笔译内部运作的唯一变量。实际上,翻译单位还进一步确定了使用哪些系统被激活和这些系统如何以及何时进行运作。如下一章所示,神经科学在此问题上也提供了有价值的解释。

第6章
翻译单位决定翻译过程

6.1 翻译过程的原材料

您的阅读习惯和我一样的话,很可能一边阅读这本书,一边吃喝不停。或许舌头上沾满了饼干碎,还残留着些酸巧克力,然后喝杯苦咖啡,再来点甜果汁提提神。如果您仔细查看,可能会在前面的某些页面中或者平板电脑屏幕的一角,找到您吃过的某种零食和喝过的某种饮料的痕迹。

现在,如果您能够识别出这些不同的口味,那是因为每种口味的食物都涉及特定的味蕾和化学路径。可识别的一组受体细胞专门检测和传导咸味、酸味、苦味和甜味,与特定味觉神经纤维相关联。味道不同,这些神经纤维触发的大脑反应进程也不同。因此,尽管舌头是所有味觉体验首先发生的一般场所,但根据其接收到的信号输入质量,会涉及不同的子机制。"人人为我,我为人人"的原则几乎不适用于我们的味觉系统。

同样,火枪手原则[①]也将无法描述大脑如何加工不同的翻译单位。事实上,如果允许我使用比喻的话,翻译单位也有多种"口味":有些表达简短,另一些则繁杂;有些会唤起清晰特定的图像,另一些则指向相当分散的想法;一些外观和声音与其潜在的译文非常相似,另一些则截然不同;有些可以让人充满信心地快速解决,另一些则需要更长时间,甚至让人对结果心存疑惑……

---

① 该原则源自法国作家大仲马的小说《三个火枪手》,强调在构建领域模型时,需要关注领域专家的知识、领域模型的设计和实现。——译者注

考虑到这种多样性,那些认为所有翻译单位的语际转换都无一例外地采用统一操作来完成的口笔译理论,真的合理吗?是否像在味觉加工中那样,每个翻译单位根据其特定属性使用特定机制的可能性更大?如果是这种情况,是否有可能确定哪些特定的认知系统与关键变量有关,例如单位的复杂性、频率、语义关联和形式特性?正如我们将在下文看到的那样,神经科学和心理语言学研究可以为这些问题提供有价值的信息。

6.2 构思翻译单位

从过程取向的立场来看,可以认为翻译单位是某一语际转换实例中被加工的那部分文本(Alves & Vale, 2009; Bennett, 1994; Carl & Kay, 2011)。换言之,翻译单位是连续的跨语言过程中充当认知输入的文本片段,从而在笔译或口译任务中将源语素材翻译到目标语(Malmkjær, 1998)[①]。现在,大多数口笔译认知研究者广泛认可此定义,但学者们对于是否可以系统地将这种结构映射到特定类型的语言单位提出了不同的建议。

许多以产品为取向的学者聚焦于词,描写了其原文-译文配对特征,提出翻译单位通常对应于单个单词或词素(Hurtado Albir, 2001)。例如,在语料库研究中,有人声称“词汇单位和相关语境共同构成了翻译单位”形式(Teubert, 1996: 256)。口笔译认知研究的早期成果部分地支持了这种观点,但仅限于非专家型的译员。例如,有声思维研究的结果表明,语言学习者就是这种情况,但专业译者却不是(Lörscher, 1991, 1993)。

拉舍尔(Lörscher, 1991, 1993)指出,多词结构(如短语、从句和句子)是专业译者的主要翻译单位,且在语义上后者通过前者界定并体现出来。这与马蒂森(Matthiessen, 2001: 116)的观点相吻合,马蒂森坚持认为“(复杂)从句很可能是‘翻译的单位’”,而马尔克耶尔(Malmkjær, 1998: 286)也持类似观点,认为“从句是注意力集中的可加工单位,并且语言在从句层面呈现事件”。此外,一项结合语料库研究和对专业译者/翻译编辑者的补充调查研究则提出了一个兼容的结论

---

① 请注意,该概念与产品定位解释中提出的其他概念不同,例如基于比较文体(Vinay & Darbelnet, 1995 [1958])或功能模型(Nord, 1997)的概念。从这些角度来看,翻译单位是通过考虑原文片段及其在最终翻译产品中不可还原的对应关系来定义的,因此更宜称它们为“对齐单位”(Carl & Kay, 2011)。

（Huang & Wu, 2009）。

不管如上研究的方法和结论如何，其观点在某种程度上都是简化派的观点，因为它们试图确定**独一无二**的翻译单位。事实上，源语片段在文本推进过程中变化很大。单个词、词组、从句、句子或介于两者之间语言单位是不是语际转换的翻译单位，取决于多种因素，包括翻译模态（如笔译或者口译）、文本类型（如列出产品名称的小册子或者科研论文）、特定原文段落的组织特征（如用项目符号排序的项目列表或者多句段落），以及由计算机辅助工具提供的个人倾向、临时策略和现成的切分片段。因此，在认知上，合理的构式观需要灵活、非确定性的构念。

此情况下，乌尔塔多·阿布丽尔和艾维斯将翻译单位称为"任何动态的源文片段，与特定的大小或形式无关，且在特定时刻引导译员的关注点"（Munday，2009：238）。该说法与先前的翻译策略研究产生了共鸣，表明在非专业和专业人士中，从句和句子层面的细分通常与逐词翻译同时发生（Tirkkonen-Condit，2005）。同样，口译员可以逐句（Kalina，1998）和逐词（Christoffels, de Groot & Waldorp，2003）翻译，逐词翻译在严格的条件下是首选的（Darò & Fabbro，1994）。

实时加工数据支持上述观点。在翻译过程中，整合眼动追踪中凝视行为数据和键盘记录中的打字行为数据（Carl & Kay，2011）表明，输入句段随着原文和译文取向的注意模式复杂交互而变化，从而导致了翻译经验的差异。尽管翻译单位可能只与在语言上定义的元素部分重合，但在单个词和单个句子层面上这种映射反复出现（Carl & Kay，2011）。此外，如数十个行为实验所示，不同的认知操作与源语单词和句子的特定心理语言属性相关（García，2015a；Starreveld et al.，2014；van Hell & de Groot，2008）。

尽管如此，口笔译认知研究中的几种模型要么忽略了翻译单位的作用，要么通过粗粒度的假设来解决该问题，但通常并没有具体证据来证明其合理性。一些基于理性主义者的表述（如 Nida & Taber，1969）或基于有限的自省数据（如 Kiraly，1995）构建的语际转换系统，直接忽略了该问题，因为该类模式化研究的认知架构缺失翻译单位。其他学者则通过参考单个单位类型，将翻译机制作为一个整体来表征，以证明先验还原论的合理性。例如，贝尔（Bell，1991）的心理语言解释就是这种情况，假定所有翻译过程都始于简单从句，并产出简单从句，从而对语际转换系统进行了一般性描述。还有一些学者阐述了某些单位与特定认知操作之间存在相关性，但纯属猜想。以"释意理论"为例，尽管该理论假设语际转换通常会脱离语言形式（参见第 1 章 1.2.2 节），但特定单位（如专有名称、数字和技术术语)会通过直接形式的链接而翻译成对应的译文(Lederer,1994;Seleskovitch,1975)。从某种意义上来说,第 4 章(4.4 节)中介绍的神经解剖模型,也无法充分证明该假设的正确性。法布罗(Fabbro,1999)的同声传译模型未提供与特定翻译单位有关的不同翻译过程,而加西亚(García,2012a)用来解释语际转换的神经网络结构模型也仅认为,词汇单位和句子单位调用一般大脑系统时,存在很大差异。

　　如上所有的模型在很多方面都有其明显的优点,但是神经认知科学和心理语言学的相关研究发现它们要么太笼统,要么不够精确,可能会引起人们的误解。实际上,无论如何,它们都可能令读者相信:多种类型的翻译单位是通过完全相同的认知资源进行加工的,具有相同的认知负荷并遵循相似的时间进程。如下所述,这些结论均不正确,因为人脑会根据特定翻译片段的特性来激活不同的机制。

　　特别是,现有数据揭示了**单词和句子层面**的各类翻译单位所采用的机制具有细粒度特性。尽管相关研究还不是详尽无遗,但对此类翻译单位的研究无疑可以提供很多信息,这并不是因为它们是翻译的单位,而是因为它们与大部分的实际加工片段相对应。此外,专注于单词和句子的研究在方法上也很简便,因为可以控制几个相关因素(参见第 2 章 2.4 节)。另外,由于这两种类型的刺激已在神经语言学和心理语言学中得到广泛研究,因此可以根据公认的约束条件来解释语际转换的后续结果。值得注意的是,与某些单词和句子类型(如动作语言)相关的一些神经认知模式首先是通过原子化任务[①] 发现的(如 García & Ibáñez,2016c;Pulvermüller,2005,2013),此后证明其对自然产生的文本材料同样有效(如 Desai et al. ,2016;García et al. ,2016a,2018;Trevisan et al. ,2017)。由此,我们通常会认为碎片化的翻译实验能发现特定单位类型效应且具有可推广性,在真实工作环境中亦可保持其操作性。

　　因此,下面所探讨的问题与其说是本体论的,不如说是描述性的。在此关键之处,尤其是从认知的角度来看,试图证明所有语际转换可以追溯到单个语言单位,似乎毫无意义。相反,一旦我们接受了口笔译是基于多种类型的源语片段,那么我们的使命就是根据其独特属性进而确定哪种特定机制在发生作用。这种

---

① 在认知心理学和神经科学研究中,原子化任务的目的是通过聚焦于某个特定的子任务来分析大脑在完成这些简化任务时的神经活动和功能。例如,原子化任务可能包括简单的记忆回忆、词汇加工、语法判断或注意力控制等任务,这些任务单独测量某一特定的认知功能,而不涉及复杂的、多任务的操作。——译者注

趋近化探索不再是对单一、完全有效的结构进行厘定和规定,而是对产生多种结果的科学研究方法进行追寻,其中许多可以使用认知神经科学的工具进行适当探索。

6.3 词汇和句子翻译单位的时空关联

关于翻译单位决定神经认知机制,当前的知识体系有三大证据来源。功能磁共振成像和经颅直流电刺激研究发现,翻译单位对调用特定神经区域具有重要的调制作用。脑电研究揭示了与源语片段的语义和形式特征相关的不同时间动力学现象。心理语言学研究阐明了这些因素如何影响未经培训的双语者、翻译学生和专业翻译人员的语际转换整体效率。

6.3.1 功能性神经影像证据

单位缺失模型忽略的最明显事实是,词汇片段和句子片段加工需求在信息检索过程中有很大差异。首先,如第4章(第4.3.5节)所示,单词和句子检索过程相对依赖于陈述性和程序性记忆系统,主要由额叶纹状体记忆系统和颞顶皮质回路支撑。实际上,前额区受到严重损伤时,句子翻译会比单词翻译受到更大的影响。例如,患者El. M. 是一名因左侧大脑半球基底节受损而无法翻译的典型案例,其表现具有代表性(Fabbro & Paradis,1995)。如彩图6.1所示,无论哪个翻译方向受损,这种损伤在句子翻译方面所显示的缺陷比单词翻译要大,可能是额叶纹状体网络在一语系统和稳固的二语系统的句法加工中,发挥了关键作用(Birba et al.,2017;Paradis,2009;Ullman,2001a,2001b)。

神经影像研究符合这一宽泛的区别。血液动力技术的证据表明,左外侧裂周区网络与单词和句子的语际转换有关(Hervais-Adelman et al.,2014;Lehtonen et al.,2005;Quaresima et al.,2002)。但是,句子单位与额叶纹状体中心活动的联系明显更大,而前颞顶叶活动与单词翻译的联系更为明显(Klein et al.,1995)——有关评论请参考加西亚(García,2013a)的研究。请注意,在单语任务中也可以观察到解剖功能关系(Paradis,2009;Ullman,2001a,2001b),这表明至少在通用语言加工机制中,嵌入了广泛的语际转换操作(García,Mikulan & Ibáñez,2016)。

毋庸置疑的是,上述两个部位都不是专门针对特定语言单位类型的。事实上,在翻译单词和句子时,我们可能会使用额叶纹状体网的特定子结构。例如,普赖斯、格林和冯·斯塔德尼茨(Price,Green & von Studnitz,1999)的正电子放射断层成像研究表明,在单词翻译过程中,与基底神经节之间联系的增加仅限于壳状核和尾状核的头部。然而,一项有关句子翻译的功能磁共振成像研究表明,在一些与阅读相关的情况下,基底神经节的过度活跃主要发生在苍白球中(Lehtonen et al.,2005)。这些差异可能反映了每种语言单位类型所带来的不同语义、句法和执行要求,尽管现有证据不能给出更精确的功能解释(García,2013a)。

据推测,不同的句子类型也会在语际转换中触发不同的过程。实际上,单语任务中就是这种情况(Carreiras & Clifton,2004;Constable et al.,2004;Feng et al.,2015;Mashal et al.,2009)。然而,唯一一项有关不同句子结构翻译的神经影像报告也未能揭示这种差异模式。在上面提及的功能性磁共振成像研究中,勒霍顿等(Lehtonen et al,2005)招募了一群芬兰语一语和挪威语二语的受试,并要求他们执行两项任务。在关键任务中,受试浏览了一语中的 54 个句子,并将其默译为二语。每次试验后,研究人员向受试展示另一类二语句子,并要求他们判断这些能否作为他们在一语中所看到句子的译文。在控制任务中,研究人员要求受试阅读一语句子并记住,然后判断它们是否与随后显示的句子相同。这两项任务的一个关键操作是,一半的句子需要在翻译时改变词序,而另一半则包含更复杂的名词短语,但无需进行词序更改。后一种句子类型会产生更长的反应时。这是由于在这类句子中,中心名词之前存在双重形容词,所以它们对工作记忆的要求更高。然而,血液动力模式并没有显示与这一现象一致的差异。相对于控制条件,这两种句子类型的翻译都与腹外侧前额叶皮质(BA47)和苍白球激活的增加有关。考虑到不同句法结构事先与可分离的神经模式有关(Birba et al.,2017;Constable et al.,2004;Feng et al.,2015;Mashal et al.,2009),所以可能是所执行的成像研究不够精确,无法获取到特定条件下的神经变化。

尽管上述话题尚未解决并需要进一步研究,但现有证据已成功揭示了特定词单位的许多神经认知特性。特别是独立的两项研究一致表明,跨语言对等词的建立涉及明显不同的神经系统,具体取决于词性(名词 vs. 动词)和所要翻译的语言单位的主要语义联想(感知 vs. 动作)。

功能磁共振成像研究中,科雷亚等(Correia et al,2014)旨在确定哪些大脑机制支持表示生命实体的单词进行跨语言映射。当进入功能磁共振成像扫描器后,那些精通英语且以荷兰语为一语的受试会听到一语和二语名词。这些名词中,有的是指动物,例如 *paard*(荷兰语:马)、*eend*(荷兰语:鸭子)、*horse*(马)、*duck*(鸭子),也有的是指日常物品,例如 *fiets*(荷兰语:自行车)、*jurk*(荷兰语:连衣裙)、

bike（自行车）、*dress*（衣服）。实验任务是受试每次听到一个非动物词时按一个键。① 值得注意的是，实验使用三种不同的声音来呈现刺激，以确保研究结果不受特定发音人特征影响。

总之，动物名词引起了双侧颞上叶、右侧额下皮质和双侧脑岛的高度活跃。然而，最丰富的信息来自跨语言的泛化分析，旨在根据对另一种语言的对等译词（如 *horse* 与 *duck*）辨别模式来检测哪些神经部位允许对一种语言中的对比词（如 *paard* 与 *eend*）进行分类。涉及这种分类的重要激活聚类仅局限于颞前叶、角回、颞上叶和后中央部位，以及部分脑岛和枕叶皮质。有趣的是，该神经表征模式具有双向普适性，不受翻译方向影响。

因此，这些脑区似乎负责编码动物类别内翻译对等词之间共享的词汇语义信息，并且这种编码方式也适用于其他名词类型。有趣的是，大量语言和图像加工实验的结果表明，大多数脑区（特别是前颞叶、颞上叶和角回）与多模态语义信息加工有关。换句话说，这些脑区汇集了来自各种感觉模式的输入，形成了概念性的组合（Binder & Desai，2011；Patterson，Nestor & Rogers，2007；Ralph et al.，2017；Seghier，2013）。因此，表示具体实体的翻译对等词的语义重叠似乎映射在相同的整体区域上，这有助于它们在单语（甚至非语言）任务中的语义通达。

但是，其他词类（如行为动词）的翻译中涉及完全不同的路径。在经颅直流电刺激实验中，里尤兹等（Liuzzi et al，2010）招募了右利手、以德语为一语的受试，分为三组，完成了三步式的神经语言实验研究（图 6.2 A1）。首先，每组接受特定类型的脑部刺激，即阳极刺激（通常会增加目标区域的活动）、阴极刺激（通常会抑制目标区域的活动）和假刺激（不会引起明显变化的控制条件）。在任何情况下，目标大脑的区域都是初级运动皮质，该区域在行为动词加工中起关键作用（García & Ibáñez，2016c；Pulvermüller，2005，2013）。其次，所有受试都经历了为期四天、密集的词汇习得范式，通过将新（假）词（如 *apef*）与显示特定身体运动的图片相联系，从而学会新（假）词的含义（图 6.2 A2-A4）。最后，受试执行翻译任务时，必须提供新学单词的德语对等词。该研究的主要指标是每组受试正确翻译行为动词的平均数量。

---

① 这是一种简单策略，需要在实验任务期间持续关注，避免目标事件（动物名称引起的神经活动）受到与反应相关的运动伪迹之影响。

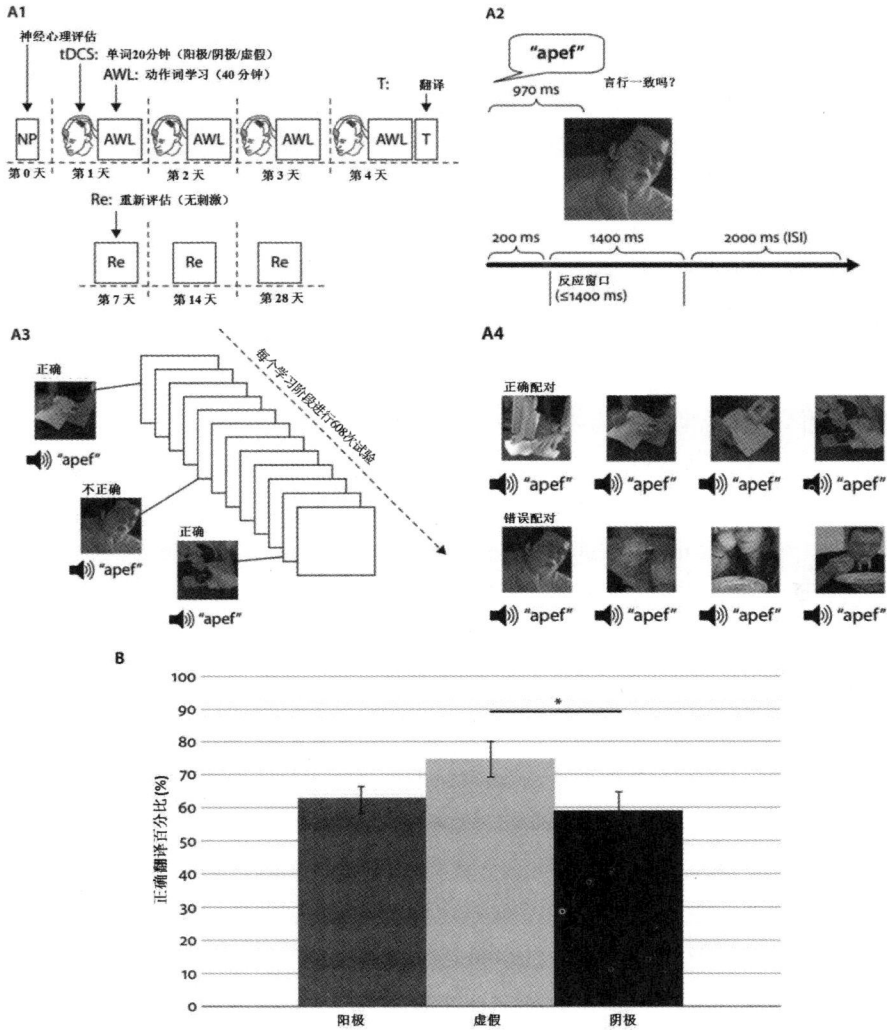

图 6.2 初级运动皮质在行为动词翻译中的关键作用

A. 学习范式。A1. 学习新动作词包括 4 个单独的学习阶段,每个阶段持续 40 分钟,相隔 24 小时(第 1—4 天)。每次学习之前,受试都要接受经颅直流电刺激。第 7、14 和 28 天,在没有刺激的情况下重复第 1 阶段,并重新评估。A2. 受试展示与身体相关动作的语音假词和照片插图之间的正确和错误配对。在学习过程中,受试需要凭直觉判断动作是否与随附的假词相匹配。仅允许图片展示(1.4 秒)期间的回应,不提供关于回应是否正确的反馈。测试时间间隔固定为 2 秒。A3. 每个学习阶段包括 608 次测试,并被细分为 2 个模块。在学习过程中,正确配对的出现频率高于不正确配对。A4. 每个假字与正确动作匹配 4 次,与 2 个不同的不正确动作匹配 2 次（比例为 4:2）。动作照片采用多视角拍摄,由不同演员扮演。每张照片都与正确的假词配对 1 次,与不正确的假词配对 1 次。相应动作(如打孔)在 4 个正确的配对中保持不变。因此,为了学习假词的正确含义,受试须从 4 张不同的照片中提取与动作相关的正确信息。从一个学习阶段到下一个学习阶段,正确的配对保持不变,但更换了一个不正确的配对(如 to eat 和 apef)。在每个学习阶段,正确和错误配对的比例是 4:2。受试不知道学习范式的基本统计原理,并且在完成测试方案之前,也没有收到有关其表现的反馈。第 4 天结束时,受试需要将 76 个新动作词汇翻译成德语。B. 经颅直流电刺激方案对翻译测试有显著影响。事后 Scheffe 检验表明,经过左运动皮质的阴极经颅直流电刺激后,正确翻译成一语的与动作相关的词汇百分比显著降低(星号线标注:$p<.05$)。数据以均值±标准差星号线标注。经许可,转载自里尤兹等(Liuzzi et al, 2010)。

该研究主要发现,对于初级运动区接受阴极刺激的受试来说,其成功翻译此类单词的能力明显低于其他两组(可能是由于干预的抑制作用)(图 6.2 B)。更为重要的是,在刺激前额叶皮质时没有出现这种影响,这突显了动作动词加工与大脑回路功能完整性之间连接的特异性,这一现象在单语任务中也得到印证(Birba et al. ,2017;Pulvermüller,2005,2013)。因此,这项研究强化了这样一种观点,即翻译对等词之间的跨语言关联依赖于特定的脑回路,具体取决于它们所属的主要词汇语义子域。

这一观点的进一步证据可以在梅耶尔等(Mayer et al. ,2015)的一项研究中找到。研究者者招募了会说德语的受试,让其在两种"充足"条件下学习外语名词。在一种条件下,学习是通过执行具有象征意义的手势而完成的,这样单词就与身体上的相应动作联系在一起。另一种条件下,受试每次接触到新单词时,会再现图片的轮廓以唤起其含义。在这种情况下,词汇习得会通过抽象感知联想得到加强。之后,在功能磁共振成像期间,受试完成了对等词的识别任务,即他们听到外来词后,每次都需要从四个可能的选项中选择正确的德语译词。

结果表明,与身体动作(手势)相关的翻译对等词激活了支持运动感知和执行的区域(所谓的生物运动颞上沟和运动区域)。相反,那些与视觉信息(图片)相关的词汇更多地激活了为视觉过程服务的区域(侧枕复合体)。因此,与上述发现一致,这项实验表明,语际联想取决于翻译单位所激发的特定经验机制。

总之,现有的神经影像研究结果表明,在特定语际转换实例中,翻译单位的结构和语义属性决定了哪些神经认知机制占主导地位。一方面,相对于单词来说,句子单位明显涉及更多的前额叶纹状体网络,这可能是因为这些脑回路对于实现各种语法操作至关重要。此外,虽然可以假定不同的句子类型部分独立地涉及不同的回路,但是对该问题的唯一研究未能找到两种句子类型之间的激活差异,这为将来的研究提供了更大的空间。

另一方面,一般而言,单词翻译似乎更依赖于颞顶区,同时还涉及与多个语言过程有关的特定额叶纹状体中枢(如尾状核)。此外,根据词义单位的概念或经验关联,组成了不同的语义系统。唤起外部实体的具体名词与多模态语义区(如前颞叶、颞上叶、角回)的活动增加密切相关,而暗示身体动作的单词则主要取决于特定模态的感觉运动区(特别是运动皮质),该区域介导运动的启动、协调和感知,是一种由单词来表示的特定情境体验。

这些发现表明,翻译单位的一些语言属性决定了不同过程中特定神经区域的激活程度。然而,这不是它们的唯一神经特征。实际上,如下所述,不同单位类型还需要对电生理活动产生特定的调节作用,揭示它们对正在进行的认知动态产生精细影响。

6.3.2 电生理证据

脑电证据表明,不同的翻译单位涉及明显不同的神经认知烙印。从这个意义上说,语义和形式层面的因素都起着决定性的作用。

简严、波皮瓦诺夫和安多诺瓦(Janyan, Popivanov & Andonova, 2009)进行了一项脑电实验,要求英语水平高的保加利亚语一语受试对二语单词进行视译。实验刺激包括四类:具体同源词、抽象同源词、具体非同源词和抽象非同源词。在实验任务中,从跨越两个脑半球的额叶、中央颞叶和顶叶头皮位置分别测量了事件相关电位。

这项研究的主要结果涉及具体性和同源状态的交互作用。尽管具体性没有影响同源词的反应时,但它确实选择性地调节了同源词的神经特征。具体来说,在同源词的翻译过程中,观察到抽象词的 N400 偏差大于具体词,但非同源词没有这种效应。前者模式在颞中区达到最大值,与意义敏感的 N400 调制的典型拓扑结构一致。这种模式表明,同源和非同源单词在翻译过程中以不同的方式参与语义层面和形式层面的链接。尽管这一特定说法可能值得商榷,但该证据确实与其他研究相吻合,揭示了亚词汇和概念因素之间复杂的交互作用决定了译员在语际转换过程中所调用的特定认知机制(García et al., 2014)。

克里斯托弗、甘努夏和凯斯特(Christoffels, Ganushchak & Koester, 2013)采用事件相关电位,探讨了精通荷兰–英语双语者的单词翻译时间进程,提供了这方面的进一步证据。重要的是,该研究中的源单位包括具有不同含义的语际同形异义词("假朋友"),以此引发语言冲突。例如,"*room*"一词在英语中表示"房间",但在荷兰语中表示"奶油"。通过比较这些单位与其他缺乏重叠的单位(如语际同形异义词与普通词汇),我们可以提供一个富有成效的研究场景,以此来探讨语际转换中正字法和概念信息之间的相互作用。

正如所预测的那样,该研究行为结果显示,语际同形异义词比对照词翻译速度更慢,且错误率更高。更为关键的是,事件相关电位结果显示,前一种单位类型的中央顶区 N400 振幅增加。这些结果表明,对于形式预先激活语义不相关的目标词,语义通达需要付出更多努力。更普遍地说,该研究表明,词汇语义通达机制需要对等词之间形式和意义特征的相对一致性来驱动。

摩尔多瓦等(Moldovan et al.,2016)提供了额外的证据。在一项事件相关电位研究中,该作者要求加泰罗尼亚语-西班牙语的右利手双语者执行一项非同源词对的对等辨识任务(参见第 2 章 2.3.2.1 节)。一半的实验词具有跨语言对等关系(如 *ruc-burro*)[1],而另一半(试验的重点)则由非对等词组成。根据它们与主要(但不存在的)翻译对等词的关系,分为三种条件:三分之一的非对等词具有高度的语义相关性,因此两者都是表示具有非常相似的物理属性和概念关联的实体(如 *ruc-caballo*)[2];另外三分之一语义相关性低,它们共享其整体概念类别,但指向其中截然不同的实例(如 *ruc-oso*)[3];其余的在语义上不相关,但在形式层面上隐含重叠:例如,*ruc-berro*[4] 这对词在概念上指向不同的指称对象,但是前一个单词(*burro*)的正确翻译与二语中的后一个单词(berro)在字形和语音上相似。多个试次的实验中,受试须按两个键中的其中一个来表示每个单词的对等词是正确翻译,还是错误翻译。

与对照试验相比,上述三个目标条件均引发了更长的反应潜伏期,反应最慢的情况出现在语义相关性高的错误配对条件下。这是一个可预测的结果,因为两个概念越相似,就越难承认它们不是对等的。此外,这两个语义条件都意味着 N400 成分(彩图 6.3 A 和 B)的调制更大。这是语义整合的关键特征(参见第 3

---

① 这两个词都是"驴"的意思。

② 意思是"驴"(加泰罗尼亚语)和"马"(西班牙语)。

③ 意思是"驴"(加泰罗尼亚语)和"熊"(西班牙语)。

④ 意思是"驴"(加泰罗尼亚语)和"豆瓣菜"(西班牙语)。

章 3.3.2.1 节)。此外,形式重叠条件在刺激发生后 500 到 700 毫秒的时窗产生了对晚期正电位的独特调节作用(彩图 6.3 C),这可能反映了隐式激活所引导的潜在对等翻译中的决策前词汇过程。至关重要的是,这表明翻译对等词可以在无意识中被通达,并且在从记忆中检索目标词形之前,可以借助关键语义信息来建立语际链接。

顺便一提,现已证实人们可以通过单一语言任务实现语义对等的无意识激活。蒂埃里和吴燕京(Thierry & Wu, 2007)采用隐式启动范式对汉英双语者进行了测试。受试阅读和收听英语成对词,并判断它们的语义是否相关。重要的是,某些英语词对中的汉语对等词有相同汉字(如 *train* 和 *ham* 这两个词语义无关,但其汉语对等词"火车"和"火腿"有相同的汉字"火")。实验任务全程使用英语,受试并未意识到这一操控,即没有意识到这种形式对等现象。这种隐性因素减少了 N400 成分的振幅,这一效应在汉语单词控制组中也被观察到了,他们执行的是英语材料的汉语翻译任务(彩图 6.4)。由于该成分与无意识语义启动效应和重复启动效应有关,因此人们常常不自觉地把二语翻译成一语以方便理解。

最后,语际转换过程也因翻译单位在相应语言中的使用频率而有所不同。格拉布纳等(Grabner et al., 2007)招募了英语口笔译专业的德国学生,并要求他们将所呈现的英语低频词和高频词翻译成一语。在任务期间,研究者测量了事件相关的同步化和去同步化在 θ 和 α 波段内的变化(参见第 2 章 2.7.1.2.2 节),这两个波段对各种语言因素都很敏感(参见第 3 章 3.3.2.2 节)。

研究结果显示:成功翻译单词增强了事件相关的低频 α 波(7—10Hz)和高频 α 波(10—13Hz)的去同步化。此外,相对于低频词,高频词在顶叶区引起较高的 θ(4—7Hz)波段同步,而在额叶区引起较高的 α 波段去同步(彩图 6.5)。这些模式可能反映了语际转换过程中,低频词的搜索和检索过程比高频词具有更复杂的神经特征。

综上所述,在语际转换过程中,神经认知机制对当前翻译单位的语义属性和形式属性有不同程度的敏感性。具体而言,跨语言联想过程的时间过程既取决于源语段与目标语是同源词、非同源词还是语际同形异义词,又取决于源语段表示的是抽象实体还是具体实体,还取决于源语段的相对出现频率。值得注意的是,至少有一些这样的变量在意识阈值以下运行——在该领域,很难用更标准的方法来探究这一现象(参见第 2 章 1.2 节)。此外,大部分因素在行为表现方面都有迹可循,如下所述。

6.3.3 心理语言证据

三十多年来,众多旨在对比不同单位类型下翻译表现的心理语言学实验相继展开(García,2015a)。该实验数据库揭示了语义和形式因素对语际转换操作的影响,这表明上述记录的许多结果都可以通过整个实验过程中的行为差异来反映。

这项主题的早期研究聚焦于正向翻译,并发现具体词的翻译速度比抽象词快(de Groot,1992,1993)。随后,研究发现这种效应也出现在反向翻译中,这证明其稳健性不受翻译方向影响(de Groot, Dannenburg & van Hell,1994)。通过单词联想任务,研究者们获得了更多的深刻见解。在该任务中,双语受试会看到一些词项,之后需用一语或二语给出一个相关词汇(参见第2章2.3.2.1节)。具体而言,研究者通过对每种条件下相同刺激的反应进行比较后发现,具体词的对等词比抽象词的对等词出现频率更高(de Groot,1992;van Hell & de Groot,1998a)。例如,在英语-西班牙语的假设场景中,具体名词"*book*"在语内和语际条件下的等效反应(如 *pencil* 和 *lapiz*),要多于抽象名词"*love*"(如 *son* 和 *corazon*)。

德·格鲁特(de Groot,1992)、冯·赫尔和德·格鲁特(van Hell & de Groot,1998a)提出了这些具体性效应可行的解释。在分布式特征模型中,她们提出,具体对等词(如 *mesa* 和 *table*)将比抽象对等词(如 *moda* 和 *fashion*)具有更多的共享概念属性,因为后者不直接基于跨文化恒定的感知特征,而更多基于文化驱动的语言特定联想特征(图6.6)。因此,在语际转换实例中,对源语具体词的加工会预先激活目标词相当多的语义特征,而在抽象词的情况下,这种启动方式将大大减少。

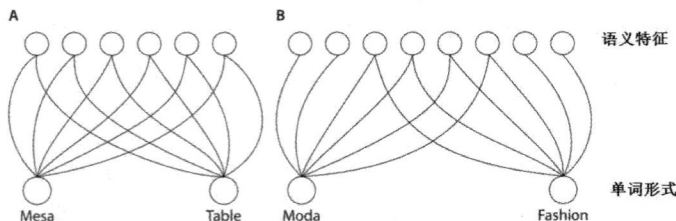

图 6.6　具体性效应的心理语言解释

到目前为止,对具体性效应的最可靠的解释是:在语言中,具体词(图A)比抽象词(图B)享有更多的语义特征。因此,在翻译过程中,源语具体词比抽象词预激活更多的目标词特征,从而降低了其加工努力。

　　然而,具体性效应的实际表现似乎取决于任务和与受试相关的变量。冯·赫尔和德·格鲁特(van Hell & de Groot,1998b)的研究结果显示,正向翻译相对于反向翻译,具体单位比抽象单位的优势更大,这表明具体性与方向性有交互作用。此外,加西亚等(García et al,2014)关于非翻译人员的一项研究表明,这种模式可以受到受试非正式(非正规培训)翻译能力的进一步影响。尽管这些复杂性尚未得到很好的理解,但它们明确地强调了试图通过单一、普适的认知机制来解释语际转换单一化模型的局限性。

　　实际上,源语单位的语义因素即使不那么明显,也会影响语际转换中的整体加工时间。例如,正如前一章所预期的那样,迪克和布利斯博特(Duyck & Brysbaert,2004)观察到数字词的大小(由特定数字表示的数量)显著影响正向翻译和反向翻译的认知努力。具体而言,一项针对荷兰语和法语双语者的研究证明,低数量级数词(如 *un*、*deux*、*trois*)的翻译时长明显低于高数量级数词(如 *dix*、*onze*、*douze*),如彩图 6.7[①] 所示。因此,特定单位类型的语义属性尽管不一定以完全相同的方式影响语际转换时长,但可以在两个翻译方向上影响翻译过程的效率(García,2015a)。

　　语际转换的总加工时间也随翻译单位的形式属性而变化。特别是在心理语言实验中,反复证实源词和目标词之间的正字法和/或语音重叠程度影响着行为结果。来自双语词汇联想范式(de Groot,1992;van Hell 和 de Groot,1998a)的证据表明,同源词的等效反应比非同源词更频繁,并且翻译启动实验也表明前者翻译速度更快(de Groot & Nas,1991)。然而,最显著的证据来自单词翻译任务。

　　多项研究(如 Christoffels, de Groot & Waldorp,2003;de Groot,1992,1993;de Groot, Dannenburg & van Hell,1994)一致表明,即使排除了一些潜在干扰因素的影响,不同词类的同源词翻译速度也比非同源词更快。实际上,缺乏专业翻译培训的双语者研究(García et al.,2014)表明,无论受试的非正式翻译技能如何,甚至在单语阅读任务中也没有出现这种效应时(彩图 6.8 A),该效应也会存在。此外,在初级翻译学生、高级翻译学生和专业译员的翻译过程中,研究者也仅在翻译任务(而非阅读任务)中观察到了相同的同源促进效应(García et al.,2014)(彩图 6.8 B),这进一步突显了其在不同翻译能力类型和水平中的系统性。

　　要想充分解释反应时的同源效应,可以基于跨语言交互模式作出假设。首

---

① 　有关此现象的进一步说明,请参见迪克和布利斯博特(Duyck & Brysbaert,2008)的研究。

先,值得注意的是,双语认知的词汇通达通常在语言上是非选择性的(de Groot, Delmaar & Lupker,2000;Moon & Jiang,2011;von Holzen & Mani,2012;Zhou et al.,2010),这意味着亚词汇语音和拼写方面的信息在一语和二语之间广泛共享。鉴于系统运作的特殊性,如果源词是目标词的同源词,那么目标词的激活将受益于预激活的亚词汇特征。也就是说,对等词之间共享的音位或正字法在源词通达开始前就已经激活。因此,与非同源词对相比,同源词的加工努力将大大减少。这个简单的原理还可以用来解释为什么在单语阅读过程中缺乏同源效应(如García,2014):单语阅读中无论输入项和输出项是否为同源状态,都存在最大亚词法重叠的情况。

心理语言数据再次证实,语际转换的内部动态很大程度上由加工单位的属性决定。特别是,整体加工时间取决于概念(如具体性和语义量)和形式层面(如同源状态)的因素,至少有一些效应不受翻译能力类型和水平的限制。因此,从生物调节到行为反应,可以从多个维度追踪这些特征对语际转换的影响。

6.4　整合研究

围绕"翻译单位"这个概念的经典争论往往导致还原主义的研究,即试图确定一个单一语言实体,用来解释所有语际转换实例。然而,近年来口笔译认知研究在理论和实践上的重大突破,要求我们在口笔译过程中引入更灵活的概念,并认识到各种类型的源语文本在口笔译过程中充当输入项时具有广泛不同的语言特性。从这个意义上来讲,有证据表明,与任务相关的关键操作是由当前加工单位的语义和形式特征塑造的。

虽然外侧裂周网络涉及所有单位类型的重构,但句子在额叶纹状体通路上的活动水平高于单词,这可能是由较高的执行力和词法需求造成的。此外,单词翻译依赖于支撑陈述性记忆的颞顶网络的差异化调用。当然,这些回路与任何一种单位类型均不相关。事实上,特定的额叶纹状体中枢,例如新纹状体(壳核、尾状核),在大部分的单词翻译过程中起着至关重要的作用。

语际转换过程进一步受源语片段的语义和形式属性调节。多模态(例如:前颞叶和颞上叶)和具身(如初级运动皮质)语义网络中,表示静态实体的单词和表示身体运动的单词激活水平差异较大。此外,抽象对等词对所需的加工努力要大于具体对等词对;数值较大的数词所需的加工努力要大于数值较小的数词。同样,不常见的术语、非同源词、引起语言冲突的单位(如语际同形异义词)等,所需的加工努力也更大。

这些研究发现清楚地表明,忽视翻译单位特性的模型具有局限性,因为这些模型提出了一套固定的机制,却没有对源语材料的语义特征或形式特征所驱动的具体操作作出任何规定。这些解释的一个隐含问题是,它假定相同的加工过程适用于构成句子和单词、具体单词和抽象词、同源词和非同源词等所有类型的翻译任务。以血液动力、电生理和行为数据为基础的神经认知研究证据,有助于阐明这样的概念化漏洞并纠正其潜在的解释偏差。首先,句法过程在单词或词素翻译中几乎没有起到任何关键作用,因此很难像某些著作中提出的那样,假定它们在所有语际转换实例中都是必要的。其次,忽略源语片段所传达的特定含义的模型会无法解释不同语义系统(如多模态系统和具身系统)在口笔译过程中交替占据主导地位的原因和方式。再者,没有考虑源单位和(候选)目标单位之间特征重叠程度的模型,模糊了源语和目标语之间可能相互影响的不同程度,显著决定了总体加工成本的差异程度。诸如此类的例证表明,那些模糊翻译单位构念的模型往往会导致误导性的过度简化现象,最糟糕的情况下甚至会导致与事实不符的原则性错误。

相关证据还挑战了还原主义观点,这些观点通过引用一种通用、单一类型的单位来解释语际转换。以贝尔(Bell,1991)的心理语言模型为例,其架构、组件和过程都是基于这样一种假设:翻译始终是在从句层面进行的。如前所述,该假设与键盘记录和眼动追踪研究结果相冲突,这些结果表明,在翻译过程中,不同长度的复杂片段可以充当认知输入(Carl & Kay,2011)。尽管如此,专门处理从句的模型构造和运作方式可能适用于所有类型的翻译单位,但事实并非如此。贝尔(Bell,1991)模型的某些组件,例如"语法分析器",被证明与词级单位无关。事实上,脑损伤患者和神经影像研究结果(García,2013a)证实,语法优先回路(如额叶纹状体网格组成的回路)对句子翻译的影响大于对单词的影响。另外,对于典型从句的固定顺序(虽然部分重叠)模块的假设不能解释与特定单位类型相关的动态调节作用。这种调节作用表现为某些系统的参与强度、特定子操作的延迟或整个过程的总体持续时间。简而言之,引用一个所谓的无所不在的翻译单位来解释语际转换的内部工作原理,与不引用任何翻译单位来解释语际转换过程,同样具有误导性。

本章报告的特定发现也使人们对先前针对特定单位类型提出的一些假设适切性产生了质疑。以数词翻译为例,**释意理论**(参见第 6.2 节)主要基于自省和非参与观察,认为这些数词将通过直接对应关系进行重新表述,绕过脱离源语形式所包含的概念性操作(参见第 1 章 1.2.2 节)。然而,如前所述,心理语言研究表明,此类词汇的总加工时间受数字大小这一变量的显著影响,而该变量是一种超出了语义片段形式层面的语义变量。尽管这一研究结果在许多方面远未削弱**释意理论**的整体价值,但确实凸显了吸收实证认知发现成果对语际转换理解的重要价值。

也许更重要的是,目前的研究结果要求我们重新阐述翻译单位这一概念。口笔译认知研究中的大多数讨论都将概念的范围缩小到了基于单位大小或长度的对比,例如关注单词、短语和句子之间的差异。这些对比无疑是值得关注的,但神经科学证据充分表明,即使**语言单位的大小相同、长度一致**,不同的形式特征和语义特征(如同义词、非同义词、具体词、抽象词、实体名词和动作动词),也会引发完全不同的加工动态。因此,通过将特征层面上的区别作为翻译单位效应的核心调节因素,可以获得更具信息量的分析视角。当然,这种定义上的扩展甚至可能对该领域的非神经方法产生重要的理论影响。

本章中汇集的研究结果,不仅与元理论的讨论相关,还代表了重要的约束条件,这些条件对完善第 4 章(第 4.3 节)中介绍的初步结论具有重要意义。作为一般前提,临床证据本身已支持单词和句子翻译关键神经认知机制之间的分离(Fabbro & Paradis,1995;García-Caballero et al.,2007)。同样,特定脑区的损伤会不同程度地影响同源词和非同源词的翻译表现(Detry,Pillon & de Partz,2005),或者影响具体词和抽象词的翻译表现(Fabbro & Paradis,1995)。

尽管在第 4 章(第 4.4 节)详述的神经模型已经考虑到某些此类对比的具体差异,但当前证据要求将这些模型的总体架构转化为**动态系统集**,即其神经分布、激活水平、内部时序和整体加工成本都取决于所加工语段的语义和形式特征。换言之,在加西亚(García,2012a)和法布罗(Fabbro,1999)的模型中,形式化为"方框"的解剖-临床对应关系需要理解为具有内部调制系统的单位敏感机制,其中内部调制系统受源语单位的语言特性驱动。

除此之外,必须承认这种模型中的目标语系统和源语系统以非串行方式运行。根据对具体性和同源效应的既定解释(García,2015a),源语片段激活的语义和形式特征由候选目标语片段共享,所以部分目标语加工实际上与源语加工同时进行。语际转换过程可大致划分为几个连续阶段,但当前阶段完成之前,早期阶段的分布活动模式仍可渗透并影响下一阶段的活动。因此,与输入单位有关的过程不能仅限于源语专有阶段或系统。

　　此外,神经科学突破(如 Thierry & Wu,2007)进一步证明,针对不同的单位类型,甚至在未受过训练的双语者的单语任务中,这些跨语言共激活模式可以在无意识情况下发挥作用。因此,至少语际转换的一些关键交互决定因素是**双语大脑整体组织**的结果,而不是口笔译所特有的**特殊**过程。实际上,某些研究报告指出,在语际转换过程中,跨语言相互作用现象(如同源词效应)的运作方式是类似的,与翻译能力的类型和水平无关,也与此类受试相关的变量如何影响整体加工速度无关(García et al.,2014)。[①] 从这个意义上讲,双语研究结果应作为实证依据纳入当前口笔译的理论建模中。

　　总之,神经语言研究发现通常也具有类似启示价值。事实上,由特定翻译单位观察到的某些差异动力学理论似乎也要遵循词汇语义系统的更多基本特征,甚至对于单语任务来说也是如此。例如,在句子和单词的翻译中,额叶纹状体和颞顶回路的对比作用反映了这些脑区在单语任务中加工此类单位的专门化特征(Paradis,2009;Ullman,2001a,2001b)。同样,具体名词和多模态语义网络之间的关系,以及动作动词和所体现的运动机制的关系也是如此。事实上,在单语受试中已经大量观察到这些区别,这反映了人脑映射我们与世界互动的一般表现方式(García & Ibáñez,2016c;Pulvermüller,2005,2013)。因此,构成语际转换核心的许多特定单位操作是语言系统本质的外在表现。

6.5　翻译单位:从忽略到敏感

　　正如不同的味道触发了我们整个味觉系统的不同加工方式,不同的翻译单位也会在支持语际转换的整个神经路径中实现大量不同的操作。因此,关于口笔译的总体神经认知观点不仅应考虑第 4 章概述的组织原则和第 5 章描述的方向性与特殊性,还应考虑适用于各个源语片段的动态特性。接纳这些复杂性是口笔译认知研究克服"单位中性"概念化的重要一步,从而为其研究领域提供更现实的解释模型。

---

① 　然而,这似乎只适用于一些相关的认知功能,因为在特定的语际转换模式(如同声传译)中,一些神经认知领域是由经验显著地塑造的(参见第 7 章)。

第 7 章
口译员的大脑

7.1 自塑艺术

被问及《绝命毒师》①的主旨时,作家兼导演文斯·吉利根(Vince Gilligan)认为其作品的精髓是"蜕变"。主角沃尔特·怀特(Walter White)最初是一个优柔寡断、容易受人摆布的人,总把家庭的福祉置于自己的愿望之上。在这一优先考虑的指引下,一个绝望的决定让他走上了犯罪道路。他原本以为这只会是他生活中的一个小插曲。然而,随着剧情的推进,我们意识到这种愿望是多么幼稚。为了避免过多的剧透,我们只能说,他花在犯罪行为上的时间越长,在这一行里就越精通,所经历的内心变化也就越大。正如沃尔特的亲戚、朋友和敌人很快发觉的那样,不断参与黑社会非法活动使他成为了一个固执、残忍的人,且有了以自我为中心的**全新世界观**。从这个意义上讲,主角的经历证实了历史学家威尔·杜兰特②(Durant, 1926:74)的一句著名的格言:"重复的行为塑造了我们。"③

尽管不那么令人兴奋(从好的方面来说,也没有那么令人讨厌),但这一假

---

① 《绝命毒师》是美国电视剧 *Breaking Bad* 的中文译名。该剧由文斯·吉利根(Vince Gilligan)创作,于 2008 年至 2013 年播出。——译者注

② 威尔·杜兰特(Will Durant, 1885 年 11 月 5 日—1981 年 11 月 7 日)是美国著名的历史学家、哲学家和作家。——译者注

③ 这句话经常被误认为是亚里士多德说的,实际上是杜兰特说的。杜兰特在评论亚里士多德这位希腊哲学家的另一段话里写了这句话。

设得到了各个专业领域专家认知研究的佐证。例如，与非专家对照组相比，经验丰富的出租车司机负责导航技能的脑区（主要是后海马体）体积更大（Maguire et al.，2000），并且在所谓的警惕网络中拥有独特的功能连接方式（Shen et al.，2016）。同样，专业探戈舞者的运动错误检测神经认知机制比较强（Amoruso et al.，2014，2016），频繁的视频游戏玩家（Green & Bavelier，2003）和国际象棋大师（Bilalić，McLeod & Gobet，2008）的视觉选择注意力和问题解决能力则会优于常人。这说明我们的大脑拥有优秀的适应能力，以满足我们对大脑不断提出的特定要求。

　　我们的语言经历也是如此。例如，专业语音学家的双侧听觉皮质和左侧额下回外侧裂周区的灰质和白质密度不同，这两个脑区属于背流区域，能使音素映射到发音程序中。此外，这些解剖学模型与语音转录经验的年数呈正相关（Golestani，Price & Scott，2011；Vandermosten，Price & Golestani，2016）。 某 些特定的神经认知差异可能是双语者的不同经历所致。例如，接触二语较多和/或二语水平较高的人在许多语言（如 Ferré，Sánchez-Casas & Guasch，2006；Guasch et al.，2017；Matusevych，Alishahi，Backus，2015）和执行功能（如 Bosma et al.，2017；Linck & Weiss，2015；Linck et al.，2014）上有较为明显的行为优势，而且他们拥有特定的神经系统配置（如 Grant，Fang & Li，2015；Jasinska & Petitto，2013；Ullman，2001b）。简而言之，每个人的大脑可以由其特定的语言经历来塑造。

　　这就引发了一个有趣的问题：双语神经认知系统如何调整以满足经验丰富的专业译员在双语转换任务中的需求呢？换句话说，持续的口笔译实践在多大程度上影响了受试的大脑结构、功能组织和加工效率？

　　尽管传统的口笔译认知研究（参见第1章1.2节）以笔译领域为重点探索了这个问题，但是神经认知、心理语言和执行功能研究主要通过同声传译来研究该问题。事实上，由于同声传译有较高的认知要求以及它所需要的语言功能和非语言功能的复杂交互作用，这种独特的双语加工形式代表了一个广阔的研究领域，不仅有助于阐明特定学科的主题，而且有助于广泛理解人脑的适应能力。

　　具体来说，越来越多的研究可以对"口译员优势假说"进行更精细的检验。该假说认为"同声传译员发展出特定的任务技能以应对其职业中的严格认知需求"，并且"这些技能可以更有效地提高非口译任务中的语言能力和执行能力"（García，2014a：232）。持续的同传训练会塑造此活动中所需要调动的各种神经系统。随着相关能力的提高,更关键的是达到专家表现标准[1],该行业的学生和专业人士的大脑应表现出特殊结构和功能布局。

以下小节将对这一极具魅力的领域进行概述。首先,将从心理生物学基础视角来描述同声传译任务。其次,研究表明这种模态的训练在其开始后不久会对相关系统产生重大的因果影响。再次,特定语言和非语言认知领域的专业同传译员还展示出了其他几种效应。最后,提取证据中的主要模式并进行综合讨论。简而言之,本章旨在揭示反复参与这种极具挑战性的语际转换模态时,大脑是如何进行自我塑造的。

7.2 同声传译或极端双语加工

同声传译在纽伦堡(Nuremberg)审判[2]中诞生,此后它激发了学者们从各种角度研究心智的兴趣。基于耳语差(Oléron & Nanpon,1964)、语速(Gerver,1969)和文本切分策略(Barik,1975)的开创性研究,一些研究人员开始描写这种活动的认知负荷(Ahrens,2017),并进一步提出其基本过程的模型(如 Gile,1995),有关概述请参阅波赫哈克(Pöchhacker,2004)。除了特定框架和理论关注点不同,现在已经广泛达成共识,即同声传译涉及语言和非语言因素的独特组合,使其与其他复杂的社会认知活动区分开来。

首先,这种活动以交际情景为前提,但如果你不是口译员,可能很少遇到这种情景。在培训和职业生涯中,同传译员经常在一个或多个不同语言的单语者之间协助沟通。且至关重要的是,同传有严格的时间限制:要即时转达连续不断的口语产出,译员必须在用目标语重述前序源语信息的同时,加工新的源语信息(Chernov,2004)。要想成功完成同传任务,需要大量的背景信息和特定主题知识的积累。更具体地说,这是一种复杂的组合式在线过程,用于感知、通达、选择、回忆、联想、预测和重新表达语言信息(Ahrens,2017;Chernov,2004;Gerver,1976;Paradis,1994,2009)。

---

[1] 有关口笔译中"能力"和"专长"这两个概念之间差异和连续性的深入探讨,参见蒂西里斯和希尔德(Tiselius & Hild,2017)。

[2] 纽伦堡审判是第二次世界大战结束后,由同盟国(美国、英国、法国和苏联)在德国纽伦堡市对纳粹德国主要战犯进行的一系列军事法庭审判,时间为 1945 年 11 月 20 日至 1946 年 10 月 1 日。——译者注

　　这为各种语言系统带来了沉重负担,对口译员提出了很高的要求。除其他能力外,口译员还需要具备扎实的听觉辨别力、充足的词汇量、高效的词汇通达和选择技能(尤其是面对陌生术语时)、良好的语言理解能力和快速构建语际链接的能力。此类能力对于筛选听觉输入中的无关信号、快速激活相关词汇语义信息、整合传入话语中的关键思想以及及时找到合适的目标语选项至关重要(Christoffels & de Groot,2005;Padilla,Bajo & Macizo,2005)。

　　同样,同声传译的特定时间限制和双语要求明显加重了各种执行功能的负担。这就需要译员提升短期记忆和工作记忆能力,以使传入的信息保持激活状态,并对其进行认知加工的同时完成其他认知操作。尤其是同声传译需要译员在语言输出的同时回忆起这些信息,这就使译员无法在心里预演接下来要说的内容。此外,认知控制能力对于保持两种语言同时处于激活状态(而不是轮流调用和停用)至关重要,同时还要跟踪整个输入的相关方面,并防止源语和目标语之间的混淆(Christoffels & de Groot,2005)。

　　由于这些特点,这种语际转换模态代表了最苛刻的(即使不是极端的)双语加工形式(Frauenfelder & Schriefers,1997;García,2014a;Hervais-Adelman et al.,2014)。与单语跟读相比,同声传译本身就是一项具有挑战性的任务,增加激活多个额叶纹状体和外侧裂皮质回路,以此调节语言和认知控制功能(Hervais-Adelman et al.,2014),参见彩图7.1。实际上,在源语输入和目标语输出重叠期间,一些脑区(如颞上叶和前额叶皮质)的激活达到了峰值(Hervais-Adelman et al.,2014)。此外,行为证据表明,与完成其他语言任务相比,同声传译后的工作记忆和回忆能力显著下降,表明执行资源消耗更大(Darò & Fabbro,1994)。综上所述,该实验证据表明,即使在高度受控的实验室条件下,这种特殊形式的语际转换也极大地增加了各种神经认知系统的负担。

　　因此,我们有理由认为,这种效应在专业环境中持续存在,甚至可能被最大化。在会议口译中,专业人士通常可以实现原文和译文之间命题对应关系的高度一致(Barik,1975;Gerver,1975),但语速往往超过理想的每分钟 95—120 个单词(Chernov,2004;Gerver,1975)。这不仅要求语言加工速度极快,而且还要求执行机制具备较高的承压能力。事实上,耳语差的估值在 2 秒到 4 秒之间(Anderson,1994;Gerver,1976),而源语输入和目标语输出之间的重叠可能占整个加工时间的 70%(Chernov,1994)。此外,这些需求必须在每场持续数小时的会议中得到满足,所以口译员搭档通常每 15—20 分钟,甚至更久才轮换一次。因此,短期记忆、工作记忆和其他通用认知功能都必须非常高效,才能胜任这项工作。

人脑如何适应满足这些需求?如果特定的认知技能通过持续进行高精度训练得到改善,那么对于那些专门从事同声传译的人士来说,哪些技能会有所提升呢?开始特定领域的训练多久后会出现此类显著变化?如下所示,我们可以通过研究口译学生的特殊性来获得这些问题的答案。

7.3　口译专长培养

同声传译是后天养成的,而不是天生的。这项职业技能既不是天生的,也不是偶然习得的,而是经过一段时间密集指导练习的结果。这些练习对一些神经认知系统提出了极高的要求。在同声传译课程中,学生每周要面对几个小时的这种练习,通常从完全没有经验开始。因此,对该类人群的研究有助于确定,持续参与特定的语际转换模态是否可以直接引发神经和行为变化,以及这些变化在训练开始后多长时间才变得显著。迄今为止,报道的调查结果既令人惊讶,也令人信服。

赫维斯-阿德尔曼及其同事进行了两项神经影像研究。在这些研究中,同声传译的学生在训练开始时和结束时都接受了扫描。在十五个月的时间里,这些受试每周接受十小时的正式口译指导以及额外的练习课程。这两种情况下,一组非口译多语者也和口译学生同时接受了测试。其中一份研究(Hervais-Adelman et al. , 2017)显示,第二次评估时,只有口译学生的左侧颞平面、颞上回、前缘上回以及右侧顶叶、角回和背侧运动前皮质厚度增加(彩图 7.2)。正如作者所指出的那样,并且如第 3 章所述,这些脑区涉及语音、词汇语义和执行区域,其中许多脑区在同声传译过程中都处于负荷极大的状态。

另一项研究(Hervais-Adelman, Moser-Mercer & Golestani, 2015)使用功能磁共振成像技术,探讨了同声传译和单语跟读过程中的神经活动变化。训练结束后,两组的单语跟读均未见改善。然而,口译质量确实有所提高,但仅限于同传学员。更重要的是,该模式伴随着明显的大脑适应性改变。如彩图 7.3 所示,训练后的同声传译任务中,右尾状核的参与度降低。值得注意的是,这个额叶纹状体中枢与语际转换模态相关的几个认知领域有关,包括认知控制(参见第 3 章 3.4.2 节)和词汇翻译(参见第 4、5、6 章)。这两个功能似乎通过系统的口译练习得到了增强,后文将对此进行说明。

值得注意的是,同声传译训练引发的一些神经认知变化似乎是这种模态特有的。范•德•普特等(Van de Putte et al. , 2018)评估了一组多语者经过九个月的同声传译训练前后的情况,以及另一组多语者经过为期九个月的笔译训练前后的情况。在两次功能性磁共振成像中,所有受试都完成了抑制控制、转换和语言流利性技能任务。尽管行为和功能性磁共振成像结果未能显示两组之间以及两次扫描之间的显著差异,但只有同声传译学生表现出了由训练引发的结构连接性变化,尤其是与认知控制和语义加工有关的额叶-纹状体、颞叶-顶叶和额叶-小脑网络(参见第 3 章)。

这些研究表明,持续的同声传译训练可以显著改变脑区的结构和功能,这些区域支持大脑的多种语言和执行功能。然而,这些神经特性并不能揭示出哪些特定的认知域在训练后会有明显的增强。幸运的是,已经有大量的相关文献就这方面提出了见解。

第一个研究发现是,同声传译训练能提高目标语质量。赫维斯-阿德尔曼、墨色-梅瑟和格戈斯尼(Hervais-Adelman, Moser-Mercer & Golestani, 2015)在上述纵向研究中报告了这一点,并得到了先前证据的支持。例如,邹月如等(Tzou et al., 2012)的研究表明,大一口译学生在 15 分钟长的同声传译任务中的表现比非口译多语者好,大二学生的表现更好。诚然,这些结果并不令人惊讶,基本上证实了培训计划培养高质量同传译员的有效性。此外,对于我们目前的关注点来说,这些结果也有些不具体,因其无法揭示哪些特定的子功能是这些整体提升的核心。然而,正如第二章所述,许多研究采用可靠的原子化任务阐明了这个问题。

在一项具有保守样本量的开创性研究中,巴霍等(Bajo, Padilla & Padilla, 2000)比较了大一同声传译学生和非口译员多语者在不同语言任务中的表现。这些任务包括理解句子和语义分类(判断词对中第二个词是否属于第一个词所表示的范畴)。两组最初的测试结果相似,但大约一年后的第二次测评中,只有同声传译学生在两项任务上表现出明显的改善,这表明培训对概念机制有直接影响。

其他语言领域似乎不受早期口译经验的影响。事实上,在阅读方面,同声传译学生和熟练的非口译员多语者之间没有显著差异(Chincotta & Underwood, 1998)。因此,可以推测,初期训练不会改善浅层的(或高度自动化的)处理过程。但是,正如下文所述,在专业同传译员中,其中的某些功能似乎确实更稳健。

在非语言领域,董燕萍和谢枝龙(Dong & Xie, 2014)使用威斯康星卡片分类测验(参见第 2 章 2.3.2.2 节)来评估同声传译学生和非口译员多语者的思维定势转换能力。重要的是,该研究发现,即使控制了二语熟练度,二年级学生依然比一年级学生表现更好。这种模式似乎反映了同声传译的累积练习与认知图式转换能力之间有直接关系。需要注意的是,也有针对专业同传译员的相关研究报告过类似的发现。有关讨论详情,参见 7.4 节。

其他研究主要关注记忆能力。柯普克和内斯普卢斯(Köpke & Nespoulous, 2006)通过两项自由回忆任务测试了初学者和非口译多语者的记忆能力。第一个实验允许受试默读测试材料;第二个实验中他们不能这样做,而是需要在编码新信息时持续重复一个音节。有趣的是,同声传译学生在第二项任务中表现更好——该任务更接近于同声传译的关键加工条件,因为它衡量了语音输出的**同时**保持输入信息的能力。因此,可以推测,只有在面对较高的加工需求时,才能观察到同声传译学生在记忆表现方面的增强或主要增强。这种推测实际上得到了其他记忆技能研究的支撑。

例如,没有干预认知过程的情况下记忆新信息特征时,这些学员似乎没有表现出任何系统优势。对这项任务的纵向研究得出了混合结果,研究表明同声传译训练可以增强对字母的短期记忆,但不能提高对数字或者空间的短期记忆(Antonova Ünlü & Sağın Şimşek,2018;Babcock et al. ,2017)。同样,非口译员多语者在几个短期记忆指标上的表现与大一同声传译新生(Köpke & Nespoulous, 2006;Tzou et al. ,2012)和高年级同声传译学生相似 [①](Antonova Ünlü & Sağın Şimşek,2018;Chincotta & Underwood,1998)。总之,当认知资源可以完全用于短暂的信息保留时,未来将从事同声传译的这些人没有表现出任何明显的优势。

相比之下,记忆机制**与其他认知过程一起存在负荷**时,例如在同声传译中,同传学生确实会表现得更为出色。这一点已通过复杂广度任务得到了证明,在这些任务中,受试须一边不停地记忆语项列表,一边进行其他心理活动,例如产出不同长度的句子。由此,无论使用何种语言进行测试,非口译多语者无论在学习末期(Tzou et al. ,2012)还是初期阶段表现(Köpke & Nespoulous,2006),均逊于同声传译学生。实际上,以上范式的纵向实验研究表明,同传学生的成绩在五个学期练习后(Antonova Ünlü & Sağın Şimşek,2018)或四个学期练习后(Chmiel,2018)均有了显著提升,而同一时间点上接受评估的非口译多语者却并未显示任何进

---

① 文献中唯一不一致的研究结果可见于邹月如等(Tzou et al. ,2012)的文章,该文指出了大二同声传译学生和非口译多语者在数字短期记忆上的差异。

步①。总体而言,这些研究结果表明,职业前阶段的优势主要表现在需要将不同认知资源分配到同时发生的多项任务中,这也是同声传译的标志性特征。

抑制控制证据(Dong & Xie,2014;Köpke & Nespoulous,2006)和转换技能证据(Babcock et al. ,2017;Van de Putte et al. ,2018)进一步证实了口译学生训练引发了技能提升的选择性。经过一年甚至两年的培训后,未来想从事同声传译的人也未表现出一致的行为优势。稍后将证明,缺乏这些效应可能反映了它们与同传行业发展之间的相关性较低。

7.3.1　本质有别,速度更快

正如前面章节所述,所有双语者都有能力进行初步的语际转换(Malakoff,1992)。然而,那些专门从事这项技能的人(或者至少在特定方式下)似乎具有特定的心理和生理适应能力。诚然,具有不同能力的人拥有不同的大脑,这种说法可能有点老套,但上述证据所展示的不止于此。其丰富性在于它提供了对持续口译练习所引发的神经认知变化范围、性质和速度的具体思考。

首先,采用不同技术的独立研究都表明,同声传译课程学习与大脑解剖和功能性变化直接相关(Hervais-Adelman et al. ,2017;Van de Putte et al. ,2018)。虽然每项研究测量的神经维度不同(皮质厚度、血流动力增加、结构连接性),但它们都将口译训练与外侧裂周区、外侧裂外区和皮质下区的不同模式相关,而早期研究发现这些脑区与语言和非语言任务相关。当然,这些结果不能解释为任何特定子功能的认知改善。然而,我们至少可以认为,这些变化部分是由这一双语转换模式对特定认知技能的需求所驱动的。重要的是,这些实验中,无论是范•德•莱特等(Van de Putte et al,2018)的 18 名学员,还是赫维斯-阿德尔曼等(Hervais-Adelman et al,2017)的 34 名学员,样本量都在可接受范围内,并控制了二语熟练度、习得年龄以及更多基本的社会人口学因素。通过规避该领域其他研究的一些主要局限性,此类研究为训练导致的神经可塑性提供了有力证据。

前一句话表明了一种因果关系,这并非偶然。虽然神经科学中的大多数证据都有相关性,但刚刚提到的研究使用了纵向设计,表明研究结果所报告的效应可能由行业经验积累直接触发。一些行为研究也支持这一点,这些研究显示,经过

---

① 需要注意的是,如果干预认知任务涉及非语言材料时没有出现这种改善(Babcock et al. ,2017),这可能表明至少在职前阶段,语言转换任务对工作记忆具有特定影响。

一段时间的强化练习后,语言功能区(Bajo, Padilla & Padilla, 2000)和执行功能区(Antonova Ünlü & Sağın Şimşek, 2018; Chmiel, 2018)将有所改善。对照组中没有表现出类似的增强效应,这排除了脑区功能提升受任务熟悉度或与一般双语技能相关的其他非特定因素影响的可能性。

这些结果具有特殊的理论意义,让我们能在所谓的"自我选择问题"上明确立场(Christoffels & de Groot, 2005)。简单来说,接受过专业训练的一组受试与没有接受过训练的另一组受试进行单点对照,不足以证明其差异是由实践造成的。极有可能的是,进入该领域的受试是那些对该行业有先天禀赋的人,因此口译员的优势与那些未明确说明且与任务无关的普通因素有关。然而,这些一致的研究结果并不支持此种可能性。

最近的一项研究中,罗西尔等(Rosiers et al., 2019)将非口译多语者与即将接受训练的同传译员比较,发现他们在一组执行任务中的表现相似。同样,现有的纵向实验中,口译学生与非口译多语者的初次评估测试没有差异,但第二次评估即使排除了二语能力等变量的影响,也确实存在差异。此外,一些专业同传译员的神经认知差异和行为优势与实践时间相关(Elmer, Hänggi & Jäncke, 2014),也与职业经验年数相关(Santilli et al., 2018),这些结论的证据将在下文涉及。总之,我们的目标群体的突出特征似乎在训练开始之前并不存在;相反,无论其他因素如何,这些特质都会在专业化培训过程中逐渐出现。至少在某些情况下,它们与同声传译的训练时间成正比。因此,这种语际转换模态中积累的经验构成了同传特定神经认知特征的**因果**(尽管是部分)决定因素。

更重要的是,这些训练引起的变化可能会发生得相当快。大多数情况下,在训练的前18个月甚至第一年之前,可以检测到显著的神经和行为效应。在这个意义上,前/后对比设计是最有说服力的,但在仅通过组间单点比较的研究中也有许多相符的证据。

因此,将这些效应归因于技术意义上的"专长"并不完全准确。尽管这一术语有时会被误用或与其他构念混淆(Muñoz Martín, 2014),但该术语通常是指经过多年刻意的、目标导向的练习后对一套特定技能的扎实掌握(Ericsson et al., 2006)。招募来参与实验研究的学员中很少有人能达到专业译员的水准。事实上,通常只有经过职业生涯的磨砺才能达到类似水平。相反,上述报告中的变化和提升似乎反映了同声传译**能力**的提高,即获得完成此项任务所需的技能(Tiselius & Hild, 2017),这些技能的提高为口译专长奠定了基础,但并不等同于口译专长。

简言之,在学员达到精通水平之前,同声传译训练对其神经认知的影响就已经十分显著了。学员持续暴露于这种特殊的社会认知体验中会加快其适应力,即使在熟练的成年双语者中也是如此。

最后,这种快速变化似乎并不适用于所有认知领域。事实上,仅发现口译学员的少数技能优于非口译多语者。如上所述,若这些功能正是同声传译中特别受到考验的功能,那么由训练引发的效应将具有有限的(或没有)普遍性。换句话说,这些技能具有很大的选择性和特定性,这进一步说明了它们的部分功能独立性(参见第 4 章)。在作出结论之前,让我们先来看看来自专业同声传译译员的更多证据。

7.4 专长持续变化(愈来愈强)

经过几个月的高强度训练,口译学生就可以获得相应的毕业证书。他们中的大多数人随后将获得认证并开始从事口译工作。几年后,随着多场会议的经验积累,这些译员将掌握该行业中几个领域的专业技能。凭借不断积累的专长,先前的哪些神经认知效应将保持不变,哪些会改变?在职业生涯中,是否会出现新的神经效应?如下所示,我们已有大量证据可以回答这些问题。

一些实验表明,口译员的大脑可能具有某些不同于他人的特征,其中一些与学员大脑中检测到的类似。埃尔默、汉基和扬克(Elmer, Hänggi & Jäncke, 2014)对专业口译员和非口译员多语者的大脑体积进行了比较。主要发现是,前者的某些脑区体积较小,如双侧前中部扣带回、前中部脑岛叶、上中部回和三角部区(彩图 7.4)。正如该实验的研究者所指出的,这些脑区涉及同声传译的多种核心功能,包括错误检测、感觉与运动的耦合以及其他语言和非语言功能,如工作记忆和语音加工。这些区域和其他相关区域(如双侧尾状核)中的灰质密度与口译员的训练时间呈负相关,这表明口译训练的时间长短与皮质变化之间存在联系,从而使控制语言更加有效(Elmer, Hänggi & Jäncke, 2014)。

然而,另一项研究表明,同声传译的经验也可能导致上述脑区体积的增加。贝克尔等(Becker et al., 2016)发现专业同传译员左侧额极区的灰质密度更大,该区域与认知控制有关。此外,口译员该脑区的体积与转换范式中混合成本降低呈负相关,这进一步表明,某种极高要求的技能增强时,关键神经基质的形态也会发生变化。

这些结果与埃尔默、汉基和扬克(Elmer, Hänggi & Jäncke, 2014)报告的结果之间的差异或许反映了受试变量(如受试的训练年限)和方法因素(包括图像获取参数)的差异。当然,有必要进行进一步研究,以弄清哪种类型的体积差异更能体现专业口译员特征。然而,这些数据都表明,口译专家的大脑中,语言与执行功能的相关脑区会出现特殊的解剖学特征。

口译经验也与相关脑区的功能适应变化有关。在一项双耳分听测试中,只有专业同传译员在判断翻译句子对的句法和语义错误时表现出脑半球不对称性,但学生却没有表现出脑半球不对称性(Fabbro, Gran & Gran, 1991)。根据该实验的研究者的说法,这些结果可能表明模态特有的加工策略重新调整了脑半球的专业化特征。然而,由于双耳分听在评估语言侧化方面的局限性,这种解释必须谨慎对待(Paradis, 1992, 1995, 2003, 2008)。

更直接的证据来自语义判断任务。埃尔默及其同事招募了非口译多语者和专业同传译员(专门从事二语到一语的翻译实践),向他们呈现名词对,并要求他们判断每对名词是否一致。刺激材料以四种语言组合(一语——一语,二语——二语,一语——二语,二语——一语)呈现,从而评估语内和语际效应。第一份报告(Elmer, Meyer & Jäncke, 2010)显示,除了二语——一语的专门受训方向外,口译员在其他条件下的 N400 反应都有所增强(彩图 7.5)。这可能表明"训练导致了对一语和二语语内以及语际语义加工的敏感性发生改变"(Elmer et al, 2010: 152)。

第二份报告(Elmer & Kühnis, 2016)着重探讨了听觉相关皮质(BA 41 和 BA 42)和布洛卡区(BA 44 和 BA 45)之间的功能连接。这两个脑区位于左半球,其连接涉及从感知到发音的映射。报告的关键发现是,在语义判断的过程中,这些脑区间的 θ 波段耦合在同传译员中的表现明显强于非口译多语者。尤为引人注目的是,口译员的这种连接模式与其所受的训练量呈正相关,这表明分布式语言网络可能根据其所面临的需求进行相应调整。

此外,相对于非口译多语者,专业同传译员的典型特征是执行翻译任务时额叶和颞叶中心区之间独特的交互动态。在一项评估转换过程和双重语言任务表现的磁共振成像研究中,贝克尔等(Becker et al., 2016)发现,口译员的左额极具有较高的全域网络效率,并且与左颞下回和颞中回的功能连接更为紧密。该实验的研究者认为,这些结果可能反映了增强认知控制的神经适应性。

综上所述,专业同传译员似乎也表现出独特的神经解剖和神经功能特征。与同声传译学生中所观察到的情况类似,这些特征涉及与语言和非语言过程相关的脑区和网络,对于成功完成任务至关重要。有趣的是,一些这样的神经功能与练习量成正比,进一步强调了它们与经验相关的特性。然而,如前所述,这并不意味着与这些脑区相关的所有功能都会表现出行为上的提升。事实上,只有在其中某些功能上才观察到显著的提升。

首先,与专业音乐家和非专业对照组相比,同传译员在语言和非语言的语音听觉感知方面表现出优势(Elmer et al.,2014),这可能反映了他们从复杂听觉信号中提取和识别相关输入的能力得到了提高。此外,相对于非口译多语者,专业同传译员在句子理解(Bajo,Padilla & Padilla,2000)以及较长的篇章理解(Yudes et al.,2013)和回忆(Dillinger,1990)方面也似乎更有优势。此外,他们更擅长识别语义错误,但很难识别词汇或句法错误(Fabbro,Gran & Gran,1991;Yudes et al.,2013)。考虑到同声传译需要把握文本中显著的语义模式,这种模式可能通过会议场景中积累的经验来实现认知能力的提高。

其次,专业同传译员在词汇知识(Christoffels,de Groot & Kroll,2006)、语言流畅度(Santilli et al.,2018)和词汇翻译测试(Santilli et al.,2018)中的表现均优于非口译多语者,这表明译员拥有更大的词汇量并且提升了语内及语际词汇搜索技能(图7.6)。这些优势可能源于在时间压力下需要不断检索高度特定词汇的需求,但也可能是由双语系统所面临的其他反复出现的需求所触发的。事实上,在二语教师中也出现了同样的效应(Christoffels,de Groot & Kroll,2006;Stavrakaki et al.,2012)。然而,将这些效应归因于二语相关的非特定变量是错误的,因为即使专业译员和双语者在二语能力、习得年龄、学习年限和每周接触二语时间都相似,这些效应仍然会出现(Santilli et al.,2018)。因此,对于这些专业人员以及二语教师来说,词汇语义加工能力的提升可以合理地归因于特定领域的专长。

再次,专业译员会更有效地加工不熟悉的材料。实际上,要求他们识别(Bajo,Padilla & Padilla,2000)、复述(Signorelli,Haarmann & Obler,2012)或回忆(Stavrakaki et al.,2012)非词(即没有被词库收录的单词)时,他们的表现要优于非口译多语者,甚至是二语教师。同样,他们在对特定语义类别的非典型样本进行分类时也有优势(Bajo,Padilla & Padilla,2000)。这初步表明,口译员可能拥有更好的隐性策略来加工在实际口译场景中经常遇到的意外、非机械学习的语言信息。

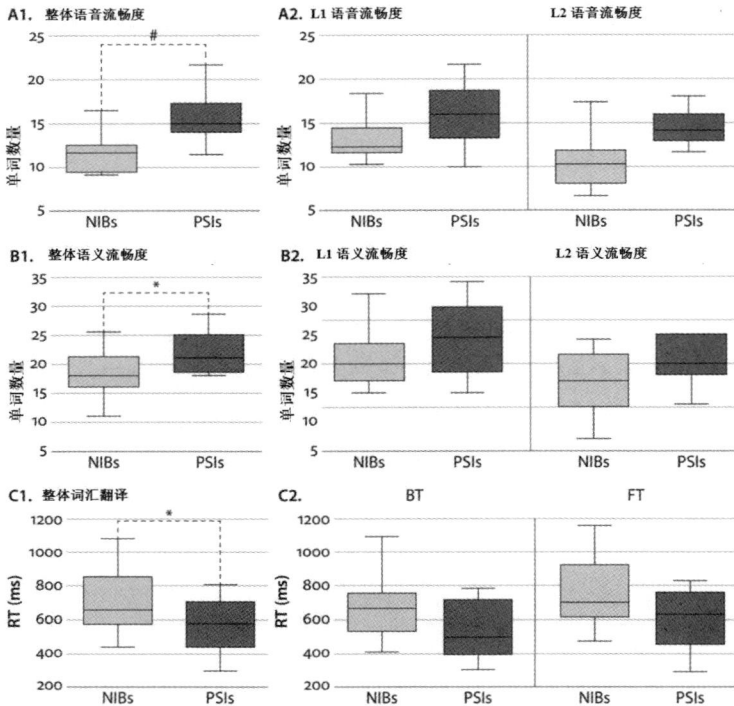

图 7.6　同传译员与双语者对照组的语言流畅度和单词翻译速度

在考虑两种语言的表现时,口译员在语音流畅度任务(图 A1-A2)和语义流畅度任务(图 B1-B2)中的词汇量产出均多于双语者对照组。同样,双向翻译任务的结果表明,与双语对照(图 C1-C2)相比,口译员加工语言的速度更快。星号(*)表示仅在混合方差分析中存在显著差异,显著性水平为 $p < .05$。井号(#)表示在混合方差分析和协方差分析(以口译专业能力为协变量)中均存在显著差异,显著性水平同样为 $p < .05$。BT:反向翻译;FT:正向翻译;L1:一语(西班牙语);L2:二语(英语);NIB:非口译双语者;PSI:专业同声传译员;RT:反应时。经桑蒂利等(Santilli et al.,2018)许可转载。

此外,口译经验似乎并不影响某些语言加工过程。专业口译员和非口译多语者或二语教师在图片命名方面没有显著差异(Christoffels,de Groot & Kroll,2006;Santilli et al.,2018),如图 7.7 A 所示。此外,利用语义一致性判断的实验结果也各不相同(Elmer & Kühnis,2016;Elmer,Meyer & Jäncke,2010)。最后,在过度练习或浅层加工任务中,口译经验的影响也微乎其微,这些任务包括真实词汇的词汇判断(Bajo,Padilla & Padilla,2000)、数字计数(Signorelli,Haarmann & Obler,2012)和双语单词阅读(Hiltunen et al.,2016;Santilli et al.,2018),如图 7.7 B 所示。值得注意的是,这些词汇任务依赖高度自动化的机制,在同声传译过程中并未比其他日常语言活动面临更高的需求。因此,它们可能无法从口译员群体的系统训练中获益。

同声传译对语言加工的影响似乎仅限于那些在不同语境下明显受到压力的子领域。根据第 7.2 节中的描述,专业口译员在听觉感知、概念加工(包括文本理解和语义错误检测)、词汇搜索、语际翻译和加工不熟悉材料方面有显著优势。然而,其他与口译无关的过程似乎不受口译经验积累的影响。这一广泛的模式初步证实了第 7.3 节末尾所提出的猜想:似乎只有在有限的子领域中,与口译实践相关的语言能力提升才具有显著性。

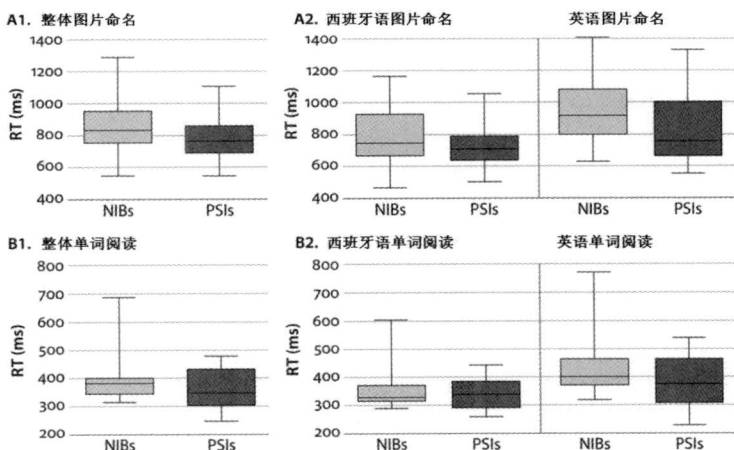

图 7.7 同声传译和双语对照中的图片命名和单词阅读速度

就两种语言中的表现而言,图片命名任务(图 A1-A2)或单词阅读任务(图 B1-B2)中,受试组间无差异。L1:一语(西班牙语);L2:二语(英语);NIBS:非口译双语者;PSIs:专业同传译员;RT:反应时。经桑蒂利等(Santilli et al. , 2018)许可转载。

执行过程的研究也显示,口译训练增强的功能与未受影响的功能之间有明显差异。我们发现,只有在无法进行内心默念的情况下,受训人员的回忆能力才会表现得更好。专业口译员也呈现出相同的模式,在允许内容默念的情况下他们的表现与其他组(非口译多语者、双语教师、交传译员)相似(Bajo, Padilla & Padilla, 2000;Hiltunen et al. , 2016;Hiltunen & Vik, 2017;Köpke & Nespoulous, 2006;Signorelli, Haarmann & Obler, 2012),但在任务涉及发音抑制时,其表现则显著优于其他群体(Bajo, Padilla & Padilla, 2000;Köpke & Nespoulous, 2006;Yudes,

Macizo & Bajo,2011b)。这一证据再次表明,只有与同声传译任务相似的限制性条件下,译员才会出现选择性提升。工作记忆的结果也是如此,就像学生译员的情况一样,在同时进行认知操作的情况下,其表现会更好(图 7.8)。

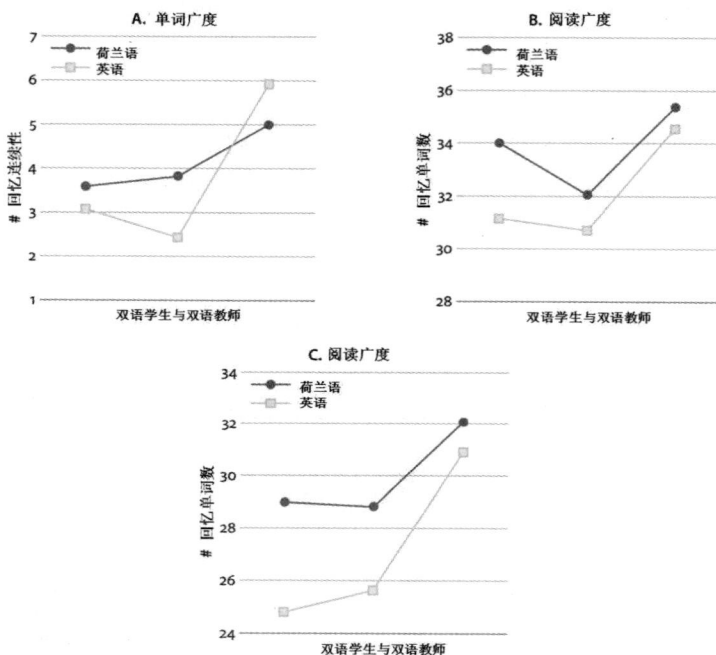

图 7.8　同声传译、双语教师和双语学生的工作记忆结果

该图显示,口译员在单词广度(A 组)、阅读广度(B 组)和语言广度(C 组)任务上的表现均优于双语学生和二语教师。后两个任务中,受试需要在语言加工过程中对信息进行编码。这些差异出现在受试的两种语言(一语:荷兰语;二语:英语)中。经克里斯托弗、德·格鲁特和克罗尔(Christoffels, de Groot & Kroll,2006)许可转载。

事实上,在编码期间,如受试需要读出书面语句(Signorelli, Haarmann & Obler,2012;Yudes, Macizo & Bajo,2011a;Yudes et al.,2013)或自发说出语句(Christoffels, de Groot & Kroll,2006)、判断语言材料的合理性(Chmiel,2018),甚至进行数学计算(Babcock & Vallesi,2017)[①] 时,专业同传译员的记忆广度通常大

---

① 请注意,特定的工作记忆任务对专业同传译员和二语教师产生了相同效应(Stavrakaki et al.,2012),表明该领域也可能受益于其他专业的双语活动。

于非口译多语者。因此,这些专家在进行额外的认知任务时,还具有存储瞬时信息的出色能力,这对于他们在职业上取得成功至关重要。

　　此外,不同于一般的学员,专业同传译员在没有同时进行其他认知操作情况下,其记忆保持能力也优于非口译多语者。相关研究发现,这种优势体现在字母(Babcock & Vallesi, 2017)、形 状(Babcock & Vallesi, 2017)、非 词(Stavrakaki et al. , 2012)、一语和二语单词(Christoffels, de Groot & Kroll, 2006)以及数字(Bajo, Padilla & Padilla, 2000; Stavrakaki et al. , 2012)等方面,尽管数字材料的研究结果并不一致(Köpke & Nespoulous, 2006; Santilli et al. , 2018)。事实上,同传译员对字母的记忆比其他语际转换专家(如笔译员)表现更好(Henrard & Van Daele, 2017)。因此,这种口译模式的专业技能似乎也带来了短期记忆方面的优势,即使学生在发展其口译能力时未表现出一致的效果。专业同传译员在认知控制等特定方面也优于非口译多语者和其他语际转换专家。特别是,他们在双重任务中反应速度更快,这需要将特定的精力分配给两个平行但不相关的过程,如在视觉和听觉目标序列中同时识别出特定的音调和形状(Becker et al. , 2016; Morales et al. , 2015; Strobach et al. , 2015),参见彩图 7.9。这说明他们拥有高超的心理协调能力,这可能是同声传译过程中为了满足同时输入和输出的需求而进行优化加工形成的能力。

　　此外,专业同传译员在思维定势转换范式中比非口译多语者更快、更准确,这需要持续更新激活的认知模式(Yudes, Macizo & Bajo, 2011a),尽管并非所有的研究结果都能体现这一效应(Santilli et al. , 2018)。同样,当要求同传译员在两个不同的任务(如颜色和形状辨别)之间转换时,他们的转换成本与非口译多语者、一般翻译人员和交替传译员相似,但混合成本显著降低(Babcock & Vallesi, 2017; Becker et al. , 2016)[①],如图 7.10 所示。值得注意的是,后一种模式与左侧额极灰质密度呈负相关,左侧额极是认知控制网络的中枢(Becker et al. , 2016)。这种负相关似乎也与同声传译的要求密切相关,即同传译员需要同时激活(而不是交替抑制)两种语言,防止一语和二语混用,而不是在两种完全不同(如视觉和听觉)加工模态之间进行**转换**。

———————

① 在经典的双重任务实验中,混合成本是按照混合任务(颜色和形状)组块中的重复试次与单任务(仅颜色、仅形状)组块中的所有试次间的差异来计算的。然而,转换成本是通过混合任务条件下非转换试次与转换试次之间的差异来确定的(Becker et al. , 2016)。

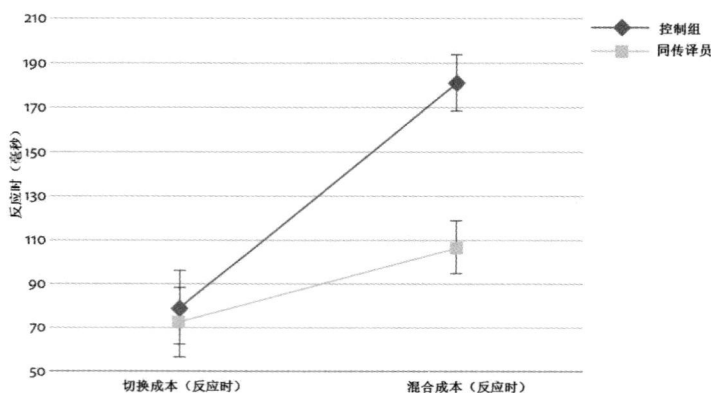

图 7.10　同传译员和双语者对照组的转换成本和混合成本

该图显示了两种实验条件下（基于图 2.3 所述任务切换范式）的认知成本数据。误差线表示标准差。协变量出现在如下的模型评估值中：年龄＝41. 83，性别＝1. 75。RT：反应时；SI：同传译员。经贝克尔等（Becker et al，2016）许可转载。

　　最后，如先前对学员的研究所示，专业同传译员在基本注意力功能（包括警觉和定向能力）（Babcock & Vallesi，2017；Morales et al. ，2015）和抑制功能方面均没有优势，无法最大限度地减少语言和空间信息对感知过程的影响（Babcock & Vallesi，2017；Köpke & Nespoulous，2006；Yudes，Macizo & Bajo，2011a）。实际上，只有一项冲突解决实验研究发现，同传译员反应更快，但是准确性较差（Aparicio，Heidlmayr & Isel，2017）[1]。这些结果也符合这样一个假设，即与口译相关的提升本质上是由需求驱动的。这些实验范式所关注的注意力类型与专业译员的口译表现几乎无关，专业译员的口译表现实际上是一种高度自动化的技能（Cowan，2000）。同样地，抑制来自不同加工模态（语言、空间、感知）干扰的能力，对于同声传译也可能不那么重要。简而言之，在达到专家表现标准之前或之后，该专业的经验似乎不会带来注意力或抑制技能的提高。

　　综上所述，这些证据证实了在口译学员中观察到的初步模式：这种语际转换模态的持续训练仅与某些认知功能的提升有关。无论是在语言还是执行功能领域，加工优势仅对于那些在同声传译过程中直接且专门使用的功能才显得强大而稳固。以下将阐述这一观察结果的理论意义，以及关于神经认知系统适应性的其

---

[1]　参见亨拉尔德和范·达埃勒（Henrard & Van Daele，2017）的研究，了解不同的结果。

他几个假设。

7.4.1　大脑与同传的互相阐释

现在,许多人长期以来的直觉已经得到科学证明:同传译员的大脑有一些特别之处。同传培训过程中开始显现的变化,在学员成为专业人士后依然存在,而某些适应性改变似乎仅在职业生涯的后期阶段才出现。我们对大量的研究发现进行了总结,这为确定这些口译员与其他多语者的思维方式差异奠定了基础。

首先,同传译员拥有特定的神经解剖和神经功能特征。尽管证据不充分,但令人惊讶的是,他们表现出不同模式的特定神经结构与在学员中观察到的神经结构并不完全一致。这些差异可能是由积累的经验和因之而得的专长所造成。实际上,如前所述,同传译员的某些神经科学特性与其练习量显著相关。这种不一致也可能反映了年龄的影响(因为专业同传译员的平均年龄比第一组研究中所考察的学员大得多),甚至可能是各实验研究所采用的测量指标和分析参数差异所致。

尽管如此,无论是学员还是专业同声传译员,他们的一个共同特点是大脑独特神经模式对应于外侧裂周区、外侧裂外区、皮质下区,这些脑区和网络促成了与同声传译直接相关的诸多语言和非语言活动。实际上,与这些区域相关的关键功能(参见第 3 章)与本章开头列出的成功同声传译的必要功能高度一致。与同声传译练习相关的主要生物变化似乎并不是在大脑中随机出现的,而是局限于与该模态密切相关的系统中。

这一总体发现对口译所依赖的神经系统提出了进一步的思考。第 4 章描述的神经解剖模型以及第 5 章和第 6 章介绍的功能特性,都是通过共时比较特定受试个体或具有相似语言背景的受试群体所做的实验任务而得出的。在本章中,通过将训练和专长的变量纳入其中,并检测相关系统的历时变化,我们可以更加细致地描述这些系统,认识到它们具有内在的可塑性。语际转换功能的解剖、血液动力、电生理相关因素,不仅在任务执行过程中被征用,而且还会被这些过程本身所塑造。正如强健的二头肌通过反复举重变得更强壮一样,这些神经认知系统也可以通过这种语际转换模态的持续练习出现显著变化。

当然,仅凭神经差异还不足以确定与每个脑区或机制相关联的诸多功能中,哪些功能真正体现出性能提升。这正是行为证据发挥关键作用的地方,因为行为证据揭示了与口译经验有关效应的程度和性质。我们已经看到,至少学员报告的许多优势是由特定任务的实践驱动的,并且在训练开始后不久,优势就显现出来了。现在,我们可以进一步得出结论,在这些群体中观察到的语言和非语言功能提升并不能推广到同传直接涉及的功能之外,它们彼此独立,受独特的适应性时程影响,不受其他与双语经验相关的因素影响。

专业同传译员的行为结果证实了学员中已初步确立的一个观点:显著提升仅限于同声传译过程中受到特定挑战的领域。例如,一些最显著的语言优势已通过评估话语理解、单词翻译和陌生语言材料加工得以体现。所有这些技能都必须进行优化,才能在这一领域中取得成功。事实上,成功的口译取决于展开的话语中抓取关键概念的能力,同时迅速激活源语单词的目标语对等词,并有效识别和加工意外信息(Christoffels & de Groot, 2005; Padilla, Bajo & Macizo, 2005)。同样,就执行功能而言,同传译员在发音抑制下的回忆任务、工作记忆以及双重任务加工方面获得的系统性改善最为明显。这些领域的高效表现对成功完成同声传译工作至关重要。由于内心默念时,语音系统不发生作用,并且有限的资源被分配给同时发生的(输入和输出)操作,所以同声传译需要凭借记忆来存储、控制和检索信息(Chernov, 2004; Christoffels, de Groot & Kroll, 2006; Gerver, 1975; Pöchhacker, 2004)。

更能说明问题的是,一些认知功能似乎**不受**口译实践的影响。例如,同传译员无论用哪种语言进行图片命名或朗读单词都未表现出优势,也没有在依赖抑制或转换机制效率的任务中展现显著差异。不同于前文中讨论的功能,这些功能似乎具有共同特征:它们在同声传译过程中的负荷并不比在其他的双语加工方式中大。例如,快速说出静物名称的能力,对于同声传译来说大多无关紧要,快速念出文字的能力也是如此(Santilli et al. , 2018)。同样,同声传译更依赖于对同时激活进程的共同管理,并非对竞争进程的抑制(Dong & Xie, 2014; Ibáñez, Macizo & Bajo, 2010; Yudes, Macizo & Bajo, 2011a),而且同声传译也不涉及加工模态的突然转换。涉及焦点注意力方面的任务也是如此,所有这些任务都不会影响口译专长:与**分散**注意力技能不同,这些焦点注意力任务测试的注意力维度对于口译表现似乎无关紧要(Pöchhacker, 2004),因为训练有素的口译员的行为已经是高度自动化的了(Cowan, 2000; Gile, 1995; Gran, 1989)。

基于这些任务的显著和非显著结果得出的重要结论是:口译专长效应似乎具有**以需求为基础的领域特异性**。无论功能相似程度和重叠部分有多大,特定语言或非语言功能的提升都不会扩展到同一通用(语言或执行)系统的其他功能中。

这不是同传译员的特性,而是与专长相关效应的普遍现象。例如,记忆专家具有出色的工作记忆和语言记忆能力,而视觉记忆能力却没有随之增强(Maguire et al.,2002)。此外,双语加工在整个生命周期中的需求仅与某些执行功能的提升相关(Bialystok,2009;Bialystok,Craik & Luk,2012),甚至仅限于特定领域内的某些维度,例如工作记忆(Calvo,Ibáñez & García,2016)。根据这些先例,同传练习对认知能力的影响似乎呈现出有限的(甚至可能没有)跨域普遍性。

另一个与上述观点相符的观察结果是,同传译员的语言能力和执行能力是相互独立的。毋庸置疑,语言和非语言功能在同声传译过程中会不断相互作用(Christoffels,de Groot & Kroll,2006;Christoffels,de Groot & Waldorp,2003)。然而,这两个广泛领域内的效应并不能用另一个领域内的效应来解释。例如,词汇任务中的优势与短期记忆的提升无关(Christoffels,de Groot & Kroll,2006),实际上,这些优势在不同短期记忆广度的样本中都有报道(Yudes et al.,2013)。不仅如此,即使运用相同的执行技能,同传译员的口译表现也优于非口译多语者(Santilli et al.,2018)。克里斯托弗、德·格鲁特和沃尔多普(Christoffels,de Groot & Waldorp,2003)通过图形建模发现,翻译效率和短期记忆容量都是在统计上独立决定翻译结果的因素。总的来说,同传译员的语言和非语言适应能力很可能是彼此独立的。

此外,自系统口译实践开始以来,似乎并非所有认知系统都遵循相同的发展轨迹。我们已经看到,在专业译员身上观察到的一些影响也可以在学员身上追踪到。然而,情况并非总是如此。通过语言流利度测试所揭示的词汇搜索技能提升在专家身上较为显著(Santilli et al.,2018),但在学生中并非如此(Van de Putte et al.,2018)。短期记忆效果也是如此,它在专业译员身上得到反复验证,在学员身上最多只是表现出不一致的结果。这引发了一种猜想,即同声传译中与持续经验相关的某些加工优势只有在积累了多年的实践后才会出现,远远超出了完成培训计划所必需的时限。另一种可能是,系统性依赖短期记忆作为一种实用策略,可能只有在职业生涯中才被识别出来,因此相关机制的严格需求只有在个体毕业后进入职业生涯阶段时才开始显现。尽管原因尚不清楚,但与这种语际转换模态相关的早发性和迟发性增强的研究发现,进一步证明了这种变化的复杂性和多样性。

最后,请注意,在学员和专业同传译员中发现的独特认知烙印似乎与该语际转换模态的反复练习**密切**相关。大多数研究在已经有效地在二语习得年龄和/或熟练程度等一般双语经验变量上匹配了样本。鉴于这些因素已被证明能在不同群体中调节认知结果（Bosma et al. , 2017；Ferré, Sánchez-Casas & Guasch, 2006；Grant, Fang & Li, 2015；Jasinska & Petitto, 2013；Linck et al. , 2014；Matusevych, 2014；Matusevych, Alishahi & Backus, 2015），排除这些因素的干扰至关重要；否则，我们不能将观察到的效应归因于口译练习。此外，将同传受试与其他语际转换模态（如笔译或交传）受试进行比较，表明迄今为止发现的某些适应性和增强性特征可能是同传所特有的（Becker et al. , 2016；Henrard & Van Daele, 2017；Van de Putte et al. , 2018）。然而，这并不适用于迄今为止研究过的所有领域。实际上，通过对比专业同传译员和专业交传译员（甚至其他语言专业人士，如二语教师），我们并没有在流利度、听力广度（Stavrakaki et al. , 2012）和信息回忆（Hiltunen et al. , 2016；Hiltunen & Vik, 2017）方面发现明显差异。确定哪些认知调控为同传经验所独有，而非其他语际转换模态所共有，是口笔译神经认知研究面临的一个重大挑战。

7.5　语际转换系统的可塑性

双语大脑的基本配置足以进行语际转换，并且语际转换系统的某些神经认知特性在业余翻译爱好者、受训学员和专业译员中都同样存在。然而，人脑在许多方面受笔译或口译频率、强度和质量的影响。正如本章通过同声传译所例示的那样，一种特定语际转换模态的反复练习与神经可塑性变化相关，也与语际转换至关重要的多个子功能的效率提高有关。由此，我们必须将可塑性作为（本书中所描述的）神经认知机制的另一个关键特性，并将其作为口笔译神经认知研究的主要课题。认识到这一点，我们不仅能够更好地理解人脑如何跨语言重塑信息，并且还能够理解这一过程本身如何重塑人脑。

第 8 章
正在发生的故事

8.1 阁楼游记

　　从前有一座大房子,房子里有很多房间和住户。每个住户大部分时间都待在一个特定的房间里,但是他们都知道每扇门后面藏着什么,并且可以在各个区域之间无障碍地漫游。然而,有一个地方是个例外:无论有多少新住户搬进这栋房子,都没有人去过阁楼^①。他们为什么要去阁楼呢?主楼上的生活丰富多彩、生机勃勃,而传闻阁楼昏暗、神秘,是个禁区。然而,有一天,阁楼的门被打开了,人们终于可以看到阁楼的真面目。虽然几个角落有些阴暗,许多部分有些残破,但是它是多么宽敞,多么吸引人!当然,阁楼并不昏暗,光线已通过多个窗口照了进来。它也并不神秘,已经有很多人,主要是其他房子的居住者,曾经造访过这里,并且详细地记录了他们的到访,并将这些手稿散落在了地板上。阁楼很快就被证明绝非无法进入,不再神秘。多亏这一发现,这些居民现在可以生活在一栋更大的房子中了。

　　在口笔译研究这座房子中,神经认知阁楼的故事也是如此,我们至少希望如此。本书记录了对这个被忽视空间的详尽探索,我们在此探索过程中收集了以前的访客记录,并将它们进行整合,展示出一个连贯的、可理解的故事。该故事的叙

---

①　本书作者加西亚把基于大脑的口笔译研究描写成阁楼那样的"有待探索的已知领域",而非"黑匣"那样的未知领域,参见本书绪论第Ⅰ部分"踏进阁楼"以及其他章节的相关论述。——译者注

述仍要继续，实际上可能永远不会结束，已撰写完成的章节本身已极具说服力。语际转换出现数千年后，最终可理解为与"人类的大脑"这个最基础的先决条件息息相关。

这个故事曲折起伏，已跨越了整整一个世纪。通过描述脑损伤、血流模式、（生物）电压变化、声音产出和行为模式，我们得以从一个全新的、以生物学为基础的视角研究语际转换及其干预过程。这一新视角的语际转换研究尚处于初始阶段，但针对若干主题提出了明晰的见解，主要包括：推定神经网络的偏侧化；语际转换机制与其他语言机制的部分依存关系；不同翻译方向、加工层面和源语单位类型的脑回路功能组织和时间动态；训练导致的大脑可塑性对认知系统的影响；主要认知操作的行为关联性。对于第一次探索阁楼之旅来说，这个结果已经相当不错了。

仔细阅读了不断发展的前几个故事情节之后，我们可以走下阁楼，精确描述其亮点，评述优点和缺点，并确定这个故事还需要些什么才能变得更长、更可靠、更丰富。本书结束之前，让我们总结一下已经学到的知识，并提出一些建设性的意见。

8.2　研究问题与答案

第一章中，我们确定了口笔译认知研究中的一些核心问题，但非神经研究方法对此涉猎不深抑或无能为力。七章过后，我们已经可以对其进行概括，并对合理的、实证研究驱动的答案进行整合。这些并非终极答案，但它们证明了基于大脑的研究可以为我们这一广泛领域作出独特贡献。

问题1：在口笔译心智加工的整体架构中，哪些功能系统是彼此独立的？

先前的口笔译认知研究模型忽视了这个问题，有些模型默认同一组机制在任何形式的语际转换中以同样的方式运作。然而，基于大脑的研究表明，要对系统内部组织进行有力的解读，应该将诸多具体特征整合在一起。

支持语际转换的神经网络与涉及一般语言功能的脑区多数有重叠。这些区域包括外侧裂周区（如布洛卡区、颞上叶）、外侧裂中枢（如运动皮质）和皮质下通路（如基底神经节）。例如，在源语词对应的目标语对等词检索任务中，基本语言功能主要依赖于左半球，尽管右半球的作用也不可忽视。然而，至少一些支撑语际转换的脑回路是部分独立的，不完全依赖于认知系统来参与其他语言任务，例如单语产出。同时,认知系统似乎拥有复杂的内部配置,包含部分分离的脑回路。例如,不同翻译方向(正向翻译和反向翻译)、不同加工层面(概念整合和形式层面的操作)、不同源语单位类型(具有独特心理语言特征的词和句)所涉及的脑回路部分有别。

上述观点的具体程度不同,但已经明显体现在两个神经解剖模型(Fabbro,1999;García,2012a)中,这两个模型均明确了每个子功能的关键脑区。尽管这些模型及为其提供证据的相关研究在很多方面均较为粗略,但它们提出的所有假设都是可验证的,后验假设应该在语际转换机制内部配置的不断讨论中得到接纳或被明确拒绝。

问题2:这些系统在不同形式的语际转换过程中发挥什么样的作用?

上述系统根据语际转换过程的特殊性,也会表现出动态变化,随任务的不同而发生改变。与单语任务(如单词阅读)相比,语际转换与不同额叶纹状体区和颞区的激活程度增加有关。然而,翻译方向不同,这些脑回路的参与程度也不同,正向翻译通常在皮质和皮质下中枢(如布洛卡区、尾状核)引起更大的变化。加工单位的类型不同,其所涉及的神经认知系统也表现出不同的活动水平。例如,额叶纹状体和颞顶区似乎在翻译句子和词时作用不同。此外,额叶纹状体和颞顶区似乎在语际转换过程中专门用于加工不同类型的词,前者在动作动词的翻译中起关键作用,而后者对于具体名词的翻译更为重要。值得注意的是,某些神经上的差异并没有体现出行为上的差别(如准确性或反应时方面)。这表明,在语际转换的认知研究中,神经科学方法可以捕捉到非神经方法无法发现的主要功能差别。

问题3:语际转换的内部时间特征是什么?

对反应速度的测量(如键盘记录或经典反应时的测量),可以让我们从整体时间的角度检视语际转换的各个方面,其中包含所有可能出现的干预过程(从过程开始到行为反应)。然而,这一总体结果包含不同的过程,可以用脑电、颅内记录和其他神经科学方法进行研究。目前的研究结果表明,正向翻译和反向翻译脑激活模式的差异在译者看到源语片段后四分之一秒内就会出现。此外,每个翻译方向似乎都在连续时窗(大约200毫秒和400毫秒)内呈现出不同的动态过程,这些时窗被认为是注意力和词汇—语义加工的指标。此外,在500毫秒前后,源语片段的同源状态、具体性和出现频率的不同都会导致语际转换过程呈现出明显的变化。因此,与任务和翻译单位相关的变量似乎都会影响语际转换的内部时间过程,其产生的神经认知效果无法仅通过外在行为监测到。

问题4:在语际转换期间,(可能识别的)认知系统之间发生了哪些类型的交互作用?

神经科学实验超越大脑特定区域的调控和脑地形上模糊的时间效应,首次让我们了解到不同认知系统在语际转换的过程中如何合作。尽管仍处于起步阶段,但已有证据发现了正向翻译和反向翻译之间不同的功能连接模式(前者需要程度更高、分布更广的跨脑区交互作用),甚至与语际转换重复练习相关的皮质和皮质下区结构会出现连接变化。虽然该领域很少有人涉足,但我们目前总结的初步结果表明,通过更加系统的研究可以获得更重要的启示。

问题5:某种模态的持续练习如何调控精细的认知领域?

持续身处正式训练和专业环境中,译员语际转换的神经认知系统会发生重大变化。来自学生和专家同传译员的多维证据充分证明了这一点。经过一年或一年半的翻译实践,学员会开启职业生涯阶段,此时这些专业译员的脑回路会出现结构变化和功能变化,以此来更好地完成翻译任务。这些神经可塑效应会伴随着(外在可测量的)语言和非语言功能的增强而变化,尽管此类增强现象只发生在语际转换中负荷较重的维度。此外,这些语言和非语言增强效应似乎彼此独立,并且与双语者其他认知效果的调控机制(如二语能力和习得年龄)相互独立。至少,某些效果似乎需要更长时间的练习才能系统地表现出来。总之,这些模式不仅表明语际转换的持续操练可以重塑关键神经认知系统,还说明了这一过程是如何进行的。

问题6:更宽泛地说,口笔译认知研究能否与自然科学进行富有成效、互惠、深入的对话?

到现在为止,此问题的答案应该是不言而喻的。神经科学和自然科学中的其他相关领域与口笔译认知研究展开了有效且有价值的交流。这种交流为探索长期存在的问题提供了新方法,也为不同研究取向的口笔译研究者提供了新话题。此外,本书为基于大脑的研究提供了实证论据,提出了新模型和新假设,作出了"翻译思维"流行观点的不同解读。然而,这种方法并不具有革命性,这或许是最值得注意的方面。过去的数十年间,口笔译研究中出现了太多所谓的"范式转变",但这一被长期忽视的跨学科研究方法与先前研究趋势是协调一致的,为其提供了良性协同发展机会,并非彻底的改造。随着这里提出的探究线索,神经和非神经研究趋势构建了一种相互补充、积极共建的关系,使得关于口笔译思维基础的讨论得以丰富和拓展。

8.3　优势

基于不同地区、不同时期研究者的大量研究成果,上述答案得以给出。尽管这些研究项目存在缺陷,但也呈现出一些优点。此类优点应该在本领域内延续,并且采用其他方法的研究者也可以进行模仿性研究。基于大脑的语际转换研究能够取得何种程度的进步,主要取决于以下方法和概念上的优点。

首先,不同于口笔译认知研究的其他研究趋势,这类实证研究文献主要依赖大量不同的实验设计。迄今为止得出的大多数结论主要是由单例报告、单组研究、组间比较和前/后测实验设计得出的。此外,现有的研究报告中,受试能力和专业程度各异,主要包括未经正式培训的双语者、学生译员和专业译员。整合受试群体的组内或组间研究结果,对我们了解研究结果的普遍性和特殊性十分重要,例如哪些结果适用于所有双语者而具有普遍性,哪些是取决于领域特有的练习而具有特殊性。

其次,我们发现的主要模式源自广泛的实验任务和材料。当然,最直接的见解来自翻译研究范式本身,但主要的具体特征是通过其他语言研究范式(如单语阅读、对等语识别、词汇联想、词汇判断、语义判断)和非语言研究范式(短期记忆、工作记忆、回忆、双重任务、思维定势转换、抑制控制、注意力)获得的。此外,所有上述研究采用的研究工具都可用于评估多种翻译单位的加工,尽管这些单位的语法复杂性、形式层面特征和语义特征各不相同。此类整合性的研究趋势可以策略性地比较不同任务和不同条件,为语际转换过程中涉及的多种功能提供相当全面(并非详尽无遗)的解读。

再者,大脑研究为语际转换提供了多维视角。其他研究方法仅限于准确性和速度的评估,但大脑研究利用解剖-临床分解、大脑结构测量、血液动力变化、事件相关电位、振荡调控、功能连接模式,甚至脑刺激技术,为这些经典指标提供了补充指标。这导致系统和过程等观念的探讨变得很复杂(但仍然不清晰),并为该领域主流研究增加了新视角。

该类研究采用的研究工具不只是用另一种方式描述先前已经研究过的内容。相反,整合新方法揭示了语际转换很难用其他方法检测到的一些方面。例如,我们采用基于大脑的研究工具,可以研究翻译过程的时间进程。严格意义上的行为研究(如基于反应时或键盘记录结果的研究),无法检测到受试产生外在反应之前所发生的动态变化。相反,高时间分辨率技术(如事件相关电位)可以在行为反应之前甚至没有行为反应的情况下,测量任务进行过程中特定时间的大脑变化。正如本书所言,这就提供了新的观测证据。例如,在源语片段出现 200 毫秒后,正向翻译和反向翻译就会出现认知动态的差异,或者发现每个翻译方向在目标语产出之前均可能需要特定的注意力和词汇-语义加工(Christoffels, Ganushchak & Koester, 2013;García, Mikulan & Ibáñez, 2016)。此外,测量神经活动已经揭示了不同实验条件和不同受试群体之间的显著加工差异,但行为测量却未能检测到这些差异(Christoffels, Ganushchak & Koester, 2013;Janyan, Popivanov & Andonova, 2009;Klein et al. , 1995;Tommola et al. , 2001)。这表明不同的语际转换过程可能涉及不同的时空动态,这些动态与发音或身体行为无明显相关性,这可以防止将一个因变量中的原假设误解为整个给定因素的原假设。随着新研究工具的出现,人们对迄今尚未探索的语际转换维度提出了新的见解。

这些知识和技术使得大脑研究为口笔译认知研究的核心主题提供了更具体化的知识。例如,方向性、单位、能力、专长等变量如何影响语际转换中心理过程的变化。此外,神经证据为解决那些通过其他方法无法解决的问题铺平了道路,例如,本书所提到的语际转换系统的内部结构、特定子过程中的激活程度、激活的内部时间过程。再次强调,这是对前人研究的进一步延伸,而不是重构整个领域的"新转向"。

当然,这种方法不仅详细阐述了现有的概念,而且对此类概念发出了挑战。尤其是语际转换路径的功能组织、正向翻译和反向翻译的动态差异、不同翻译单位的特定机制调用等方面的研究发现,促使我们可以直接否定那些未说明干预系统架构的模型。如前序的章节所示,我们现在了解到,没有考虑结构、方向性和翻译单位的模型是对口笔译思维的误读。从这个意义上讲,大脑研究对口笔译研究来说不仅是锦上添花,同时也可以起到补偏救弊的作用。

最后,此研究领域为各学科之间建立卓有成效的合作树立了榜样。语际转换在人类思维中的运行方式过于复杂多样,无法仅从单一角度解决。大多数进行大脑研究的团队都意识到了这一挑战,包括神经科学、神经病学、神经心理学、认知科学、双语研究、语言学,当然还有口笔译研究等多个领域的专家。如果我们想要在合理的层面了解口笔译的内部运作规律,那么这种多元的方法是不可或缺的。除了上述优势之外,我们在口笔译神经认知研究中也学到了另外一课(即不足之处,如本章第 8.4 节所示)。

8.4 不足

在大多数科学研究中,每项成果的适用范围都有限,基于大脑的语际转换研究也如此。本书所考察的相关研究具有一些局限性,未来研究需要承认并积极突破此类局限性。

首先,不同研究中的术语和概念存在不统一的问题。一方面,同一个术语常用于指代不同的现象。这在"翻译"一词的使用上最为明显,它用于指代不同模态(笔译、视译、默译、同传、交传)中各类翻译单位(单个词、句子、多句文本)的语际转换行为。另一方面,有时同样的现象却被贴上了不同的标签。例如,在同传和执行功能的文献中,描述不同的任务和过程时,短期记忆和工作记忆使用不统一(有时甚至可互换)。上述两种情况都可能导致从众多研究报告中提取系统模式时,描述失当甚至出现错误。当然,这个问题并不仅仅存在于神经方法,同样的问题也出现于口笔译研究领域对一般概念的综述中,例如对翻译方法和翻译技巧(Hurtado Albir,2001)的综述。事实上,任何学术领域几乎都可以发现类似的问题。在理论多元化的情况下,要想完全避开类似的问题比较困难,但是研究群体达成某种共识,提出规范的术语标准,增强该领域的内在凝聚力,则是较为理想的状态。

另一个不足在于抽样过程。多个受试参与的某些实验均存在样本量较小的问题,这影响了其结果的可靠性(Button et al.,2013)。事实上,一些关于口译的神经科学研究,因样本量较小及其他方法论上的缺陷而饱受质疑(参见 Hervais-Adelman,Moser-Mercer & Golestani,2018)[①]。这是该领域发展过程中的一个敏感问题,样本不足很容易导致研究出现误报或无法观测到真实效应(Button et al.,2013)。尽管招募大量的受试常常会面临价格昂贵、实验周期长、后勤保障困难等挑战,但我们仍应该努力确保研究结果的可靠性。在此意义上,若开始研究时就系统地对研究的解释力进行评估,则可以提供一种客观的方法来确定需要多少受试才能获得可靠的效应。

此外,一些非常重要的受试变量在很多研究中并没有得到很好地描述和控

---

① 需要注意的是,该项研究遭到了诸多批评(Elmer & Kühnis,2016),主要在于其研究方法存在客观性方面的缺陷,因而在第 7 章中并未将该研究纳入讨论范畴。

制。很多情况下,这些研究很少或根本没有提供关于受试的一般语言经历、二语能力、主要语际转换模态、每个翻译方向的口笔译技巧、练习时长或专业工作年限的信息。这些遗漏的细节可能掩盖不同受试群体之间和个体之间的差异。事实上,个体特征被认为是调控正向翻译和反向翻译表现的关键因素(Ferreira,2014),两个方向都容易受到翻译能力差异(García et al.,2014)的影响。从这个意义上讲,双语研究领域可为我们提供一些有益的启示,例如双语研究领域业已将标准化的问卷公布于众,依此系统地评估各种变量(参见 Li et al.,2014)。

我们还需认识到一些研究中使用的材料和任务也有不足之处。客观上讲,一些实验刺激的数量较少。尤其值得注意的是,双语失语症测试(Paradis,1979,2011)的临床评估中,每个翻译实验都由 5 到 10 个试次组成,这足以显示出显著差别,但可能不足以揭示不同任务、不同方向或者不同单位类型模式之间的细微差别。同时,本书中收录的实验并非都能成功排除与刺激相关的混杂因素之影响。尽管涉及两种或多种情况的大多数实验研究均已有效地控制了某些因素(如词频和词长),但是对其他变量(如熟悉度、具体性、同源状态、习得年龄)的系统关注较少。未来研究须更严格地控制这些变量才能得出更有针对性的结论。

同时,大多数研究都集中于单词和句子加工,在某种程度上忽略了自然条件下话语层面的材料。如第六章所述,尽管最早通过原子论范式发现的几种效应,在具有生态性的文本任务中也得到了证实,但现存研究还未能系统地弥补二者之间的空白。事实上,在某一单位类型中观察到特定变量的效应,并不一定也存在于更复杂的单位类型之中。例如,最初在单个词层面发现的同源效应已被句子层面的研究证实,但其影响会受到语义和语法的约束而减弱(Starreveld et al.,2014;van Hell & de Groot,2008)。理想情况下,在某一单位类型中发现的所有效应均应该在更为复杂的单位中进行进一步验证,以确定其对相应语言特征的需求是否敏感。进一步研究的重点是超句文本(无论是真实的文本,还是专门为特定研究目的创造的文本),这非常有助于理解语际转换过程中精细的子加工过程(原子化任务中的子过程)痕迹与宏观操作关键标记的相关性。

此外,正如神经科学和认知科学中的其他领域一样,各研究的统计标准各有不同。α 水平和离群数据剔除阈值的选择并没有统一的原则,在选择设置特定参数以确定两种条件是否存在显著差异时也存在相同的问题。例如,在功能性磁共振成像和事件相关电位研究中,连续体素或连续时间点的最小数量不统一。此外,某些研究将目标条件(如单词翻译期间的大脑活动水平)与其他基线不同的研究条件(如与阅读相关的调控或静息态的活动)进行比较。各种效应量也不常汇报。虽然这些不统一现象并未阻止记忆、感知、注意力和社会认知等领域的研究取得重大进展,但是确立更加统一的分析框架,将有助于促进基于大脑的语际转换研究。

总之,目前为止所完成的研究并非无懈可击。科学是人类从事的一种活动,必然是不完美的。无论如何,这些问题并没有否认上述主要成就;相反,随着新研究的进展,这些问题的明确定位为推进先前里程碑式的研究铺平了道路。面对问题时,将其忽视是最糟糕的做法。通过借助自我批判的精神,神经方法对口笔译认知研究的贡献才能实现最大化。

8.5 需求评估

如果想要形成良性发展,不仅需要改进已完成的工作,还需要推进新的研究。这需要在严格的科学层面上积极拓展研究,更重要的是,科研机构也应如此。这种良性发展趋势取决于这两个维度的衔接情况。

8.5.1 拓展与整合的科学研究

展望未来,该领域需要拓宽其研究主题、方法论和理论视野。未来的研究应该对本书所涵盖的主题进行拓展。首先,目前的主要研究应由不同的团队进行复制性研究,以区分一致和不一致的研究结果。理想情况下,这些复制研究应与补充的实验研究相结合,评估其他因素及这些因素对先前研究结果的潜在影响。例如,探讨各种心理语言变量(词频、词长、同源状态、具体性、习得年龄)之间的交互作用,以及这些因素在脑损伤患者和不同能力、不同专业的健康受试完成任务时,会对语际转换产生怎样的影响。

非常有用的研究问题是:在加工连续语段的口笔译任务中,神经认知加工如何进行调控。单语阅读的研究表明,若在加工的句子中出现陌生词,则大脑 θ 波段的能量增加,这表明工作记忆的负荷增加了(Bastiaansen, van Berkum & Hagoort, 2002)。通过研究译者在语际转换过程中阅读原文的实时神经认知动态,我们可以不再固守迄今该领域流行的累积性的、基于特定条件的研究模式,从而有效探索不断出现的源语认知调控。

此外,除了第 6 章中提到的进展之外,翻译单位触发的认知效应并不仅局限于该单位的词汇语义特征或形态句法特征。事实上,在真正的语际转换任务期间,特定文本片段所激活的大部分信息取决于其和上下文及语境的关系。尽管神经科学研究尚未涉足这一领域,但我们或许可以从中取得重要进展。尽管我们遇到了种种挑战,但终于可以设想将原子论范式的结果与更大的文本层面的框架相联系,以构建理论。这可能会让我们重新解读关于心理模型、图式或其他情境因素如何影响单个单位和微观命题的意义,并对综合概念或复杂命题进行识解(相关研究参见 Kintsch,1998;Kintsch & Mangalath,2011)。

一些非语言机制与口译经验有关,但我们对其在语际转换过程中的具体作用知之甚少。为填补这一空白,未来研究可能包括不同的口笔译任务,其中语言因素保持不变,但对执行功能进行控制。例如,这种控制可以通过创建干扰条件和非干扰条件(以评估抑制和注意机制)或通过语际转换任务前进行一些基础领域(短期记忆、工作记忆、转换功能)负荷较重的任务,评估消耗某种特定的资源对语际转换过程和结果的影响。

此外,我们应该努力研究还未从神经认知角度探索过的关键主题。例如,可以设计或调整特定实验设计,以识别与原文和译文错误相关的神经调控、特定加工策略的使用或特定领域专长的发展。此外,研究者越来越关注同传译员的神经重塑现象,但对笔译员和交传译员(分别反复练习笔译和交传时)潜在的心理生物适应研究较少,证据缺失。鉴于我们假设某些认知领域(如跨语言搜索)在不同形式的语际转换中均会得到提升,而其他认知领域(如工作记忆的存储与加工)似乎仅在其中一些任务中负荷极重。通过对口笔译学生实验组及对照组的纵向神经科学比较,可以在其积累语际转换经验的过程中,区分模态中立及模态特有的改变。虽然极具挑战性,但由脑科学家和口笔译研究学者组成的跨学科团队可以有效解决这些问题。

目前我们有大量机会探索原文和译文加工的神经机制与输入和输出模态的关系,如纯粹的失写症和失读症病例以及多个神经成像学研究所示,读和写依赖的神经网络差异很大,也与支持听和说的神经网络不同(Dehaene,2009;Luzzatti,2008)。因此,参与源语理解的特定神经基质可能在很大程度上取决于每种语际转换的模态(如笔译的阅读 vs. 口译的听音)的特定感觉运动需求,目标语生成也是如此(如笔译的写作 vs. 口译的说话)。从这个意义上讲,设计精巧的实验可以在刺激文本相同的情况下,比较不同语际转换模态中的大脑激活水平,并揭秘哪些机制(如果有的话)分别在三个宏观阶段中扮演重要的模态转换角色(参见第 5

章,图 5.1)。

此外,多中心研究 [①] 有助于确定目前报告的哪些效应在各个语言对中普遍存在,哪些效应是由研究所涉及的语言类型或特殊性导致的。事实上,世界上各种语言的结构特征差异较大,故语言加工需求也各异(Evans & Levinson,2009;Han et al.,2013)。这就导致现有的一些研究结果可能无法完全推广,也为进一步研究提供了广阔的空间。

通过多种研究方法来整合多元数据,这对探讨某些特定的加工过程也十分有效。迄今为止,除了少数例外(Becker et al.,2016;Van de Putte et al.,2018),大多数研究主要依赖于行为测试、结构成像、功能成像、事件相关电位、功能连接模型来探索目标现象。除了这些单一的方法之外,新项目可能倾向于组合利用不同技术,如先前在健康受试和脑损伤受试中所做的实验那样,以实现特定认知功能的多维表征(Dimigen et al.,2011;García-Cordero et al.,2016;Kliegl et al.,2012;Melloni et al.,2016)。

从翻译的角度来看,神经科学工具为确立语际转换在不同脑区表现的预测指标提供了多重选择。之前关于儿童和成人的研究表明,大脑的不同特质与一语和二语任务的产出结果相关,例如语言阅读和模仿(Vaquero, Rodriguez-Fornells & Reiterer,2017;Yeatman et al.,2012)。出于同样的原因,前面章节中提到的脑区和脑网络有助于预测未来口笔译员的认知优势和弱势。这方面的研究可以弥合该领域在理论探索和应用实践之间的鸿沟。

最后,在创建新的理论假说时,应充分考虑现有研究和未来发展。首先,除非有令人信服的反驳或微调,否则本书中列举的研究结果应该成为口笔译认知研究模型的关键限制条件。值得注意的是,本书中的研究成果不仅涉及神经研究,也与非神经研究有关。无论研究者的理论和认识论立场如何,均须假设本书中确定的结构原则和功能原则存在于所有语际转换活动中。忽视这些规范可能会导致过于简化甚至错误的假设。正如神经研究方法已经从其他领域的进步中受益一样,非神经研究方法也应该从基于大脑的研究中获益。

秉承这种精神对于口笔译认知研究从一种集体行为发展成为共建型的事业至关重要。目前,口笔译研究的理论前景广阔但并不成系统,概念形式化过程中不同研究方法之间的互补并不全面。然而,学术界的专业化与区块化

---

① 　此处指的是以多种语对为中心的研究。——译者注

（compartmentalization）[①]并未反映出人类的神经认知功能，因为人类神经认知在本质和操作上基本是整合性的和跨维度的。从这个意义上讲，最突出的挑战是不同模型**吸收**（不仅仅是承认）其所包含趋势之外的可靠研究发现。这很有可能是在描述、解释和应用方面，全面解释语际转换的唯一方法。

8.5.2 行之有效的机构建设

上述仅仅是愿景的阐述，除非变成具体的行动，否则其价值（如果有的话）只能是一种愿望。这种转变需要教育体系与学术制度的协同革新。

首先，口笔译研究的学术项目应该开设相关课程，包括基于大脑研究的相关课程。除了应设立入门课程介绍现有研究的基本原理、学术贡献和应用启示外，还应为学生提供相关方法的研讨会，让其积极参与新研究。为此，切实可行地了解关于神经科学研究方法的可能性和局限性至关重要，实验设计、任务管理、统计学、数据解读方面的培训也是同样重要。实际上，对于那些使用非神经认知研究方法的研究者来说，了解大多数此类知识也十分有用。

这些教育创新不仅旨在提高对大脑研究的热情，而且旨在提高对此类研究问题和缺点的认知。特别需要提醒刚进入该领域的研究者：不要过高估计神经科学结果的分量。事实上，与大脑相关的术语一旦出现，即使其与目前的观点无关，也会让人们对认知现象的解释更满意（Fernandez-Duque et al.，2015；Weisberg et al.，2008）。令人担忧的情况是：神经科学与其他人类认知研究的实验方法一样，面临着研究的可重复性危机，这种危机主要由普遍存在的理论、认知和方法论缺陷所引发（Munafò et al.，2017）。因此，从一开始就应该明确区分实证研究结果和事实论证，以便赋能学生了解所读到或自己最终产出的研究发现之具体研究范围。

然而，仅有相关百科知识是不够的。学生应该直接走进实验室，学习如何使用相关工具进行研究和实践。为此，对口笔译学校或院系投入资金的同时，应该坚决破除人文和科学这"两种文化"的鸿沟。考虑到口笔译研究的人文主义起源，无论口笔译神经科学研究上花费多少时间和金钱，都不应该被视为一种浪费，而是作为此源头的跨学科延伸。第1章（第1.6节）中列出的实验室就是能获得收

---

① 区块化指的是将复杂事物划分为不同的部分或区域，以便更好地分析与理解，例如神经生物学者将人类大脑划分为不同的脑区进行研究。——译者注

获的证明,我们只能希望类似的举措会加倍促进我们真正全面地理解口笔译。

当然,这并不一定意味着口笔译院系一定要建立自己的实验室。口笔译院系可以与心理学、神经科学甚至健康科学项目建立积极的合作关系,以便使口笔译研究学者与这些领域的专家交流知识和实践经验。应该鼓励研究者在科研项目的每一步都进行合作,这些步骤包括假设提出、任务设计、刺激选择、数据收集和分析、结果解读、论文撰写。与许多其他跨学科研究领域一样,通过整合现有的专业知识而不是一切从头开始,这样做可最大限度地提高合作效果。

此外,口笔译认知研究进展应该在神经科学领域有一席之地,还应该在口笔译研究领域内为人所知。幸运的是,后者已经在发生了。神经认知研究方法已经逐渐开始以文献述评、全文论文、专题栏目,甚至是特刊的形式,在诸如《视角》《媒它》《目标》《翻译空间》《翻译、认知与行为》等期刊中占据显著位置。正如2017 年在阿根廷创始并于 2019 年在德国召开的"口笔译与认知"系列国际会议所明确提倡的那样,大脑研究在出版物上的发表量逐渐增多,在国际会议和专题研讨会上也应更多地出现。同时,突破性的研究发现在学术界的传播也极大地得益于广泛存在的多学科研究平台,如翻译认知实证研究协会(TREC)提供的研究平台。这类学术团体的决策将推动相关知识生产和应用,促成良性递进式循环发展。

8.6　结语

口笔译是多层次的活动。为了更全面地认识这一活动,口笔译研究已经从哲学、语言学、语篇学、语用学、社会文化学、文学和心理学的研究方法中借鉴良多。然而,几十年来,翻译的神经生物学研究一直不是主要的研究方法,因为人们认为无法对大脑进行富有成效的研究。在翻译学学科发展的早期阶段,甚至可能在该学科自身的巩固阶段,这种保守的态度一直存在,但现在研究趋势已经改变。如果全面描述研究对象通常是口笔译研究的使命,特别是口笔译认知研究的使命,那么必须将神经认知与其他维度的探究提到同等重要的位置。

这种要求并非任意妄为。不论采用何种模态,不管设定何种任务目标,植根不同社会文化、跨越体裁和文本类型、处于不同能力层级的语际转换都不可避免地需要深层的神经活动。可以说,人类大脑是在语际交流历史上唯一不变的因素。将其作为该领域研究的一部分,并不是当代的奇怪现象,而是解决长期存在的问题的一种方式。

迄今为止,研究结论大多是片面的、初步的,得到实证研究支持的程度各不相同,因此这些结论都有可能是错误的。虽然这可能被视为一个弱点,但事实上也是一种宝贵财富,因为科学领域只有在**可证伪的命题**基础上才能取得进展。与曾经主导我们对翻译思维认知的公理性名言不同,本书提出的观点可进行实验验证,从而证实、证伪或改进。就此而言,这些验证性研究是科研叙事中的一部分故事,也代表了一项正在进行的事业。

既然阁楼已经打开,关于阁楼的故事已经整合完毕,任何人都可以仔细阅读已有篇章,并努力将故事延续下去。最精彩的篇章很有可能尚未产生,但很幸运的是我们能够见证此类研究的发展,我们有责任使其成为坚实、精彩、有用的研究。这最后的几行字不应当作"完结",而应视为"待续"。如果本书引发了任何形式的拓展研究,甚至是反驳研究,那么其写作背后的艰辛都是值得的。

作者简介

阿道夫·加西亚博士致力于语言的神经科学研究。以优异成绩毕业后,他成了科学技术译员(阿根廷马德普拉塔社区学院)和英语教师(阿根廷国立马德普拉塔大学)。之后,加西亚在国家科学与技术研究会的资助下获得了语言科学博士学位(阿根廷国立库约大学)。他的博士论文探讨了支撑双语者语际转换的神经认知系统,屡获殊荣。在国家科学与技术研究委员会的博士后奖学金资助下,加西亚在认知神经学研究院(INECO)拓展了科学领域的知识。他还在纽约大学和莱斯大学接受了神经语言学研究的训练。

加西亚现在是认知与翻译神经科学研究院(阿根廷)的实验心理学与神经科学实验室科研主管。他还是国家科学与技术研究委员会(阿根廷)的助理研究员、国立库约大学教育学院(阿根廷)神经语言学兼职教授、翻译认知实证研究协会会员以及西班牙拉古纳大学认知神经科学中心荣誉会员。此外,他还担任过《世界语言杂志》《阿尔茨海默病杂志》《视角:翻译理论与实践研究》副主编,《人类神经科学前沿》《老龄化神经科学前沿》《精神病学前沿》的评论编辑,神经科学、神经语言学、认知科学、语言学和翻译研究等领域数十家主流期刊的临时评审员。他还作为客座编辑为《皮质》和《视角:翻译理论与实践研究》的特刊组稿。

加西亚也是一名教授,曾在阿根廷、智利、中国、哥伦比亚、德国和美国教授本科生课程、研究生课程和专业发展课程。从 2011 年到 2014 年,他在国立科尔多瓦大学(阿根廷)担任翻译研究兼职教授。他还曾担任麦考瑞大学(澳大利亚)、瓦耶大学(哥伦比亚)、安蒂奥基亚大学(哥伦比亚)、瓦尔帕莱索天主大学(智利)、约翰内斯-古腾堡大学(德国)、杜伦大学(英国)以及澳门大学(中国)的客座教授。他曾对许多研究人员进行辅导,并担任过阿根廷和欧洲很多本科生、硕士生和博士生的论文指导老师。

加西亚博士曾与智利迭戈波塔利斯大学、美国纽约大学、安蒂奥基亚大学(哥伦比亚)和西班牙拉古纳大学合作开展研究项目。他还领导或参与了由阿根廷教育部(2009)、蒙得维的亚集团(2012)、阿根廷总理府(2014)、澳大利亚系统功能语言学协会(2014)、国家科学与技术研究理事会(2015)、纪念弗朗西斯科·何塞·达卡尔达斯哥伦比亚科学研究和特别项目基金(2016)、阿根廷科学技术促进局(2018)以及圣加仑大学拉丁美洲-瑞士中心(2019)资助的科研项目。此外,他还在英国文化委员会担任负责双语和高等教育的外聘顾问,并定期为一些国家的国家级学术机构的研究项目做评审员。

他在国内外的学术活动中报告了 150 多项研究,其中多次受邀作为会议主旨发言人。此外,他还组织了多个具有全球影响力的科学会议,包括第一届"口笔译与认知"系列国际会议。同时,他还定期在报纸、广播电台和电视节目中向公众传播研究成果,包括英国广播电台、自然新闻、探索频道、科技新时代、每日邮报、新闻周刊和世界报等主流媒体。在这一领域工作的一大亮点是他参与了"大脑启迪"项目的内容策划和设计团队,这是一个面向公众的全国性展览,旨在提高阿根廷公众对神经科学知识的了解。

加西亚发表了 130 多项科学研究成果,包括书籍、图书章节和神经科学领域的主流期刊(如《脑》《神经科学和生物行为评论》《皇家学会哲学会刊》《皮质》《医学遗传学杂志》《大脑与语言》《国际神经心理学学会期刊》)论文、认知科学领域主流刊物(如《自然人类行为》《科学报告》《认知》《双语:语言和认知》)论文以及口笔译研究领域主流刊物(如《视角:翻译理论和实践研究》《目标》《媒它》《口笔译研究》)论文。他的著作包括《翻译与神经认知》(国立科尔多瓦大学,2012)、与奥古斯汀·伊巴内斯合著的《什么是神经科学》(政治出版社,2015)、与索尼娅·苏瑞兹·塞佩达共同编著的《双语思维》(交流出版社,2016)、与威廉·沙利文和莎拉·琴共同撰写的《关系网络理论导论》(一奎诺克斯出版社,2017,该书由迈克尔·韩礼德作序)、与奥古斯丁·伊巴内斯和卢卡斯·塞德诺共同编辑的《神经科学和社会科学:失落的链接》(施普林格出版社,2018)以及与奥古斯汀·伊巴内斯共同撰写的《语境认知》(施普林格出版社,2018)。他还出版了一系列名为《不确定的形式》(巴别塔出版社,2012)的短篇小说。

加西亚博士提出了手-行为-网络动态语言表达(Hand-Action-Network Dynamic Language Embodiment, HANDLE)模型,这是一种理论假设,考虑了语言和手-行为联合加工过程中的神经认知协同作用。他还提出了"干扰性运动基础假说"（Disrupted Motor Grounding Hypothesis），解释了神经退行性运动障碍中几种语言障碍的基本原理。目前这些模型已被用于解读几种形式的跨域交流，以具身和情境的方法来研究健康和病理认知。此外，他从整体上确立了负责双语者语际转换主要系统，将其纳入神经网络翻译模型。

2013 年，加西亚获得了加拿大和美国语言学协会颁发的最杰出论文奖，并得到伊比利亚-美洲神经教育协会认可。2015 年，他获得了阿根廷行为科学协会颁发的青年研究员奖，以及门多萨众议院（阿根廷）对其在公众领域传播神经科学贡献的认可。2017 年，加西亚被授予科学领域的"巴尔卡斯杰出公民"称号，并在由阿根廷运动失调协会和洛雷娜·斯卡拉佛卡亨廷顿病基金会主办的 MTC2017 神经退行性疾病研究竞赛中获奖。同年，他将语言作为帕金森病早期标志的研究获选为阿根廷十大科学领域的突破之一。2018 年，他在此领域取得的成就使他获得了布宜诺斯艾利斯市议会的认可。

参考文献

Abrevaya, Sofía, Lucas Sedeño, Sol Fittipaldi, David Pineada, Francisco Lopera, Omar Buriticá, Andrés Villegas, Catalina Bustamante, Diana Gomez, Natalia Trujillo, Ricardo Pautassi, Agustín Ibáñez, and Adolfo M. García. 2017. "The road less traveled: Alternative pathways for action-verb processing in Parkinson's disease." *Journal of Alzheimer's Disease* 55 (4): 1429-1435. https://doi.org/10.3233/JAD-160737

Abutalebi, Jubin, and David Green. 2007. "Bilingual language production: The neurocognition of language representation and control." *Journal of Neurolinguistics* 20 (3): 242-275. https://doi.org/10.1016/j.jneuroling.2006.10.003

Abutalebi, Jubin, and David W. Green. 2008. "Control mechanisms in bilingual language production: Neural evidence from language switching studies." *Language and Cognitive Processes* 23 (4): 557-582. https://doi.org/10.1080/01690960801920602

Aglioti, Salvatore, Alberto Beltramello, Federico Girardi, and Franco Fabbro. 1996. "Neurolinguistic and follow-up study of an unusual pattern of recovery from bilingual subcortical aphasia." *Brain* 119 (5): 1551-1564. https://doi.org/10.1093/brain/119.5.1551

Aglioti, Salvatore, and Franco Fabbro. 1993. "Paradoxical selective recovery in a bilingual aphasic following subcortical lesions." *Neuroreport* 4 (12): 1359-1362. https://doi.org/10.1097/00001756-199309150-00019

Ahrens, Barbara. 2017. "Interpretation and Cognition." In *The Handbook of Translation and Cognition*, ed. by John W. Schwieter, and Aline Ferreira, 445-460. Hoboken, New Jersey: John Wiley & Sons, Inc. https://doi.org/10.1002/9781119241485.ch24

Alves, Fabio. 2003. *Triangulating Translation. Perspectives in Process Oriented Research*. Amsterdam & Philadelphia: John Benjamins. https://doi.org/10.1075/

btl.45

Alves, Fabio, Adriana Pagano, Stella Neumann, Steiner Erich, and Silvia Hansen-Schirra. 2010. "Translation units and grammatical shifts: towards an integration of product and process-based translation research." In *Translation and Cognition*, ed. by Gregory Shreve, and Erik Angelone, 109-142. Amsterdam: John Benjamins. https://doi.org/10.1075/ata.xv.07alv

Alves, Fabio, and Daniel C. Vale. 2009. "Probing the unit of translation in time: Aspects of the design and development of a web application for storing, annotating, and querying translation process data." *Across Languages and Cultures* 10 (2): 251-273. https://doi.org/10.1556/Acr.10.2009.2.5

Alves, Fabio, and Daniel C. Vale. 2017. "On drafting and revision in translation: A corpus linguistics oriented analysis of translation process data." In *Annotation, Exploitation and Evaluation of Parallel Corpora*, ed. by Silvia Hansen-Schirra, Stella Neumann, and Oliver Culo, 89-110. Berlin: Language Science Press.

Alves, Fabio, Karina S. Szpak, and Augusto Buchweitz. 2018. "Translation in the brain: Preliminary thoughts about a brain-imaging study to investigate psychological processes in-volved in translation. In *Researching Cognitive Processes of Translation*, ed. by Defeng Li, Victoria Lai Cheng Lei, and Yuanjian He, 121-138. Singapore: Springer.

Allefeld, Carsten, Stefan Frisch, and Matthias Schlesewsky. 2005. "Detection of early cognitive processing by event-related phase synchronization analysis." *Neuroreport* 16 (1): 13-16. https://d0i.0rg/10.1097/00001756-200501190-00004

Amoruso, Lucía, Agustín Ibáñez, Bruno Fonseca, Sebastián Gadea, Lucas Sedeño, Mariano Sigman, Adolfo M. García, Rircardo Fraiman, and Daniel Fraiman. 2016. "Variability in functional brain networks predicts expertise during action observation." *Neuroimage* 146: 690-700. https://doi.org/10.1016/j.neuroimage.2016.09.041

Amoruso, Lucía, Lucas Sedeño, David Huepe, Ailin Tomio, Juan Kamienkowski, Esteban Hurtado, Juan Felipe Cardona, Miguel Angel Alvarez Gonzalez, Andrés Rieznik, Mariano Sigman, Facundo Manes, and Agustín Ibáñez. 2014. "Time to Tango: expertise and contextual anticipation during action observation." *Neuroimage* 98: 366-385. https://doi.org/10.1016/j.neuroimage.2014.05.005

Amunts, Katrin. 2008. "Architectonic language research." In *Handbook of the Neuroscience of Language*, ed. by Brigitte Stemmer, and Harry A. Whitaker, 33-43. London: Elsevier. https://doi.org/10.1016/B978-0-08-045352-1.00004-5

Amunts, Katrin, Peter H. Weiss, Hartmut Mohlberg, Peter Pieperhoff, Simon Eickhoff, Jennifer M. Gurd, John C. Marshall, Nadim J. Shah, Gereon R.

Fink, and Karl Zilles. 2004. "Analysis of neural mechanisms underlying verbal fluency in cytoarchitectonically defined stereotaxic space—the roles of Brodmann areas 44 and 45." *Neuroimage* 22 (1): 42-56. https://doi.org/10.1016/j.neuroimage.2003.12.031

Anderson, Linda 1994. "Simultaneous interpretation: Contextual and translational aspects." In *Bridging the Gap: Empirical Research in Simultaneous Interpretation*, ed. by Sylvie Lambert, and Barbara Moser-Mercer, 101-120. Amsterdam: John Benjamins. https://doi.org/10.1075/btL3.11and

Antonova Ünlü, Elena, and Çiğdem Sağın Şimşek. 2018. "Testing the impact of formal interpreting training on working memory capacity: Evidence from Turkish-English students-inter- preters." *Lingua* 209: 78-88. https://doi.org/10.1016/jMingua.2018.04.003

Aparicio, Xavier, Karin Heidlmayr, and Frédéric Isel. 2017. "Inhibition efficiency in highly proficient bilinguals and simultaneous interpreters: Evidence from language switching and Stroop tasks." *Journal of Psycholinguistic Research* 46 (6): 1427-1451. https://doi.org/10.1007/s10936-017-9501-3

Arbib, Michael, Péter Érdi, and John Szentágothai. 1998. *Neural Organization: Structure, Function, and Dynamics*. Cambridge, MA: MIT Press.

Ardila, Alfredo, Byron Bernal, and Monica Rosselli. 2015. "How localized are language brain areas? A review of Brodmann areas involvement in oral language." *Archives of Clinical Neuro-psychology* 31 (1): 112-122. https://doi.org/10.1093/arclin/acv081

Babcock, Laura, Mariagrazia Capizzi, Sandra Arbula, and Antonino Vallesi. 2017. "Short-term memory improvement after simultaneous interpretation training." *Journal of Cognitive Enhancement* 1 (3): 254-267. https://doi.org/10.1007/s41465-017-0011-x

Babcock, Laura, and Antonino Vallesi. 2015. "Are simultaneous interpreters expert bilinguals, unique bilinguals, or both?" *Bilingualism: Language and Cognition* 20 (2): 403-417. https://doi.org/10.1017/S1366728915000735.

Baez, Sandra, Eduar Herrera, Adolfo M. García, Facundo Manes, Liane Young, and Agustín Ibáñez. 2017. "Outcome-oriented moral evaluation in terrorists." *Nature Human Behaviour* 1: 118. https://doi.org/10.1038/s41562-017-0118

Bajo, María Teresa, Francisca Padilla, and Presentación Padilla. 2000. "Comprehension processes in simultaneous interpreting." In *Translation in Context*, ed. by Andrew Chesterman, Natividad Gallardo San Salvador and Yves Gambier, 127-142. Amsterdam: John Benjamins. https://doi.org/10.1075/btl.39.15baj

Bak, Thomas H. 2013. "The neuroscience of action semantics in neurodegenerative brain diseases." *Current Opinion in Neurology* 26 (6): 671-677. https://doi.org/10.1097/WCO.0000000000000039

Barbizet, Jacques. 1964. "Le probléme du codage cérébral, son rôle dans les mécanismes de la mémoire." *Annales médico-psychologiques* 1: 1-27.

Barbizet, Jacques, and Philippe Duizabo. 1977. *Abrégé de neuropsychologie*. Paris: Masson. Barik, Henri C. 1975. "Simultaneous interpretation: Qualitative and linguistic data." *Language and Speech* 18 (2): 272-298. https://doi.org/10.1177/002383097501800310

Bastiaansen, Marcel C., Jos J. van Berkum, and Peter Hagoort. 2002. "Event-related theta power increases in the human EEG during online sentence processing." *Neuroscience Letters* 323 (1): 13-16. https://doi.org/10.1016/S0304-3940(01)02535-6

Becker, Maxi, Torsten Schubert, Tilo Strobach, Jürgen Gallinat, and Simone Kühn. 2016. "Simultaneous interpreters vs. professional multilingual controls: Group differences in cog-nitive control as well as brain structure and function." *NeuroImage* 134: 250-260. https://doi.org/10.1016/j.neuroimage.2016.03.079

Bell, Roger. 1991. *Translation and Translating*. London: Longman.

Bender, Heidi A., Adolfo M. García, and William Barr. 2010. "An interdisciplinary approach to neuropsychological test construction: perspectives from translation studies." *Journal of the International Neuropsychological Society* 16 (2): 227-232. https://doi.org/10.1017/S1355617709991378.

Bennett, Paul. 1994. "The translation unit in human and machine." *Babel* 40 (1): 12-20. https://doi.org/10.1075/babel.40.1.03ben

Benowitz, Larry I., Kenneth L. Moya, and David N. Levine. 1990. "Impaired verbal reasoning and constructional apraxia in subjects with right hemisphere damage." *Neuropsychologia* 28 (3): 231-241. https://doi.org/10.1016/0028-3932(90)90017-I

Bernardini, Silvia. 2001. "Think-aloud protocols in translation research: Achievements, limits, future prospects." *Target* 13 (2): 241-263. https://doi.org/10.1075/target.13.2.03ber

Bialystok, Ellen, Fergus I. Craik, and Gigi Luk. 2012. "Bilingualism: consequences for mind and brain." *Trends in Cognitive Science* 16 (4): 240-250. https://doi.org/10.1016/j.tics.2012.03.001.

Bialystok, Ellen. 2009. "Bilingualism: The good, the bad, and the indifferent." *Bilingualism: Language and Cognition* 12 (1): 3-11. https://doi.org/10.1017/S1366728908003477

Bilalić, Merim. 2017. *The Neuroscience of Expertise.* Cambridge: Cambridge University Press. https://doi.org/10.1017/9781316026847

Bilalić, Merim, Peter McLeod, and Fernand Gobet. 2008. "Inflexibility of experts — Reality or myth? Quantifying the Einstellung effect in chess masters." *Cognitive Psychology* 56 (2): 73-102. https://doi.org/10.1016/j.cogpsych.2007.02.001

Binder, Jeffrey R., and Rutvik H. Desai. 2011. "The neurobiology of semantic memory." *Trends in Cognitive Science* 15 (11): 527-536. https://doi.org/10.1016/j.tics.2011.10.001

Birba, Agustína, Indira García-Cordero, Giselle Kozono, Agustína Legaz, Agustín Ibáñez, Lucas Sedeño, and Adolfo M. García. 2017. "Losing ground: Frontostriatal atrophy disrupts language embodiment in Parkinson's and Huntington's disease." *Neuroscience and Bio- behaviornal Reviews* 80: 673-687. https://doi.org/10.1016/j.neubiorev.2017.07.011

Bohrn, Isabel C., Ulrike Altmann, and Arthur M. Jacobs. 2012. "Looking at the brains behind figurative language — A quantitative meta-analysis of neuroimaging studies on metaphor, idiom, and irony processing." *Neuropsychologia* 50 (11): 2669-2683. https://d0i.0rg/10.1016/j.neur0psych0l0gia.2012.07.021

Bookheimer, Susan. 2007. "Pre-surgical language mapping with functional magnetic resonance imaging" *Neuropsychological Review* 17 (2): 145-55. https://d0i.0rg/10.1007/s11065-007-9026-x

Borchers, Svenja, Marc Himmelbach, Nikos Logothetis, and Hans-Otto Karnath. 2012. "Direct electrical stimulation of human cortex—the gold standard for mapping brain functions?" *Nature Reviews Neuroscience* 13 (1): 63-70. https://d0i.0rg/10.1038/nrn3140

Borius, Pierre-Yves, Carlo Giussani, Louisa Draper, and Franck-Emmanuel Roux. 2012. "Sentence translation in proficient bilinguals: A direct electrostimulation brain mapping." *Cortex* 48 (5): 614-622. https://d0i.0rg/10.1016/j.c0rtex.2011.01.011

Bosma, Evelyn, Eric Hoekstra, Arjen Versloot, and Elma Blom. 2017. "The minimal and shortlived effects of minority language exposure on the executive functions of Frisian-Dutch bilingual children." *Frontiers in Psychology* 8: 1453. https://d0i.0rg/10.3389/fpsyg.2017.01453

Bouton, Charles. 1984. "Le cerveau du traducteur: de quelques propositions sur ce theme." *Meta: Translators' Journal* 29 (1): 44-56. https://d0i.0rg/10.7202/002129ar

Braitenberg, Valentino, and Almut Schuz. 1998. *Cortex: Statistics and Geometry of Neuronal Connectivity*, second ed. Berlin: Springer. https://d0i.0

rg/10.1007/978-3-662-03733-1

Broca, Paul. 1861a. "Remarques sur le siege de la faculte de la parole articulee, suivies d'une observation d'aphemie (perte de parole)." *Bulletin de la Societe d'Anatomie* 36: 330-357.

Broca, Paul. 1861b. "Perte de la parole, ramollissement chronique et destruction partielle du lobe anterieur gauche du cerveau." *Bulletin de la Societe Anthropologique* 2: 235-238.

Brodmann, Korbinian. 1909. *Vergleichende Lokalisationslehre der Grosshirnrinde: In ihren Prinzipien dargestellt auf Grund des Zeelenbaues.* Leipzig: Barth.

Bros-Brann, Eliane. 1976. "Critical comments on H.C. Barik's article 'Interpreters talk a lot, among other things'" *AIIC Bulletin* 4 (1): 16-18.

Brysbaert, Marc, and Wouter Duyck. 2010. "Is it time to leave behind the Revised Hierarchical Model of bilingual language processing after fifteen years of service?" *Bilingualism: Language and Cognition* 13 (3): 359-371. https://d0i.0rg/10.1017/S1366728909990344.

Burgess, Adrian P. 2012. "Towards a unified understanding of event-related changes in the EEG: The firefly model of synchronization through cross-frequency phase modulation." *PloS One* 7 (9): e45630. https://d0i.0rg/10.1371/j0urnal.p0ne.0045630.

Button, Katherine S., John P A. Ioannidis, Claire Mokrysz, Brian A. Nosek, Jonathan Flint, Emma S. J. Robinson, and Marcus R. Munafò. 2013. "Power failure: Why small sample size undermines the reliability of neuroscience." *Nature Reviews Neuroscience* 14 (5): 365-376. https://d0i.0rg/10.1038/nrn3475

Buxton, Richard B. 2009. *Introduction to Functional Magnetic Resonance Imaging: Principles and Techniques.* second ed. Cambridge, New York: Cambridge University Press. https://d0i.0rg/10.1017/CBO9780511605505

Buzsaki, Gyorgy. 2006. *Rhythms of the Brain.* Oxford: Oxford University Press. https://d0i.0rg/10.1093/acpr0f:0s0/9780195301069.001.0001

Byng, Sally, Max Coltheart, Jacqueline Masterson, Margot Prior, and Jane Riddoch. 1984. "Bilingual biscriptal deep dyslexia." *The Quarterly Journal of Experimental Psychology Section A* 36 (3): 417-433. https://d0i.0rg/10.1080/14640748408402170

Calvo, Noelía, Sofía Abrevaya, Macarena Martínez Cuitino, Brenda Steeb, Dolores Zamora, Lucas Sedeño, Agustín Ibáñez, and Adolfo M. García. 2019. "Rethinking the neural basis of prosody and non-literal language: Spared pragmatics and cognitive compensation in a bilingual with extensive right-hemisphere damage." *Frontiers in Psychology* 10: 570. doi: i0.3389/

fpsyg.20i9.00570

Calvo, Noelia, Agustín Ibáñez, and Adolfo M. García. 2016. "The impact of bilingualism on working memory: A null effect on the whole may not be so on the parts." *Frontiers in Psychology* 7: 265. https://doi.org/10.3389/fpsyg.2016.00265

Capitani, Erminio, Marcella Laiacona, Bernard Mahon, and Alfonso Caramazza. 2003. "What are the facts of semantic category-specific deficits? A critical review of the clinical evidence" *Cognitive Neuropsychology* 20 (3): 213-61. https://doi.org/10.1080/02643290244000266

Caplan, David. 1987. *Neurolinguistics and Linguistic Aphasiology: An Introduction*. New York: Cambridge University Press. https://doi.org/10.1017/CBO9780511620676

Carl, Michael. 2012. "Translog-II: A program for recording user activity data for empirical reading and writing research." In *Proceedings of the Eight International Conference on Language Resources and Evaluation*, ed. by Nicoletta Calzolari, Khalid Choukri, Thierry Declerck, Mehmet Ugur Dogan, Bente Maegaard, Joseph Mariani, Asuncion Moreno, Jan Odijk and Stelios Piperidis, 4108-4112. Copenhagen: European Language Resources Association.

Carl, Michael, Srinivas Bangalore, and Moritz Schaeffer. 2016. *New Directions in Empirical Translation Process Research: Exploring the CRITT TPR-DB*. Heidelberg: Springer. https://doi.org/10.1007/978-3-319-20358-4

Carl, Michael, and Matthias Buch-Kromann. 2010. "Correlating translation product and translation process data of professional and student translators." Annual Conference of the European Association for Machine Translation, Saint-Raphael, France.

Carl, Michael, and Martin Kay. 2011. "Gazing and typing activities during translation: A comparative study of translation units of professional and student translators." *Meta: International Translator's Journal* 65 (4): 952-975. https://doi.org/10.7202/1011262ar

Carl, Michael, and Moritz J. Schaeffer. 2017. "Models of the translation process" In *The Handbook of Translation and Cognition*, ed. by Aline Ferreira and John W. Schwieter, 50-70. Hoboken, New Jersey: John Wiley & Sons, Inc. https://doi.org/10.1002/9781119241485.ch3

Carreiras, Manuel, and Charles Clifton. 2004. *The On-line Study of Sentence Comprehension: Eyetracking, ERPs and Beyond*. London: Taylor & Francis. https://doi.org/10.4324/9780203509050

Catani, Marco, Flavio Dell'Acqua, Alberto Bizzi, Stephanie J. Forkel, Steve C.

Williams, Andrew Simmons, Declan G. Murphy, and Michael Thiebaut de Schotten. 2012. "Beyond cortical localization in clinico-anatomical correlation." *Cortex* 48 (10): 1262-1287. https://doi.org/10.1016/j.cortex.2012.07.001

Cohen, Laurent, Olivier Martinaud, Cathy Lemer, Stephane Lehericy, Yves Samson, Michael Obadia, Andrea Slachevsky, and Stanislas Dehaene. 2003. "Visual word recognition in the left and right hemispheres: Anatomical and functional correlates of peripheral alexias." *Cerebral Cortex* 13 (12): 1313-1333. https://doi.org/10.1093/cercor/bhg079

Coltheart, Max. 1981. "The MRC psycholinguistic database." *The Quarterly Journal of Experimental Psychology Section A* 33 (4): 497-505. https://doi.org/10.1080/14640748108400805

Constable, R. Todd, Kenneth R. Pugh, Ella Berroya, W. Einar Mencl, Michael Westerveld, Weijia Ni, and Donald Shankweiler. 2004. "Sentence complexity and input modality effects in sentence comprehension: an fMRI study" *Neuroimage* 22 (1): 11-21. https://doi.org/10.1016/j.neuroimage.2004.01.001

Conway, Andrew R. A., Michael J. Kane, Michael F. Bunting, D. Zach Hambrick, Oliver Wilhelm, and Randall W. Engle. 2005. "Working memory span tasks: A methodological review and user's guide." *Psychonomic Bulletin & Review* 12 (5): 769-786. https://doi.org/10.3758/BF03196772

Cooper, Richard P., and Tim Shallice. 2010. "Cognitive neuroscience: The troubled marriage of cognitive science and neuroscience." *Topics in Cognitive Science* 2 (3): 398-406. https://doi.org/10.1111/j.1756-8765.2010.01090.x

Correia, Joao, Elia Formisano, Giancarlo Valente, Lars Hausfeld, Bernadette Jansma, and Milene Bonte. 2014. "Brain-based translation: fMRI decoding of spoken words in bilinguals reveals language-independent semantic representations in anterior temporal lobe." *Journal of Neuroscience* 34 (1): 332-338. https://doi.org/10.1523/JNEUROSCI.1302-13.2014

Cowan, Nelson. 2000. "Processing limits of selective attention and working memory: Potential implications for interpreting." *Interpreting* 5 (2): 117-146. https://doi.org/ https://doi.org/10.1075/intp.5.2.05cow

Chee, Michael W., Chun S. Soon, and Hwee L. Lee. 2003. "Common and segregated neuronal networks for different languages revealed using functional magnetic resonance adaptation." *Journal of Cognitive Neuroscience* 15 (1): 85-97. https://doi.org/10.1162/089892903321107846

Cheour, Marie, Rita Ceponiene, Anne Lehtokoski, Aavo Luuk, Juri Allik, Kimmo Alho, and Risto Naatanen. 1998. "Development of language-specific phoneme representations in the infant brain." *Nature Neuroscience* 1 (5): 351-353. https://

doi.org/10.1038/1561

Chernov, Ghelly V. 2004. *Inference and Anticipation in Simultaneous Interpreting: A Probability-prediction Model*. Amsterdam: John Benjamins. https://doi.org/10.1075/btl.57

Chernov, Ghelly V. 1994. "Message redundancy and message anticipation in simultaneous interpretation." In *Bridging the Gap: Empirical Research in Simultaneous Interpretation*, ed. by Sylvie Lambert and Barbara Moser-Mercer, 139-153. Amsterdam: John Benjamins. https://doi.org/10.1075/btL3.13che

Chincotta, Dino, and Geoffrey Underwood. 1998. "Simultaneous interpreters and the effect of concurrent articulation on immediate memory." *Interpreting: International Journal of Research and Practice in Interpreting* 3 (1): 1-20. https://doi.org/10.1075/intp.3.1.01chi

Chmiel, Agnieszka. 2018. "In search of the working memory advantage in conference interpreting —Training, experience and task effects." *International Journal of Bilingualism* 22 (3): 371-384. https://doi.org/10.1177/1367006916681082

Choi, Wonil, Rutvik H. Desai, and John M. Henderson. 2014. "The neural substrates of natural reading: a comparison of normal and nonword text using eyetracking and fMRI." *Frontiers in Human Neuroscience* 8: 1024. https://doi.org/10.3389/fnhum.2014.01024.

Chomsky, Noam. 1959. *Syntactic Structures*. The Hague: Mouton.

Chomsky, Noam. 1965. *Aspects of the Theory of Syntax*. Cambridge, Massachusetts: MIT Press.

Christoffels, Ingrid. 2004. "Cognitive Studies in Simultaneous Interpreting. Unpublished doctoral dissertation." Unpublished doctoral dissertation, University of Amsterdam.

Christoffels, Ingrid, and Annette M. B. de Groot. 2005. "Simultaneous interpreting: A cognitive perspective." In *Handbook of Bilingualism: Psycholinguistic Approaches*, ed. by Judith F. Kroll and Annette M. B. de Groot, 454-479. New York: Oxford University Press.

Christoffels, Ingrid K., Annette M. B. de Groot, and Judith F. Kroll. 2006a. "Memory and language skills in simultaneous interpreters: The role of expertise and language proficiency." *Journal of Memory and Language* 54 (3): 324-345. https://doi.org/10.1016/jjml.2005.12.004

Christoffels, Ingrid K., Lesya Ganushchak, and Dirk Koester. 2013. "Language conflict in translation: an ERP study of translation production." *Journal of Cognitive Psychology* 25 (5): 646-664. https://d0i.0rg/10.1080/20445911.2013.821127

Christoffels, Ingrid K., Annette M. B. de Groot, and Lourens J. Waldorp. 2003. "Basic skills in a complex task: A graphical model relating memory and lexical retrieval to simultaneous interpreting." *Bilingualism: Language and Cognition* 6 (3): 201-211. https://doi.org/10.1017/S1366728903001135

Dalla Volta, R., M. Fabbri-Destro, M. Gentilucci, and P. Avanzini. 2014. "Spatiotemporal dynamics during processing of abstract and concrete verbs: An ERP study." *Neuropsychologia* 61: 163-174. https://doi.org/10.1016/j.neuropsychologia.2014.06.019 Damasio, Antonio. 1994. *Descartes' Error: Emotion, Reason and the Human Brain*. London: Penguin.

Darò, Valeria, and Franco Fabbro. 1994. "Verbal memory during simultaneous interpretation: Effects of phonological interference." *Applied Linguistics* 15: 365-381. https://doi.org/10.1093/applin/15.4365

Davidson, Donald J., and Peter Indefrey. 2007. "An inverse relation between event-related and time-frequency violation responses in sentence processing." *Brain Research* 1158: 81-92. https://doi.org/10.1016/j.brainres.2007.04.082

de Groot, Annette M. B. 1992. "Determinants of word translation." *Journal of Experimental Psychology: Learning, Memory, and Cognition* 18: 1001-1018.

de Groot, Annette M. B. 1993. "Word-type effects in bilingual processing tasks: Support for a mixed representational system." In *The Bilingual Lexicon*, ed. by Robert Schreuder and Bert Weltens, 27-51. Amsterdam: John Benjamins. https://doi.org/10.1075/sibiL6.04gro

de Groot, Annette M. B., and Gerard L. J. Nas. 1991. "Lexical representation of cognates and noncognates in compound bilinguals." *Journal of Memory and Language* 30 (1): 90-123. https://doi.org/10.1016/0749-596X(91)90012-9

de Groot, Annette M. B., Lucia Dannenburg, and Janet G. van Hell. 1994. "Forward and backward word translation by bilinguals." *Journal of Memory and Language* 33 (5): 600-629. https://doi.org/10.1006/jmla.1994.1029

de Groot, Annette M., Philip Delmaar, and Stephen J. Lupker. 2000. "The processing of interlexical homographs in translation recognition and lexical decision: support for non-selective access to bilingual memory." *Quarterly Journal of Experimental Psychology A* 53 (2): 397-428. https://doi.org/10.1080/713755891.

De Vreese, Luc Pieter, Massimo Motta, and Andrea Toschi. 1988. "Compulsive and paradoxical translation behaviour in a case of presenile dementia of the Alzheimer type." *Journal of Neurolinguistics* 3 (2): 233-259. https://doi.org/10.1016/0911-6044(88)90015-2

DeFelipe, Javier, and Isabel Farinas. 1992. "The pyramidal neuron of the cerebral

cortex: morphological and chemical characteristics of the synaptic inputs."
Progress in Neurobiology 39 (6): 563-607. https://doi.org/10.1016/0301-
0082(92)90015-7

Dehaene, Stanislas. 2009. *Reading in the Brain: The New Science of How We Read*.
London: Penguin.

Dehaene, Stanislas, Emmanuel Dupoux, Jacques Mehler, Laurent Cohen, Eraldo
Paulesu, Daniela Perani, Pierre-Francois van de Moortele, Stephane Lehericy,
& Denis Le Bihan. 1997. "Anatomical variability in the cortical representation
of first and second language." *Neuroreport* 8 (17): 3809-3815. https://doi.
org/10.1097/00001756-199712010-00030

Delisle, Jean, and Judith Woodsworth. 1995. *Translators through History*.
Amsterdam/ Philadelphia: John Benjamins. https://doi.org/10.1075/btl.13

Desai, Rutvik H., Woni Choi, Vicky T. Lai, and John M. Henderson. 2016.
"Toward semantics in the wild: Activation to manipulable nouns in naturalistic
reading." *Journal of Neuroscience* 36 (14): 4050-4055. https://doi.org/10.1523/
JNEUROSCI.1480-15.2016

Detry, Caroline, Agnesa Pillon, and Marie-Pierre de Partz. 2005. "A direct processing
route to translate words from the first to the second language: Evidence from
a case of a bilingual aphasic." *Brain and Language* 95 (1): 40-41. https://doi.
org/10.1016/j.bandl.2005.07.014

Diamond, Adele. 2013. "Executive functions." *Annual Review of Psychology* 64:
135-168. https://doi.org/10.1146/annurev-psych-113011-143750

Diamond, Bruce J., and Gregory M. Shreve. 2017. "Deliberate practice and
neurocognitive optimization of translation expertise." In *The Handbook of
Translation and Cognition*, ed. by Aline Ferreira and John W. Schwieter,
476-495. Hoboken, New Jersey: John Wiley & Sons, Inc. https://doi.
org/10.1002/9781119241485.ch26

Diamond, Bruce, and Gregory Shreve. 2010. "Neural and physiological correlates
of translation and interpreting in the bilingual brain: Recent perspectives." In
Translation and Cognition, ed. by Gregory Shreve and Erik Angelone, 289-
322. Amsterdam & Philadelphia: John Benjamins. https://doi.org/10.1075/ata.
xv.16dia

Dijkstra, Ton, Alexander Wahl, Franka Buytenhuijs, Nino Van Halem, Zina Al-
Jibouri, Marcel De Korte, and Steven RekkE. 2018. "Multilink: A computational
model for bilingual word recognition and word translation." *Bilingualism:
Language and Cognition:* 1-23. https://doi.org/10.1017/S1366728918000287

Dillinger, Mike. 1990. "Comprehension during interpreting: What do interpreters know that bilinguals don't?" *The Interpreters' Newsletter* 3: 41-58.

Dimigen, Olaf, Werner Sommer, Annette Hohlfeld, Arthur M. Jacobs, and Reinhold Kliegl. 2011. "Coregistration of eye movements and EEG in natural reading: analyses and review." *Journal of Experimental Psychology: General* 140 (4): 552-572. https://doi.org/10.1037/a0023885

Dong, Yanping, and Jiexuan Lin. 2013. "Parallel processing of the target language during source language comprehension in interpreting." *Bilingualism: Language and Cognition* 16 (3): 682-692. https://doi.org/10.1017/S1366728913000102

Dong, Yanping, and Zhilong Xie. 2014. "Contributions of second language proficiency and interpreting experience to cognitive control differences among young adult bilinguals." *Journal of Cognitive Psychology* 26 (5): 506-519. https://doi.org/10.1080/20445911.2014.924951

Donovan, Clare. 2004. "European Masters Project Group: Teaching simultaneous interpretation into a B language: Preliminary findings." *Interpreting* 6 (2): 205-216. https://doi.org/10.1075/intp.6.2.06don

Dossani, Rimal, Symeon Missios, and Anil Nanda. 2015. "The legacy of Henry Molaison (1926-2008) and the impact of his bilateral mesial temporal lobe surgery on the study of human memory." *World Neurosurgery* 84 (4): 1127-1135. https://doi.org/10.1016/j.wneu.2015.04.031.

Dragsted, Barbara. 2005. "Segmentation in translation: Differences across levels of expertise and difficulty." *Target* 17 (1): 49-70. https://doi.org/10.1075/target.17.1.04dra

Dragsted, Barbara. 2010. "Coordination of reading and writing processes in translation: An eye on uncharted territory." In *Translation and Cognition*, ed. by Gregory Shreve and Erik Angelone, 41-62. Amsterdam: John Benjamins. https://doi.org/10.1075/ata.xv.04dra

Dubois, Julien, and Ralph Adolphs. 2016. "Building a science of individual differences from fMRI." *Trends in Cognitive Science* 20 (5): 425-443. https://doi.org/10.1016/j.tics.2016.03.014

Duchon, Andrew, Manuel Perea, Nuria Sebastián-Gallés, Antonia Marti, and Manuel Carreiras. 2013. "EsPal: one-stop shopping for Spanish word properties." *Behavioral Research Methods* 45 (4): 1246-1258. https://doi.org/10.3758/s13428-013-0326-1

Duffy, Mary. 2000. "The Internet as a research and dissemination resource." *Health Promotion International* 15 (4): 349-353. https://doi.org/10.1093/heapro/15.4349

Dunabeitia, Jon A., and Manuel Carreiras. 2015. "The bilingual advantage: Acta est fabula?" *Cortex* 73: 371-372. https://doi.org/10.1016/j.cortex.2015.06.009

Dunn, John C., and Kim Kirsner. 2003. "What can we infer from double dissociations?" Cortex 39 (1): 1-7. https://doi.org/10.1016/S0010-9452(08)70070-4 Durant, Will. 1926. *The Story of Philosophy*. New York: Simon & Schuster.

Duyck, Wouter, and Marc Brysbaert. 2004. "Forward and backward number translation requires conceptual mediation in both balanced and unbalanced bilinguals." *Journal of Experimental Psychology: Human Perception and Performance* 30 (5): 889-906. https://doi.org/10.1037/0096-1523.30.5.889

Duyck, Wouter, and Marc Brysbaert. 2008. "Semantic access in number word translation: The role of crosslingual lexical similarity." *Experimental Psychology* 55 (2): 102-112. https://doi.org/10.1027/1618-3169.55.2.102

Elmer, Stefan. 2012. "The investigation of simultaneous interpreters as an alternative approach to address the signature of multilingual speech processing." *Zeitschrift fur Neuropsychologie* 23 (2): 105-116. https://doi.org/10.1024/1016-264X/a000068

Elmer, Stefan, Carina Klein, Jurg Kühnis , Franziskus Liem, Martin Meyer, and Lutz Jäncke. 2014. "Music and language expertise influence the categorization of speech and musical sounds: behavioral and electrophysiological measurements." *Journal of Cognitive Neuroscience* 26 (10): 2356-2369. https://doi.org/10.1162/jocn_a_00632

Elmer, Stefan, and Jurg Kühnis. 2016. "Functional connectivity in the left dorsal stream facilitates simultaneous language translation: An EEG study." *Frontiers in Human Neuroscience* 10: 60. https://doi.org/10.3389/fnhum.2016.00060

Elmer, Stefan, Martin Meyer, and Lutz Jäncke. 2010. "Simultaneous interpreters as a model for neuronal adaptation in the domain of language processing." *Brain Research* 1317: 147-156. https://doi.org/10.1016/j.brainres.2009.12.052

Elmer, Stefan, Jürgen Hänggi, and Lutz Jäncke. 2014. "Processing demands upon cognitive, linguistic, and articulatory functions promote gray matter plasticity in the adult multilingual brain: Insights from simultaneous interpreters." *Cortex* 54: 179-189. https://doi.org/10.1016/j.cortex.2014.02.014

Engel, Jr., Jerome. 2005. "The emergence of neurosurgical approaches to the treatment of epilepsy." In *From Neuroscience to Neurology: Neuroscience, Molecular Medicine, and the Therapeutic Transformation of Neurology*, ed. by Stephen Waxman, 81-105. Amsterdam: Elsevier. https://doi.org/10.1016/B978-012738903-5/50006-0

Ericsson, K. Anders, Neil Charness, Paul J. Feltovich, and Robert R. Hoffman. 2006.

The Cambridge Handbook of Expertise and Expert Performance. New York: Cambridge University Press. https://doi.org/10.1017/CBO9780511816796

Ericsson, K. Anders, and Herbert A. Simon. 1984. *Protocol Analysis*. Cambridge, Massachussetts: The MIT Press.

Eriksen, Barbara A., and Charles W. Eriksen. 1974. "Effects of noise letters upon the identification of a target letter in a nonsearch task." *Perception & Psychophysics* 16 (1): 143-149. https://doi.org/10.3758/BF03203267

Esposito, Antonella. 2016. *Research 2.0 and the Impact of Digital Technologies on Scholarly Inquiry*. Philapdelphia: IGI Global.

Evans, Nicholas, and Stephen C. Levinson. 2009. "The myth of language universals: Language diversity and its importance for cognitive science." *Behavioral and Brain Sciences* 32 (5): 429-448. https://d0i.0rg/10.1017/S0140525X0999094X

Eviatar, Zohar, Mark Leikin, and Raphiq Ibrahim. 1999. "Phonological processing of second language phonemes: A selective deficit in a bilingual aphasic." *Language Learning* 49 (1): 121-141. https://doi.org/10.1111/1467-9922.00072

Fabbro, Franco. 2001. "The bilingual brain: Cerebral representation of languages." *Brain and Language* 79 (2): 211-22. https://doi.org/10.1006/brln.2001.2481

Fabbro, Franco, Bruno Gran, and Laura Gran. 1991. "Hemispheric specialization for semantic and syntactic components of language in simultaneous interpreters." *Brain and Language* 41 (1): 1-42. https://doi.org/10.1016/0093-934X(91)90108-D

Fabbro, Franco, Miran Skrap, and Salvatore Aglioti. 2000. "Pathological switching between languages after frontal lesions in a bilingual patient." *Journal of Neurology, Neurosurgery, and Psychiatry* 68 (5): 650-652. https://doi.org/10.1136/jnnp.68.5.650

Fabbro, Franco. 1999. *The Neurolinguistics of Bilingualism: An Introduction*. Hove: Psychology Press.

Fabbro, Franco, and Laura Gran. 1997. "Neurolinguistic research in simultaneous interpretation." In *Conference Interpreting: Current Trends in Research. Proceedings of the International Conference on Interpreting: What Do We Know and How?*, ed. by Yves Gambier, Daniel Gile and Christopher Taylor, 9-27. Amsterdam: John Benjamins. https://doi.org/10.1075/btl.23.02fab

Fabbro, Franco, Laura Gran, Gianpaolo Basso, and Antonio Bava. 1990. "Cerebral lateralization in simultaneous interpretation." *Brain and Language* 39 (1): 69-89. https://doi.org/10.1016/0093-934X(90)90005-2

Fabbro, Franco, and Michel Paradis. 1995. "Differential impairments in four multilingual patients with subcortical lesions." In *Aspects of Bilingual Aphasia*, ed. by Michel Paradis, 139-176. Oxford: Pergamon.

Feng, Shiwen, Jennifer Legault, Long Yang, Junwei Zhu, Keqing Shao, and Yiming Yang. 2015. "Differences in grammatical processing strategies for active and passive sentences: An fMRI study." *Journal of Neurolinguistics* 33: 104-117. https://doi.org/10.1016/j.jneuroling.2014.09.002

Fernandez-Duque, Diego, Jessica Evans, Colton Christian, and Sarah D. Hodges. 2015. "Superfluous neuroscience information makes explanations of psychological phenomena more appealing." *Journal of Cognitive Neuroscience* 27 (5): 926-944. https://doi.org/10.1162/jocn_a_00750

Ferré, Pilar, Rosa Sánchez-Casas, and Marc Guasch. 2006. "Can a horse be a donkey? Semantic and form interference effects in translation recognition in early and late proficient and nonproficient Spanish-Catalan bilinguals." *Language Learning* 56 (4): 571-608. https://doi.org/10.1111/j.1467-9922.2006.00389.x

Ferreira, Aline. 2012. "Tempo e segmentação no processamento cognitivo de tradutores experientes em instancias de tradução direta e inversa." *Revista L@ el em (Dis-) curso* 5 (2): 57-69.

Ferreira, Aline. 2014. "Analyzing recursiveness patterns and retrospective protocols of professional translators in L1 and L2 translation tasks." *Translation and Interpreting Studies* 9 (1): 109-127. https://doi.org/10.1075/tis.9.1.06fer

Ferreira, Aline, and John W. Schwieter. 2017. "Directionality in translation." In *The Handbook of Translation and Cognition*, ed. by Aline Ferreira and John W. Schwieter, 90-105. Hoboken, New Jersey: John Wiley & Sons, Inc. https://doi.org/10.1002/9781119241485.ch5

Ferreira, Aline, and John W. Schwieter. 2015. *Psycholinguistic and Cognitive Inquiries into Translation and Interpreting*. Amsterdam: John Benjamins. https://doi.org/10.1075/btl.115

Finger, Stanley. 1994. *Origins of Neuroscience: A History of Explorations into Brain Function*. New York: Oxford University Press.

Ford, Anastasia, William Triplett, Atchar Sudhyadhom, Joseph M Gullett, Keith McGregor, David FitzGerald, Thomas Mareci, Keith White, and Bruce Crosson. 2013. "Broca's area and its striatal and thalamic connections: a diffusion-MRI tractography study." *Frontiers in Neuroanatomy* 7: 8. https://doi.org/10.3389/fnana.2013.00008

Fox, Michael D., and Michael Greicius. 2010. "Clinical applications of resting state functional connectivity." *Frontiers in Systems Neuroscience* 4: 19. https://doi.org/10.3389/fnsys.2010.00019.

Frauenfelder, Ulrich, and Herbert Schriefers. 1997. "A psycholinguistic perspective on simultaneous interpretation." *Interpreting* 2 (1-2): 55-89. https://doi.org/10.1075/intp.2.1-2.03fra

Freeman, Walter J., and Rodrigo Quian Quiroga. 2012. *Imaging Brain Function with EEG: Advanced Temporal and Spatial Analysis of Electroencephalographic Signals.* Berlin: Springer.

Friederici, Angela D. 2004. "Event-related brain potential studies in language." *Current Neurology and Neuroscience Reports* 4 (6): 466-470. https://doi.org/10.1007/s11910-004-0070-0

Friston, Karl J. 2011. "Functional and effective connectivity: a review." *Brain Connectivity* 1 (1): 13-36. https://doi.org/10.1089/brain.2011.0008

García-Caballero, Alejandro, Isabel García-Lado, Javier Gonzalez-Hermida, Ramon Area, Maria Jose Recimil, Onesimo Juncos Rabadan, Susana Lamas, Guillermo Ozaita y F. J. Jorge (2007). "Paradoxical recovery in a bilingual patient with aphasia after right capsuloputam-inal infarction". *Journal of Neurosurgical Psychiatry* 78, 89-91. https://doi.org/10.1136/jnnp.2006.095406

García-Cordero, Indira, Lucas Sedeño, Laura de la Fuente, Andrea Slachevsky, Gonzalo Forno, Francisco Klein, Patricia Lillo, Jesica Ferrari, Clara Rodriguez, Julian Bustin, Teresa Torralva, Sandra Baez, Adrian Yoris, Sol Esteves, Margherita Melloni, Paula Salamone, David Huepe, Facundo Manes, Adolfo M. García, and Agustín Ibáñez. 2016. "Feeling, learning from and being aware of inner states: interoceptive dimensions in neurodegeneration and stroke." *Philosophical Transactions of the Royal Society B: Biological Sciences* 371: 1708. https://doi.org/10.1098/rstb.2016.0006.

García-Pentón, Lorna, Yuriem Fernández García, Brendan Costello, Jon Andoni Duñabeitia, and Manuel Carreiras. 2016. "The neuroanatomy of bilingualism: how to turn a hazy view into the full picture." *Language, Cognition and Neuroscience* 31 (3): 303-327. https://doi.org/10.1080/23273798.2015.1068944

García, Adolfo M. 2008. "The circumscribed infinites scheme: A deconstructive approach to translating poetry." *Target* 20 (1): 115-134. https://doi.org/10.1075/target.20.1.07mar

García, Adolfo M. 2009. "Semic verbalisation: A systematic procedure for the replication of meaning in translating lexical items." *Linguistica Antverpiensia* 7: 75-92.

García, Adolfo M. 2010. "Methodological tenets, plausibility and reality in chomskyan biolinguistics." *Linguistics and the Human Sciences* 3 (3): 303-324. https://doi.org/10.1558/lhs.v3i3.303

García, Adolfo M. 2011. "Proceso traductor y equivalencia: cotejo de dos modelos trifásicos e implicaciones para la didáctica de la traductología." *Revista Electrónica de Didáctica de la Interpretación y la Traducción* 7: 17-41.

García, Adolfo M. 2012a. *Traductología y neurocognitión: Cómo se organiza el sistema lingüístico del traductor.* Córdob Facultad de Lenguas de la UNC.

García, Adolfo M. 2012b. *Aproximaciones teóricas y empíricas a la lingüística cognitiva.* Mar del Plata: Editorial Martin.

García, Adolfo M. 2012c. "La Teoría de Redes Relacionales: Correlatos neurológicos de un modelo lingüístico conexionista." *Onomázein* 26: 221-257.

García, Adolfo M. 2013a. "Brain activity during translation: A review of the neuroimaging evidónce as a testing ground for clinically-based hypotheses." *Journal of Neurolinguistics* 26 (3): 370-383. https://d0i.0rg/10.10i6/j.jneur0ling.2012.12.002

García, Adolfo M. 2013b. "Relational network theory as a bridge between linguistics and neuroscience: An interview with Professor Sydney Lamb." *Linguistics and the Human Sciences* 8 (1): 3-27. https://doi.org/10.1558/lhs.v8i13

García, Adolfo M. 2014a. "The interpreter advantage hypothesis: Preliminary data patterns and empirically motivated questions." *Translation and Interpreting Studies* 9 (2): 219-238. https://doi.org/10.1075/tis.9.2.04gar

García, Adolfo M. 2014b. "Neurocognitive determinants of performance variability among world-language users." *Journal of World Languages* 1 (1): 60-77. https://doi.org/10.1080/21698252.2014.893671

García, Adolfo M. 2015a. "Psycholinguistic explorations of lexical translation equivalents: Thirty years of research and their implications for cognitive translatology" *Translation Spaces* 4 (1): 9-28. https://doi.org/10.1075/ts.4.1.01gar

García, Adolfo. 2015b. "Translating with an injured brain: neurolinguistic aspects of translation as revealed by bilinguals with cerebral lesions." *Meta: Translators' Journal* 60 (1): 112-134. https://doi.org/10.7202/1032402ar

García, Adolfo M. 2015c. "A connectionist approach to functional-cognitive linguistics: Spanish pronominal clitics and verb endings in relational-network terms." *Signos: Estudios de Lingüística* 48 (88): 197-222. https://doi.org/10.4067/S0718-09342015000200003

García, Adolfo M. 2016. "El sistema léxico bilingüe: organización y procesamiento." In *Mente bilingüe: abordajes psicolingüísticos y cognitivistas*, ed. by Adolfo M. García and Sonia Suárez Cepeda, 69-98. Córdoba: Comunicarte.

García, Adolfo M., and María Inés Arrizabalaga. 2013. *La traducción bajo la linea de la conver-gencia.* Córdoba: Facultad de Lenguas de la UNC.

García, Adolfo M., and Agustín Ibáñez. 2016a. "Processes and verbs of doing, in the brain: Theoretical implications for systemic functional linguistics." *Functions of Language* 23 (3): 305-335. https://doi.org/10.1075/fol.233.02gar

García, Adolfo M., and Agustín Ibáñez. 2016b. "Hands typing what hands do: Action-semantic integration dynamics throughout written verb production." *Cognition* 149: 56-66. https://doi.org/10.1016/j.cognition.2016.01.011

García, Adolfo M., and Agustín Ibáñez. 2016c. "A touch with words: Dynamic synergies between manual actions and language." *Neuroscience & Biobehavioral Reviews* 68: 59-95. https://doi.org/10.1016/j.neubiorev.2016.04.022

García, Adolfo M., and Sonia Suárez Cepeda. 2016. *Mente bilingüe: Abordajes psicolingüísitcos y cognitivistas.* Córdoba: Comunicarte.

García, Adolfo M., and Edinson Muñoz. 2020. "Translation, neuroscience, and cognition." In *The Routledge Handbook of Translation and Cognition*, ed. by Arnt L. Jakobsen and Fabio Alves,239-259. London: Routledge.

García, Adolfo M., Ezequiel Mikulan, and Agustín Ibáñez. 2016. "A neuroscientific toolkit for translation studies." In *Reembedding Translation Process Research* ed. by Ricardo Muñoz Martín, 21-46. Amsterdam: John Benjamins. https://doi.org/10.1075/btl.128.02gar

García, Adolfo M., Laura Manoiloff, and Mónica Wagner. 2016. "Concepciones del bilingüismo y evaluación de la competencia bilingüe." In *Mente bilingüe: abordajes psicolingüísticos y cognitivistas*, ed. by Adolfo M. García and Sonia Suárez Cepeda, 17-49. Córdoba: Comunicarte.

García, Adolfo M., William Sullivan, and Sarah Tsiang. 2017. *An Introduction to Relational Network Theory: History, Principles, and Descriptive Applications.* London: Equinox.

García, Adolfo M., Agustín Ibáñez, David Huepe, Alexander Houck, Maëva Michon, Carlos Gelormini Lezama, Sumeer Chadha, and Álvaro Rivera-Rei. 2014. "Word reading and translation in bilinguals: The impact of formal and informal translation expertise." *Frontiers in Psychology* 5: 1302. https://doi.org/10.3389/fpsyg.2014.01302

García, Adolfo M., Facundo Carrillo, Juan Rafael Orozco-Arroyave, Natalia Trujillo, Juan Felipe Vargas Bonilla, Sol Fittipaldi, Federico Adolfi, Elmer Noth, Mariano Sigman, Diego Fernandez Slezak, Agustín Ibáñez, and Guillermo A. Cecchi. 2016a. "How language flows when movements don't: An automated analysis of spontaneous discourse in Parkinson's disease." *Brain and Language*

162: 19-28. https://doi.org/10.1016/j.bandl.2016.07.008

García, Adolfo M., Sofía Abrevaya, Giselle Kozono, Indira García Cordero, Marta Córdoba, Marcelo Andrés Kauffman, Ricardo Pautassi, Edinson Muñoz, Lucas Sedeño, and Agustín Ibáñez. 2016b. "The cerebellum and embodied semantics: evidence from a case of genetic ataxia due to STUB1 mutations." *Journal of Medical Genetics* 54: 114-124. https://doi.org/10.1136/jmedgenet-2016-104148

García, Adolfo M., Lucas Sedeño, Natalia Trujillo, Yamile Bocanegra, Diana Gomez, David Pineda, Villegas Andrés, William Arias, and Agustín Ibáñez. 2017a. "Language deficits as a preclinical window into Parkinson's disease: Evidence from asymptomatic parkin and darda- rin mutation carriers." *Journal of the International Neuropsychological Society* 22: 150-158. https://doi.org/10.1017/S1355617716000710

García, Adolfo M., Yamile Bocanegra, Eduar Herrera, Mariana Pino, Edinson Muñoz, Lucas Sedeño, and Agustín Ibáñez. 2017b. "Action-semantic and syntactic deficits in subjects at risk for Huntington's disease." *Journal of Neuropsychology*. https://doi.org/10.1111/jnp.12120

García, Adolfo M., Lucas Sedeño, Eduar Herrera, Blas Couto, and Agustín Ibáñez. 2017c. "A lesion-proof brain? Multidimensional sensorimotor, cognitive, and socio-affective preservation despite extensive damage in a stroke patient." *Frontiers in Aging Neuroscience* 8: 335. https://doi.org/10.3389/fnagi.2016.00335

García, Adolfo M., Yamile Bocanegra, Elena Herrera, Leonardo Moreno, Jairo Carmona, Ana Baena, Francisco Lopera, David Pineda, Margherita Melloni, Agustína Legaz, Edinson Muñoz, Lucas Sedeño, Sandra Baez, and Agustín Ibáñez. 2018. "Parkinson's disease compromises the appraisal of action meanings evoked by naturalistic texts." *Cortex* 100: 111-126. https://doi.org/10.1016/j.cortex.2017.07.003

Gastaldi, Guido. 1951. "Osservazioni su un afasico bilingüe." *Sistema Nervoso* 2: 175-180.

Gentzler, Edwin. 2001. *Contemporary Translation Theories*. Clevedon, UK: Multilingual Matters.

Gerver, David. 1969. "The effects of source language presentation rate on the performance of simultaneous interpreters." In *Proceedings of the 2nd Louisville Conference on Rate and/or Frequency of Controlled Speech*, ed. by Emerson Foulke, 162-184. Louisville: University of Louisville.

Gerver, David. 1975. "A psychological approach to simultaneous interpretation." *Meta: International Translator's Journal* 20 (2): 119-128. https://doi.

org/10.7202/002885ar

Gerver, David. 1976. "Empirical studies of simultaneous interpretation: A review and a model." In *Translation: Applications and Research*, ed. by Richard W Briskin, 165-207. New York: Gardner Press.

Gile, Daniel. 1990. "Scientific research vs. personal theories in the investigation of interpretation." In *Aspects of Applied and Experimental Research on Conference Interpretation*, ed. by Laura Gran and Christopher Taylor, 28-41. Udine: Campanotto.

Gile, Daniel. 1995. *Basic Concepts and Models for Interpreter and Translator Training*. Amsterdam: John Benjamins. https://doi.org/io.i075/btl.8(ist)

Gile, Daniel. 2005. "Directionality in conference interpreting: A cognitive view." In *Directionality in Interpreting. The 'Retour' or the Native?*, ed. by Rita Godijns and Michaël Hindedael, 9-26. Ghent: Communication and Cognition.

Gile, Daniel. 2009. "Interpreting studies: A critical view from within." *MonTI: Monografías de Traducción e Interpretatión* 1: 135-155. https://d0i.0rg/10.6035/M0nTI.2009.1.6

Golestani, Narly, Cathy J. Price, and Sophie K. Scott. 2011. "Born with an ear for dialects? Structural plasticity in the expert phonetician brain." *Journal of Neuroscience* 31 (11): 4213-4220. https://doi.org/10.1523/JNEUROSCI.3891-10.2011

Göpferich, Sussane, Arnt Jakobsen, and Inger Mees. 2008. *Looking at eyes: Eye-Tracking Studies of Reading and Translation Processing*. Copenhagen: Samfundslitteratur.

Grabner, Roland H., Clemens Brunner, Robert Leeb, Christa Neuper, and Gert Pfurtscheller. 2007. "Event-related EEG theta and alpha band oscillatory responses during language translation." *Brain Research Bulletin* 72 (1): 57-65. https://doi.org/10.1016/j.brainresbull.2007.01.001

Gran, Laura. 1989. "Interdisciplinary research on cerebral asymmetries: Significance and prospects for the Teaching of Interpretation." In *The Theoretical and Practical Aspects of Teaching Conference Interpretation*, ed. by Laura Gran and John Dodds, 93-100. Udine: Camapnotto.

Grant, Angela M., Shin-Yi Fang, and Ping Li. 2015. "Second language lexical development and cognitive control: A longitudinal fMRI study." *Brain and Language* 144: 35-47. https://doi.org/10.1016/j.bandl.2015.03.010

Green, C. Shawn, and Daphne Bavelier. 2003. "Action video game modifies visual selective attention." *Nature* 423 (6939): 534-537. https://doi.org/10.1038/nature01647

Green, David W. 1986. "Control, activation, and resource: a framework and a model for the control of speech in bilinguals." *Brain and Language* 27 (2): 210-23. https://doi.org/10.1016/0093-934X(86)90016-7

Greicius, Michael. 2008. "Resting-state functional connectivity in neuropsychiatric disorders." *Current Opinion in Neurology* 21 (4): 424-430. https://doi.org/10.1097/WCO.0b013e328306f2c5

Grodzinsky, Yosef. 2000. "The neurology of syntax: Language use without Broca's area." *Behavioral and Brain Sciences* 23 (1): 1-21. https://doi.org/10.1017/S0140525X00002399

Grodzinsky, Yosef, and Angela D. Friederici. 2006. "Neuroimaging of syntax and syntactic pro-cessing." *Current Opinion in Neurobiology* 16 (2): 240-246. https://doi.org/10.1016/j.conb.2006.03.007

Grosjean, Francois. 1994. "Individual bilingualism." In *The Encyclopaedia of Language and Linguistics* ed. by Ronald E. Asher, 1656-1660. Oxford: Pergamon Press.

Guasch, Marc, Rosa Sánchez-Casas, Pilar Ferré, and José E. García-Albea. 2008. "Translation performance of beginning, intermediate and proficient Spanish-Catalan bilinguals: Effects of form and semantic relations." *The Mental Lexicon* 3 (3): 289-308. https://doi.org/10.1075/ml.33.03gua.

Gutt, Ernst A. 1991. *Translation and Relevance: Cognition and Context*. Cambridge: Blackwell.

Halliday, Michael A. K. 1985. *An Introduction to Functional Grammar*. London: Arnold.

Halliday, Michael A. K. 2007 [2002]. "Applied linguistics as an evolving theme." In *Language and Education. Volume 9 of the Collected Works of M.A.K. Halliday*, ed. by Jonathan Webster, 1-19. London & New York: Continuum.

Han, Shihui, Georg Northoff, Kai Vogeley, Bruce E. Wexler, Shinobu Kitayama, and Michael E. W. Varnum. 2013. "A cultural neuroscience approach to the biosocial nature of the human brain." *Annual Review of Psychology* 64: 335-59. https://doi.org/10.1146/annurev-psych-071112-054629

Hansen-Schirra, Silvia (2017). "EEG and universal language processing in translation." In *The Handbook of Translation and Cognition*, ed. by John W. Schwieter, and Aline Ferreira, 232-247. Hoboken, New Jersey: John Wiley & Sons, Inc. https://doi.org/10.1002/9781119241485.ch13

Hansen-Schirra, Silvia, Stella Neumann, and Erich Steiner. 2007. "Cohesive explicitness and explicitation in an English-German translation corpus." *Languages in Contrast* 7 (2): 241-265. https://doi.org/10.1075/lic.7.2.09han

Harlow, John M. 1868. "Recovery from the passage of an iron bar through the head." *Bulletin of the Massachusetts Medical Society* (2): 327-347.

Harris, Brian, and Bianca Sherwood. 1978. "Translating as an innate skill." In *Language Interpretation and Communication. Proceedings from the NATO Symposium, Venice, Italy, September 26-October 1, 1977*, ed. by David Gerver and H. Wallace Sinaiko, 155-170. New York & London: Plenum Press.

Hartelius, Lena, Anna Carlstedt, Monica Ytterberg, Malin Lillvik, and Katja Laakso. 2003. "Speech disorders in mild and moderate Huntington disease: Results of dysarthria assessments of 19 individuals." *Journal of Medical Speech-Language Pathology* 11 (1): 1-15.

Hautzel, Hubertus, Felix M. Mottaghy, Daniela Schmidt, M Zemb, NJ Shah, Hans-Willem Müller-Gártner, and Bernd J. Krause. 2002. "Topographic segregation and convergence of verbal, object, shape and spatial working memory in humans." *Neuroscience Letters* 323 (2): 156-160. https://doi.org/10.1016/S0304-3940(02)00125-8

He, Yan, Meng-Yun Wang, Defeng Li, and Zhen Yuan. 2017. "Optical mapping of brain activation during the English to Chinese and Chinese to English sight translation." *Biomedical Optics Express* 8 (12): 5399-5411. https://doi.org/10.1364/BOE.8.005399

Hebb, Donald. 1949. *The Organization of Behavior: A Neurophysiological Theory*. New York: Wiley.

Heij, Wido La, Andre Hooglander, Robert Kerling, and Esther van der Velden. 1996. "Nonverbal context effects in forward and backward word translation: Evidence for concept mediation." *Journal of Memory and Language* 35 (5): 648-665. https://doi.org/10.1006/jmla.1996.0034

Henrard, Sébastien, and Agnés Van Daele. 2017. "Different bilingual experiences might modulate executive tasks advantages: Comparative analysis between monolinguals, translators, and interpreters." *Frontiers in Psychology* 8: 1870. https://doi.org/10.3389/fpsyg.2017.01870

Herholz, Karl, Peter Herscovitch, and Ute Heilmann W. D. Heiss. 2004. *NeuroPET: Positron Emission Tomography in Neuroscience and Clinical Neurology*. Berlin: Springer-Verlag. https://doi.org/10.1007/978-3-642-18766-7

Hernandez, Arturo E. 2013. *The Bilingual Brain*. Oxford: Oxford University Press. https://doi.org/10.1093/acprof:oso/9780199828111.001.0001

Hervais-Adelman, Alexis, Barbara Moser-Mercer, and Narly Golestani. 2011. "Executive Control of Language in the Bilingual Brain: Integrating the Evidence from Neuroimaging to Neuropsychology." *Frontiers in Psychology* 2:

234. https://doi.org/10.3389/fpsyg.2011.00234

Hervais-Adelman, Alexis, Barbara Moser-Mercer, Christoph M. Michel, and Narly Golestani. 2014. "fMRI of simultaneous interpretation reveals the neural basis of extreme language control." *Cerebral Cortex* 25 (12): 4727-4739 https://doi.org/10.1093/cercor/bhu158

Hervais-Adelman, Alexis, Barbara Moser-Mercer, and Narly Golestani. 2015. "Brain functional plasticity associated with the emergence of expertise in extreme language control." *NeuroImage* 114: 264-274. https://doi.org/10.1016/j.neuroimage.2015.03.072

Hervais-Adelman, Alexis, Barbara Moser-Mercer, Micah M Murray, and Narly Golestani. 2017. "Cortical thickness increases after simultaneous interpretation training." *Neuropsychologia* 98: 212-219. https://doi.org/10.1016/j.neuropsychologia.2017.01.008

Hervais-Adelman, Alexis, Barbara Moser-Mercer, and Narly Golestani. 2018. "Commentary: Broca pars triangularis constitutes a "Hub" of the language-control network during simultaneous language translation." *Frontiers in Human Neuroscience* 12: 22. https://doi.org/10.3389/fnhum.2018.00022.

Hickok, Gregory, and David Poeppel. 2007. "The cortical organization of speech processing." *Nature Reviews Neuroscience* 8 (5): 393-402. https://doi.org/10.1038/nrn2113

Hickok, Gregory, and Steven Small. 2015. *Neurobiology of Language*. San Diego: Academic Press.

Hiltunen, Sinikka, Rauni Pääkkönen, Gun-Viol Vik, and Christina M. Krause. 2016. "On interpreters' working memory and executive control." *International Journal of Bilingualism* 20 (3): 297-314. https://doi.org/10.1177/1367006914554406

Hiltunen, Sinikka, and Gun-Viol Vik. 2017. "Interpreters—experts in careful listening and efficient encoding? Findings of a prose recall test." *International Journal of Bilingualism* 21 (2): 194-212. https://doi.org/10.1177/1367006915610657.

Ho, Aileen K., Robert Iansek, and John L. Bradshaw. 1999. "Regulation of Parkinsonian speech volume: The effect of interlocuter distance." *Journal of Neurology, Neurosurgery & Psychiatry* 67 (2):199-202. https://doi.org/10.1136/jnnp.67.2.199

Holmes, James. 2000 [1972]. "The name and nature of translation studies." In *The Translation Studies Reader*, ed. by Lawrence Venuti, 180-192. London: Routledge.

Holmes, James S. 1988. *Translated! Papers on Literary Translation and Translation Studies*. Amsterdam: Rodopi.

Holtgraves, Thomas, and Patrick McNamara. 2010. "Pragmatic comprehension deficit in Parkinson's disease." *Journal of Clinical and Experimental Neuropsychology* 32 (4): 388-397. https://doi.org/10.1080/13803390903130729

Hönig, Hans. 1991. "Holmes' 'Mapping Theory' and the landscape of mental translation processes." In *Translation Studies, The State of the Art. Proceedings of the First James S Holmes Symposium on Translation Studies*, ed. by Kitty Van Leuven-Zwart and Ton Naaijkens, 91-101. Amsterdam: Rodopi.

Hönig, Hans. 1992. "Von der erzwungenen Selbstentfrendung des Übersetzers- Ein offener Brief an Justa Holz-Mänttäri." *TexTconTextl* 7: 1-14.

House, Juliane. 1988. "Talking to oneself or thinking with others." *Fremdsprachen Lehren und Lernen* 17: 84-98.

Huang, Harry, and Canzhong Wu. 2009. "The unit of translation: Statistics speak." *Meta* 54 (1): 110-130. https://doi.org/10.7202/029796ar

Hubel, David H., and Torsten N. Wiesel. 1962. "Receptive fields, binocular interaction and functional architecture in the cat's visual cortex." *The Journal of Physiology* 160 (1): 106-154. https://doi.org/10.1113/jphysiol.1962.sp006837

Hubel, David H., and Torsten N. Wiesel. 1977. "Ferrier lecture. Functional architecture of macaque monkey visual cortex." *Proceedings of the Royal Society of London B: Biological Science* 198 (1130): 1-59. https://doi.org/10.1098/rspb.1977.0085

Huettel, Scott A., Allen W. Song, and Gregory McCarthy. 2008. *Functional Magnetic Resonance Imaging*. second ed. Sunderland, Massachussetts: Sinauer Associates.

Humphries, Colin, Tracy Love, David Swinney, and Gregory Hickok. 2005. "Response of anterior temporal cortex to syntactic and prosodic manipulations during sentence processing." *Human Brain Mapping* 26 (2): 128-138. https://doi.org/10.1002/hbm.20148

Hurtado Albir, Amparo. 1990. *La notion defidélité en traduction, Col. Traductologie* Paris: Didier.

Hurtado Albir, Amparo. 2001. *Traductión y Traductología: Introductión a la Traductología*. Madrid: Catedra.

Hvelplund, Kristian. 2011. *Allocation of Cognitive Resources in Translation: An Eye-tracking and Key-logging Study*. Ph.D. dissertation Copenhagen: Samfundslitteratur.

Ibáñez, Agustín, Adolfo M. García, Sol Esteves, Adrián Yoris, Edinson Muñoz, Lucía Reynaldo, Marcos L. Pietto, Federico Adolfi, and Facundo Manes. 2018. "Social neuroscience: Undoing the schism between neurology and psychiatry."

Social Neuroscience 13 (1): 1-39. https://doi.org/10.1080/17470919.2016.1245 214

Ibáñez, Agustín, and Adolfo M. García. 2018. *Contextual Cognition: The Sensus Communis of a Situated Mind.* Heidelberg: Springer. https://doi. org/10.1007/978-3-319-77285-1

Ibáñez, Agustín, Lucas Sedeño, and Adolfo M. García. 2017. *Neuroscience and Social Science: The Missing Link.* New York: Springer. https://doi. org/10.1007/978-3-319-68421-5

Ibáñez, Antonio J., Pedro Macizo, and María Teresa Bajo. 2010. "Language access and language selection in professional translators." *Acta Psychologica* 135 (2): 257-266. https://doi.org/10.1016/j.actpsy.2010.07.009

Indefrey, Peter, and Willem J. M. Levelt. 2004. "The spatial and temporal signatures of word production components." *Cognition* 92 (1): 101-144. https://doi. org/10.1016/j.cognition.2002.06.001

Injoque-Ricle, Irene, Juan Pablo Barreyro, Jesica Formoso, and Virginia I. Jaichenco. 2015. "Expertise, working memory and articulatory suppression effect: Their relation with simultaneous interpreting performance." *Advances in Cognitive Psychology* 11 (2): 56-63. https://doi.org/10.5709/acp-0171-1

Jackson, John. 1878. "On affections of speech from disease of the brain." *Brain* 1: 304-330. https://doi.org/10.1093/bram/13.304

Jacobs, Joshua, and Michael J. Kahana. 2010. "Direct brain recordings fuel advances in cognitive electrophysiology." *Trends in Cognitive Science* 14 (4): 162-71. https://doi.org/10.1016/j.tics.2010.01.005

Jakobsen, Arnt. 1995. "Logging target text production with Translog." In *Probing the Process in Translation. Methods and Results (Copenhagen Studies in Language 24)*, ed. by Gyde Hansen, 9-20. Copenhagen: Samfundslitteratur.

Jakobsen, Arnt. 1998. "Logging time delay in translation." In *LSP Texts and the Process of Translation (Copenhagen Working Papers 1)*, ed. by Gyde Hansen, 71-101. Copenhagen: Copenhagen Business School.

Jakobsen, Arnt. 2014. "The development and current state of translation process research." In *The Known Unknowns of Translation Studies* ed. by Elke Brems, Reine Meylaerts and Luc van Doorslaer, 65-88. Amsterdam: John Benjamins.

Jakobsen, Arnt L. 2003. "Effects of think aloud on translation speed, revision, and segmentation." In *Triangulating Translation: Perspectives in Process Oriented Research*, ed. by Fabio Alves, 69-95. Amsterdam & Philadelphia: John Benjamins. https://doi.org/10.1075/btl.45.08jak

Jakobson, Roman. 1964. "Discussion." In *Disorders of Language*, ed. by A. V. S.

Dereuck and Maeve O'Conner, 120. Boston: Little, Brown.

Jakobson, Roman. 2000 [1959]. "On linguistic aspects of translation." In *The Translation Studies Reader*, ed. by Lawrence Venuti, 113-118. London & New York: Routledge.

Janyan, Armina, Ivo Popivanov, and Elena Andonova. 2009. "Concreteness effect and word cognate status: ERPs in single word translation." In *Brain Talk: Discourse with and in the Brain*, ed. by Kai Alter, Merle Horne, Magnus Lindgren, Mikael Roll and Jane von Koss Torkildsen, 21-30. Lunds: Lunds Universitet.

Jasinska, K. K., and L. A. Petitto. 2013. "How age of bilingual exposure can change the neural systems for language in the developing brain: A functional near infrared spectroscopy investigation of syntactic processing in monolingual and bilingual children." *Developmental Cognitive Neuroscience* 6 (Supplement C): 87-101. https://doi.org/10.1016/j.dcn.2013.06.005

Jasper, Herbert, and Wilder Penfield. 1949. "Electrocorticograms in man: Effect of voluntary movement upon the electrical activity of the precentral gyrus." *European Archives of Psychiatry and Clinical Neuroscience* 183 (1): 163-174.

Jefferies, Elizabeth. 2013. "The neural basis of semantic cognition: Converging evidence from neuropsychology, neuroimaging and TMS." *Cortex* 49 (3): 611-625. https://doi.org/10.1016/j.cortex.2012.10.008.

Jensen, Astrid, and Arnt Jakobsen. 2000. "Translating under time pressure: an empirical investigation of problem-solving activity and translation strategies by nonprofessional and professional translators." In *Translation in Context. Selected contributions from the EST Congress, Granada 1998*, ed. by Andrew Chesterman, Natividad Gallardo San Salvador and Yves Gambier, 105-116. Amsterdam: John Benjamins.

Jensen, Cristian. 2008. "Assessing eye-tracking accuracy in translation studies." *Copenhagen Studies in Language* 36: 157-174.

Joanette, Yves, Ana I Ansaldo, Karima Kahlaoui, Héléne Côté, Valeria Abusamra, Aldo Ferreres, and Andre Roch-Lecours. 2008. "Impacto de las lesiones del hemisferio derecho sobre las habilidades lingüísticas: perspectivas teorica y clinica." *Revista de Neurologia* 46 (8): 481-488.

Josse, Goulven, and Natalie Tzourio-Mazoyer. 2004. "Hemispheric specialization for language." *Brain Research Reviews* 44 (1): 1-12. https://doi.org/10.1016/j.brainresrev.2003.10.001

Jost, Lea B., Narges Radman, Karin A. Buetler, and Jean-Marie Annoni. 2018. "Behavioral and electrophysiological signatures of word translation processes." *Neuropsychologia* 109: 245-254. https://doi.org/10.1016/j.neuropsychologia.2017.12.034.

Just, Marcel A., and Patricia A. Carpenter. 1980. "A theory of reading: from eye fixations to com-prehension." *Psychological Review* 87 (4): 329-354. https://doi.org/10.1037/0033-295X.87.4329

Kaan, Edith, Anthony Harris, Edward Gibson, and Phillip Holcomb. 2000. "The P600 as an index of syntactic integration difficulty." *Language and Cognitive Processes* 15 (2): 159-201. https://doi.org/10.1080/016909600386084

Kaindl, Klaus. 2004. *Übersetzungswissenschaft im interdisziplinären Dialog. Am Beispiel der Comicubersetzung.* Tübingen: Stauffenburg.

Kalina, Sylvia. 1998. *Strategische Prozesse beim Dolmetschen: Theoretische Grundlagen, empirische Untersuchungen, didaktische Konsequenzen.* Tübingen: Gunter Narr.

Kandel, Eric. 2006. *In Search of Memory: The Emergence of a New Science of Mind.* New York & London: Norton.

Kandel, Eric. 2013. *Principles of Neural Science.* fifth ed. New York: McGraw-Hill.

Kaplan, Joan A, Hiram H Brownell, Janet R Jacobs, and Howard Gardner. 1990. "The effects of right hemisphere damage on the pragmatic interpretation of conversational remarks." *Brain and Language* 38 (2): 315-333. https://doi.org/io.ioi6/oo93-934X(9o)90ii7-Y

Kauders, Otto. 1929. "Über polyglotte Reaktionen bei einer sensorischen Aphasie." *Zeitschrift fur die gesamte Neurologie und Psychiatrie* 149: 291-301.

Kennepohl, Stephan, Viviane Sziklas, Krista Garver, David Wagner, and Marilyn Jones-Gotman. 2007. "Memory and the medial temporal lobe: hemispheric specialization reconsidered." *Neuroimage* 36 (3): 969-78. https://d0i.0rg/10.1016/j.neur0image.2007.03.049

Kielar, Aneta, Jed A. Meltzer, Sylvain Moreno, Claude Alain, and Ellen Bialystok. 2014. "Oscillatory responses to semantic and syntactic violations." *Journal of Cognitive Neuroscience* 26 (12): 2840-2862. https://doi.org/10.1162/jocn_a_00670

King, Jean-Rémi King, Jacobo D. Sitt, Frédéric Faugeras, Benjamin Rohaut, Imen El Karoui, Laurent Cohen, Lionel Naccache, and Stanislas Dehaene. 2013. "Information sharing in the brain indexes consciousness in noncommunicative patients." *Current Biology* 23 (19): 1914-1919. https://doi.org/10.1016/j.cub.2013.07.075 Kintsch, Walter. 1998. *Comprehension: A Paradigm for Cognition.* New York: Cambridge University Press.

Kintsch, Walter, and Praful Mangalath. 2011. "The construction of meaning."

Topics in Cognitive Science 3: 346-370. https://doi.org/10.1111/j.1756-8765.2010.01107.x

Kiraly, Donald C. 1995. *Pathways to Translation. Pedagogy and Process.* Kent, Ohio: The Kent State University Press.

Kiran, Swathi, and Keith R. Lebel. 2007. "Crosslinguistic semantic and translation priming in normal bilingual individuals and bilingual aphasia." *Clinical Linguistics & Phonetics* 21 (4): 277-303. https://doi.org/10.1080/02699200701243873

Klein, Denose, Robert J. Zatorre, Jen-Kai Chen, Brenda Milner, Joelle Crane, Pascal Belin, and Marc Bouffard. 2006. "Bilingual brain organization: a functional magnetic resonance adaptation study." *Neuroimage* 31 (1): 366-375. https://doi.org/10.1016/j.neuroimage.2005.12.012

Klein, Denise, Brenda Milner, Robert J. Zatorre, Ernst Meyer, and Alan C Evans. 1995. "The neural substrates underlying word generation: a bilingual functional-imaging study." *Proceedings of the National Academy of Sciences* 92 (7): 2899-2903. https://doi.org/10.1073/pnas.927.2899

Kliegl, Reinhold, Michael Dambacher, Olaf Dimigen, Arthur M. Jacobs, and Werner Sommer. 2012. "Eye movements and brain electric potentials during reading." *Psychological Research* 76 (2): 145-58. https://doi.org/10.1007/s00426-011-0376-x

Köpke, Barbara, and Jean-Luc Nespoulous. 2006. "Working memory performance in expert and novice interpreters." *Interpreting* 8 (1): 1-23. https://doi.org/10.1075/intp.8.1.02kop

Koshkin, Roman, and Alex Ossadtchi. 2017. "Commentary: Functional connectivity in the left dorsal stream facilitates simultaneous language translation: An EEG study." *Frontiers in Human Neuroscience* 11 (64). https://doi.org/10.3389/fnhum.2017.00064

Krakauer, John W., Asif A. Ghazanfar, Alex Gomez-Marin, Malcolm A. MacIver, and David Poeppel. 2017. "Neuroscience needs behavior: Correcting a reductionist bias." *Neuron* 93 (3): 480-490. https://doi.org/10.1016/j.neuron.2016.12.041

Kroll, Judith F., and Erika Stewart. 1990. "Concept mediation in bilingual translation." *Bulletin of the Psychonomic Society* 28 (6): 510.

Kroll, Judith F., and Janet Curley. 1988. "Lexical memory in novice bilinguals: The role of concepts in retrieving second language words." In *Practical Aspects of Memory*, ed. by Michael Gruneberg, Peter Morris and Robert Sykes, 389-395. London: John Wiley & Sons.

Kroll, Judith F., and Erika Stewart. 1994. "Category interference in translation and picture naming: Evidence for asymmetric connections between bilingual memory representations." *Journal of Memory and Language* 33: 149-174. https://d0i.0rg/10.1006/jmla.1994.1008

Kroll, Judith F., Janet G. van Hell, Natasha Tokowicz, and David W. Green. 2010. "The Revised Hierarchical Model: A critical review and assessment." *Bilingualism: Language and Cognition* 13: 373-381. https://doi.org/10.1017/S136672891000009X

Kruger, Justin, and David Dunning. 1999. "Unskilled and unaware of it: how difficulties in recognizing one's own incompetence lead to inflated self-assessments." *Journal of Personaity and Social Psychology* 77 (6): 1121-1134. https://doi.org/10.1037/0022-3514.77.6.1121

Kuhn, Thomas. 1962. *The Structure of Scientific Revolutions*. Chicago: University of Chicago Press.

Kurz, Ingrid. 1994. "A look into the 'black box'—EEG probability mapping during mental simultaneous interpreting." In *Translation Studies*. An Interdiscipline, ed. by Mary Snell-Hornby, Franz Pöchhacker and Klaus Kaindl, 199-207. Amsterdam: John Benjamins. https://doi.org/10.1075/btL2.25kur

Kurz, Ingrid. 1995. "Watching the brain at work—An exploratory study of EEG changes during simultaneous interpreting (SI)." *The Interpreters' Newsletter* 6: 3-16.

Kussmaul, Paul, and Sonja Tirkkonen-Condit. 1995. "Think-aloud protocol analysis in translation studies." *TTR: traduction, terminologie, redaction* 8 (1): 177-199. https://doi.org/10.7202/037201ar

Kutas, Marta, and Kara D. Federmeier. 2011. "Thirty years and counting: finding meaning in the N400 component of the event-related brain potential (ERP)." *Annual Review of Psychology* 62: 621-47. https://doi.org/10.1146/annurev.psych.093008.131123

Kwon, Youan, Yoonhyoung Lee, and Kichun Nam. 2011. "The different P200 effects of phonological and orthographic syllable frequency in visual word recognition in Korean." *Neuroscience Letters* 501 (2): 117-121. https://doi.org/10.1016/j.neulet.2011.06.060

Lachaux, Jean-Philippe, David Rudrauf, and Philippe Kahane. 2003. "Intracranial EEG and human brain mapping." *Journal of Physiology Paris* 97 (4-6): 613-628. https://doi.org/10.1016/j.jphysparis.2004.01.018

Lamb, Sydney. 1999. *Pathways of the Brain: The Neurocognitive Basis of Language*. Amsterdam: John Benjamins. https://doi.org/10.1075/cilt.170 Lebrun, Yves. 1991. "Polyglotte Reaktionen." Neurolinguistik 5: 1-9.

Lederer, Marianne. 1994. *La traduction aujourd'hui. Le modéle interprétatif.* Paris: Hachette. Lederer, Marianne. 2002 [1978]. "Simultaneous interpretation— Units of meaning and other features." In *The Interpreting Studies Reader* ed. by Franz Pöchhacker and Miriam Shlesinger, 131-140. London: Routledge.

LeDoux, Joseph. 2002. *Synaptic Self: How Our Brains Become Who We Are.* New York: Penguin.

Lehtonen, Minna H., Matti Laine, Jussi Niemi, Tormod Thomsen, Victor A Vorobyev, and Kenneth Hugdahl. 2005. "Brain correlates of sentence translation in Finnish-Norwegian bilinguals." *Neuroreport* 16 (6): 607-610. https://doi.org/10.1097/00001756-200504250-00018

Li, Ping, Fan Zhang, Erlfang Tsai, and Brendan Puls. 2014. "Language history questionnaire (LHQ 2.0): A new dynamic web-based research tool." *Bilingualism: Language and Cognition* 17 (3): 673-680. https://doi.org/10.1017/S1366728913000606

Lichtheim, Ludwig. 1885. "On aphasia." *Brain* 7: 433-484. https://doi.org/10.1093/brain/7.4.433

Linck, Jared A., Peter Osthus, Joel T. Koeth, and Michael F. Bunting. 2014. "Working memory and second language comprehension and production: a meta-analysis." *Psychonomic Bulletin and Review* 21 (4): 861-83. https://doi.org/10.3758/s13423-013-0565-2

Linck, Jared A., and Daniel J. Weiss. 2015. "Can working memory and inhibitory control predict second language learning in the classroom?" *SAGE Open* 5 (4): 2158244015607352. https://doi.org/10.1177/2158244015607352

Lindell, Annukka K. 2006. "In your right mind: Right hemisphere contributions to language processing and production." *Neuropsychological Reviews* 16 (3): 131-148. https://doi.org/10.1007/s11065-006-9011-9

Liuzzi, Gianpiero, Nils Freundlieb, Volker Ridder, Julia Hoppe, Kirstin Heise, Maximo Zimerman, Christian Dobel, Stefanie Enriquez-Geppert, Christian Gerloff, and Pienie Zwitserlood. 2010. "The involvement of the left motor cortex in learning of a novel action word lexicon." *Current Biology* 20 (19): 1745-1751. https://doi.org/10.1016/j.cub.2010.08.034

Logothetis, Nikos K. 2008. "What we can do and what we cannot do with fMRI." *Nature* 453 (7197): 869-78. https://doi.org/10.1038/nature06976

Lörscher, Wolfgang. 1991. *Translation Performance, Translation Process, and Translation Strategies: A Psycholinguistic Investigation.* Tübingen: Gunter Narr.

Lörscher, Wolfgang. 1993. "Translation process analysis." In *Translation and*

Knowledge: Proceedings of the Fourth Scandinavian Symposium on Translation Theory, June 4-6, 1992, ed. by Yves Gambier and Jorma Tommola, 195-211. Turku: Centre for Translation and Interpreting.

Lörscher, Wolfgang. 2005. "The translation process: Methods and problems of its investigation." *Meta: Translators' Journal* 50 (2):597-608. https://doi.org/10.7202/011003ar

Lu, Fengmei, and Zhen Yuan. 2018. "Explore the brain activity during translation and interpreting using functional near-infrared spectroscopy. In *Researching Cognitive Processes of Translation*, ed. by Defeng Li, Victoria Lai Cheng Lei, and Yuanjian He, 109-120. Singapore: Springer.

Lucas, Timothy H., Guy M. McKhann, and George A. Ojemann. 2004. "Functional separation of languages in the bilingual brain: a comparison of electrical stimulation language mapping in 25 bilingual patients and 117 monolingual control patients." *Journal of Neurosurgery* 101 (3): 449-457. https://doi.org/10.3171/jns.2004.101.3.0449

Luck, Steven J., and Emily S. Kappenman. 2012. *Oxford Handbook of Event-related Potential Components*. Oxford, New York: Oxford University Press.

Luk, Gigi, David W. Green, Jubin Abutalebi, and Cheryl Grady. 2011. "Cognitive control for language switching in bilinguals: A quantitative meta-analysis of functional neuroimaging studies." *Language and Cognitive Processes* 27 (10): 1479-1488. https://doi.org/10.1080/01690965.2011.613209

Luzzatti, Claudio. 2008. "Acquired reading and writing disorders." In *Handbook of the Neuroscience of Language*, ed. by Brigitte Stemmer and Harry A. Whitaker, 209-218. London: Elsevier. https://doi.org/10.1016/B978-0-08-045352-1.00020-3

Macnamara, Brooke N., and Andrew R. A. Conway. 2016. "Working memory capacity as a predictor of simultaneous language interpreting performance." *Journal of Applied Research in Memory and Cognition* 5 (4): 434-444. https://doi.org/10.1016/j.jarmac.2015.12.001.

Maguire, Eleanor A., David G. Gadian, Ingrid S. Johnsrude, Catriona D. Good, John Ashburner, Richard S. J. Frackowiak, and Christopher D. Frith. 2000. "Navigation-related structural change in the hippocampi of taxi drivers." *Proceedings of the National Academy of Sciences* 97 (8): 4398-4403. https://doi.org/10.1073/pnas.070039597

Maguire, Eleanor A., Elizabeth R. Valentine, John M. Wilding, and Narinder Kapur. 2002. "Routes to remembering: The brains behind superior memory." *Nature Neuroscience* 6: 90. https://doi.org/10.1038/nn988

Mahboob, Ahmar, and Naomi Knight (eds.). 2010. *Appliable Linguistics*. London: Continuum.

Malakoff, Marguerite M. 1992. "Translation ability: A natural bilingual and metalinguistic skill." In *Cognitive Processing in Bilinguals*, ed. by Richard Jackson Harris, 515-529. Amsterdam: North Holland. https://doi.org/io.ioi6/Soi66-4ii5(o8)6i5i4-9

Malblanc, Alfred. 1965. *Stylistique comparée du français et de l'allemand: essai de représentation linguistique comparée et étude de traduction*. Paris: Didier.

Malmkjær, Kirsten. 1998. Unit of Translation. In *Routledge Encyclopedia of Translation Studies*, ed. by Mona Baker, 286-288. London and New York: Routledge.

Mashal, Nira, Miriam Faust, Taima Hendler, and Mark Jung-Beeman. 2009. "An fMRI study of processing novel metaphoric sentences." *Laterality* 14 (1): 30-54. https://doi.org/10.1080/13576500802049433

Maslow, Abraham H. 1966. *The Psychology of Science: A Reconnaissance*. New York: Joanna Cotler Books.

Matthiessen, Christian. 2001. "The environments of translation." In *Exploring Translation and Multilingual Production: Beyond Context*, ed. by Erich Steiner and Colin Yallop, 127-160. Berlin and New York: Mouton de Gruyter. https://doi.org/10.1515/9783110866193.41

Matusevych, Yevgen, Afra Alishahi, and Ad Backus. 2015. "The impact of first and second language exposure on learning second language constructions." *Bilingualism: Language and Cognition* 20 (1): 128-149. https://doi.org/10.1017/S1366728915000607

Mayer, Katja M., Izzet B. Yildiz, Manuela Macedonia, and Katharina von Kriegstein. 2015. "Visual and motor cortices differentially support the translation of foreign language words." *Current Biology* 25 (4): 530-535. https://doi.org/10.1016/j.cub.2014.11.068

Mazoyer, Bernard, Emmanuel Mellet, Guy Perchey, Laure Zago, Fabrice Crivello, Gaël Jobard, Nicolas Delcroix, Mathieu Vigneau, Gaëlle Leroux, and Laurent Petit. 2016. "BIL&GIN: a neuroimaging, cognitive, behavioral, and genetic database for the study of human brain lateralization." *Neuroimage* 124: 1225-1231. https://doi.org/10.1016/j.neuroimage.2015.02.071

McElree, Brian, Gisela Jia, and Annie Litvak. 2000. "The time-course of conceptual processing in three bilingual populations." *Journal of Memory and Language* 42: 229-254. https://doi.org/10.1006/jmla.1999.2677

Melloni, Margherita, Pablo Billeke, Sandra Baez, Eugenia Hesse, Laura de la Fuente,

Gonzalo Forno, Agustína Birba, Indira García-Cordero, Cecilia Serrano, Angelo Plastino, Andrea Slachevsky, David Huepe, Mariano Sigman, Facundo Manes, Adolfo M. García, Lucas Sedeño, and Agustín Ibáñez. 2016. "Your perspective and my benefit: multiple lesion models of self-other integration strategies during social bargaining." *Brain* 139(11): 3022-3040. https://doi.org/10.1093/brain/aww231

Menenti, Laura. 2006. "L2-L1 word association in bilinguals: Direct evidence." *Nijmegen: Cognitive Neuroscience Journal* 1 (1): 17-24.

Miyake, Akira, Naomi P. Friedman, Michael J. Emerson, Alexander H. Witzki, Amy Howerter, and Tor D. Wager. 2000. "The unity and diversity of executive functions and their contributions to complex "Frontal lobe" tasks: a latent variable analysis." *Cognitive Psychology* 41 (1): 49-100. https://doi.org/10.1006/cogp.1999.0734

Miyake, Akira, and Naomi P. Friedman. 2012. "The nature and organization of individual differences in executive functions: Four general conclusions." *Current Directions in Psychological Science* 21 (1): 8-14. https://doi.org/10.1177/0963721411429458

Moldovan, Cornelia D., Josep Demestre, Pilar Ferré, and Rosa Sánchez-Casas. 2016. "The role of meaning and form similarity in translation recognition in highly proficient balanced bilinguals: A behavioral and ERP study." *Journal of Neurolinguistics* 37: 1-11. https://doi.org/10.1016/j.jneuroling.2015.07.002

Monetta, Laura, and Marc D. Pell. 2007. "Effects of verbal working memory deficits on metaphor comprehension in patients with Parkinson's disease." *Brain and Language* 101 (1): 80-89. https://doi.org/10.1016/j.bandl.2006.06.007

Monti, Cristina, Claudio Bendazzoli, Annalisa Sandrelli, and Mariachiara Russo. 2005. "Studying directionality in simultaneous interpreting through an electronic corpus: EPIC (European Parliament Interpreting Corpus)." *Meta* 50 (4). https://doi.org/10.7202/019850ar

Moon, Jihye, and Nan Jiang. 2011. "Non-selective lexical access in different-script bilinguals." *Bilingualism: Language and Cognition* 15 (1): 173-180. https://doi.org/10.1017/S1366728911000022

Morales, Julia, Francisca Padilla, Carlos J. Gómez-Ariza, and María Teresa Bajo. 2015. "Simultaneous interpretation selectively influences working memory and attentional networks." *Acta Psychologica* 155: 82-91. https://doi.org/10.1016/j.actpsy.2014.12.004

Moreno, Eva M., and Marta Kutas. 2005. "Processing semantic anomalies in two languages: an electrophysiological exploration in both languages of Spanish-

English bilinguals." *Cognitive Brain Research* 22 (2): 205-220. https://doi. org/10.1016/j.cogbrainres.2004.08.010

Moreno, Eva M., Antoni Rodríguez-Fornells, and Matti Laine. 2008. "Event-related potentials (ERPs) in the study of bilingual language processing." *Journal of Neurolinguistics* 21 (6): 477-508. https://doi.org/10.1016/j.jneuroling.2008.01.003

Moser-Mercer, Barbara. 1994. "Paradigms gained or the art of productive disagreement." In *Bridging the Gap: Empirical Research in Simultaneous Interpretation*, ed. by Sylvie Lambert and Barbara Moser-Mercer, 17-23. Amsterdam & Philadephia: John Benjamins. https://doi.org/10.1075/btL3.03mos

Moser-Mercer, Barbara. 2010. "The search for neuro-physiological correlates of expertise in interpreting." In *Translation and Cognition*, ed. by Gregory Shreve and Erik Angelone, 263-288. Amsterdam & Philadelphia: John Benjamins. https://doi.org/10.1075/ata.xv.15mos

Mountcastle, Vernon. 1998. *Perceptual Neuroscience: The Cerebral Cortex. Cambridge*, MA: Harvard University Press.

Mouraux, André, and Gian Domenico Iannetti. 2008. "Across-trial averaging of event-related EEG responses and beyond." *Magnetic Resonance Imaging* 26 (7): 1041-1054. https://doi.org/10.1016/j.mri.2008.01.011

Moya, Virgilio. 2004. *La selva de la traducción*. Madrid: Catedra.

Munafò, Marcus R., Brian A. Nosek, Dorothy V. M. Bishop, Katherine S. Button, Christopher Chambers, Nathalie Percie du Sert, Uri Simonsohn, Eric-Jan Wagenmakers, Jennifer J. Ware, and John P. A. Ioannidis. 2017. "A manifesto for reproducible science." *Nature Human Behaviour* 1: 0021. https://doi. org/10.1038/s41562-016-0021

Munday, Jeremy. 2001. *Introducing Translation Studies: Theories and Applications*. London: Routledge.

Munday, Jeremy. 2009. *The Routledge Companion to Translation Studies (revised edition)*. London & New York: Routledge.

Muñoz, Edinson, Noelia Calvo, and Adolfo M. García. 2018. "Grounding translation and interpreting in the brain: What has been, can be, and must be done." *Perspectives: Studies in Translation Theory and Practice*. https://d0i.0rg/10.10 80/0907676X.2018.1549575

Muñoz Martín, Ricardo. 2007. "Traductología cognitiva y traductología empírica." In *Quo vadis, Translatologie?*, ed. by Gerd Wotjak, 267-278. Berlin: Franck & Timme.

Muñoz Martín, Ricardo. 2014. "Situating translation expertise: A review with a sketch of a construct." In *The Development of Translation Competence: Theories and Methodologies from Psycholinguistics and Cognitive Science*, ed. by John W Schwieter and Aline Ferreira, 2-54. Cambridge, England: Cambridge Scholars Publishing.

Muñoz Martín, Ricardo. 2016a. *Reembedding Translation Process Research*. Amsterdam: John Benjamins. https://doi.org/10.1075/btl.128.

Muñoz Martín, Ricardo. 2016b. "Reembedding translation process research: An introduction." In *Reembedding Translation Process Research*, ed. by Ricardo Muñoz Martín, 1-19. Amsterdam: John Benjamins. https://doi.org/10.1075/btl.128.01mun.

Nelson, Hazel 1976. "A modified card sorting test sensitive to frontal lobe defects." *Cortex* 12 (4): 313-324. https://doi.org/10.1016/S0010-9452(76)80035-4.

Neubert, Albrecht, and Gregory M. Shreve. 1992. *Translation as Text*. Kent, Ohio: The Kent State University Press.

Newman, Aaron J., Roumyana Pancheva, Kaori Ozawa, Helen J. Neville, and Michael T. Ullman. 2001. "An event-related fMRI study of syntactic and semantic violations." *Journal of Psycholinguistic Research* 30 (3): 339-364. https://doi.org/10.1023/A:1010499119393

Newman, Sharlene D., Toshikazu Ikuta, and Thomas Burns. 2010. "The effect of semantic relatedness on syntactic analysis: an fMRI study." *Brain and Language* 113 (2): 51-58. https://doi.org/10.1016/j.bandl.2010.02.001.

Newmark, Peter. 1988. *A Textbook of Translation*. Hertfordshire, England: Prentice Hall.

Nida, Eugene. 1964. *Towards a Science of Translating*. Leiden: Brill.

Nida, Eugene, and Charles Taber. 1969. *The Theory and Practice of Translation*. Brill: Leiden.

Nilipour, Reza, and Hassan Ashayeri. 1989. "Alternating antagonism between two languages with successive recovery of a third in a trilingual aphasic patient." *Brain and Language* 36 (1): 23-48. https://doi.org/10.1016/0093-934X(89)90050-3.

Nisbett, Richard E., and Timothy D. Wilson. 1977. "Telling more than we can know: Verbal reports on mental processes." *Psychological Review* 84 (3): 231-259. https://doi.org/10.1037/0033-295X.843.231

Nord, Christiane. 1997. *Translating as a Purposeful Activity: Functionalist Approaches Explained*. Manchester: St. Jerome.

Nunez, Paul L., and Ramesh Srinivasan. 2006. *Electric Fields of the Brain: The*

Neurophysics of EEG. second ed. Oxford, New York: Oxford University Press. https://doi.org/10.1093/acprof:oso/9780195050387.001.0001

Nuñez, S. Christopher, Mirella Dapretto, Tami Katzir, Ariel Starr, Jennifer Bramen, Eric Kan, Susan Bookheimer, and Elizabeth R. Sowell. 2011. "fMRI of syntactic processing in typically developing children: Structural correlates in the inferior frontal gyrus." *Developmental Cognitive Neuroscience* 1 (3): 313-323. https://doi.org/10.1016/j.dcn.2011.02.004

Ogawa, Seiji, Tso Ming Lee, Alan R. Kay, and David W. Tank. 1990. "Brain magnetic resonance imaging with contrast dependent on blood oxygenation." *Proceedings of the National Academy of Science USA* 87 (24): 9868-9872. https://doi.org/10.1073/pnas.87.24.9868

Oh, Jihoon, Mookyung Han, Bradley S. Peterson, and Jaeseung Jeong. 2012. "Spontaneous eye-blinks are correlated with responses during the Stroop task." *PLoS One* 7 (4): e34871. https://doi.org/10.1371/journal.pone.0034871

Ojemann, George A., and Harry A. Whitaker. 1978. "The bilingual brain" *Archives of Neurology* 35: 409-412. https://doi.org/10.1001/archneur.1978.00500310011002

Oléron, Pierre, and Hubert Nanpon. 1964. "Recherches sur la traduction simultanée." *Journal de psychologie normale et pathologique* 62: 73-94.

Paap, Kenneth R., Hunter A. Johnson, and Oliver Sawi. 2015. "Bilingual advantages in executive functioning either do not exist or are restricted to very specific and undetermined circumstances." *Cortex* 69: 265-278. https://doi.org/10.1016/j.cortex.2015.04.014

Padilla, Francisca, María Teresa Bajo, and Pedro Macizo. 2005. "Articulatory suppression in language interpretation: Working memory capacity, dual tasking and word knowledge." *Bilingualism: Language and Cognition* 8 (3): 207-219. https://doi.org/10.1017/S1366728905002269

Pandya, Deepak N., and Edward H. Yeterian. 1985. "Architecture and connections of cortical association areas." In *Association and Auditory Cortices*, ed. by Alan Peters and Edward G. Jones, 3-61. Boston, MA: Springer US. https://doi.org/10.1007/978-1-4757-9619-3_1

Paradis, Michel. 1977. "Bilingualism and aphasia." In *Studies in Neurolinguistics*, ed. by Harry Whitaker and Haiganoosh Whitaker, 65-121. New York: Academic Press. https://doi.org/10.1016/B978-0-12-746303-2.50008-7

Paradis, Michel. 1979. "L'aphasie chez les bilingües et les polyglottes." In *L'aphasie*, ed. by André Roch Lecours, François L'hermitte and et al., 605-616. Paris: Flammarion.

Paradis, Michel. 1984. "Aphasie et traduction." *Meta: International Translator's Journal* 29: 57-67. https://doi.org/10.7202/003781ar

Paradis, Michel. 1992. "The Loch Ness Monster approach to bilingual language lateralization: A response to Berquier and Ashton." *Brain and Language* 43 (3): 534-537. https://doi.org/10.1016/0093-934X(92)90118-X

Paradis, Michel. 1994. "Towards a neurolinguistic theory of simultaneous translation: The framework." *International Journal of Psycholinguistics* 10: 319-335.

Paradis, Michel. 2003. "The bilingual Loch Ness Monster raises its non-asymmetric head again-or, why bother with such cumbersome notions as validity and reliability? Comments on Evans et al. (2000)." *Brain and Language* 87 (3): 441-448. https://doi.org/10.1016/S0093-934X(03)00136-6

Paradis, Michel. 1995. "Another sighting of differential language laterality in multilinguals, this time in Loch Tok Pisin: Comments on Wuillemin, Richardson, and Lynch (1994)." *Brain and Language* 49 (2): 173-186. https://doi.org/10.1006/brln.1995.1027

Paradis, Michel. 2004. *A Neurolinguistic Theory of Bilingualism*. Amsterdam: John Benjamins. https://doi.org/10.1075/sibil.18

Paradis, Michel. 2008. "Bilingual laterality: Unfounded claim of validity: a comment on Hull and Vaid (2007)." *Neuropsychologia* 46 (5): 1588-1590; author reply 1591-3. https://doi.org/10.1016/j.neuropsychologia.2008.01.029

Paradis, Michel. 2009. *Declarative and Procedural Determinants of Second Languages*. Amsterdam: John Benjamins. https://doi.org/10.1075/sibil.40

Paradis, Michel. 2011. "Principles underlying the Bilingual Aphasia Test (BAT) and its uses." *Clinical Linguistics & Phonetics* 25 (6-7): 427-443. https://doi.org/10.3109/02699206.2011.560326

Paradis, Michel, Marie-Claire Goldblum, and Raouf Abidi. 1982. "Alternate antagonism with paradoxical translation behavior in two bilingual aphasic patients." *Brain and Language* 15 (1): 55-69. https://doi.org/io.ioi6/oo93-934X(82)90046-3

Parkin, Beth L., Hamed Ekhtiari, and Vincent F. Walsh. 2015. "Non-invasive human brain stimulation in cognitive neuroscience: A primer" *Neuron* 87 (5): 932-945. https://d0i.0rg/10.1016/j.neur0n.2015.07.032

Patterson, Karalyn, Peter J. Nestor, and Timothy T. Rogers. 2007. "Where do you know what you know? The representation of semantic knowledge in the human brain." *Nature Reviews Neuroscience* 8 (12): 976-987. https://doi.org/10.1038/nrn2277

Pavlović, Nataša. 2007. "Directionality in translation and interpreting practice." *FORUM. International Journal of Interpretation and Translation* 5 (2): 79-99. https://doi.org/10.1075/forum.5.2.05pav

Pavlović, Natasa, and Kristian Jensen. 2009. "Eye tracking translation directionality" In *Translation Research Projects 2*, ed. by Anthony Pym and Alexander Perekrestenko, 101-119. Tarragona: Universitat Rovira i Virgili.

Penfield, Wilder, and Lamar Roberts. 2014. *Speech and Brain Mechanisms*: Princeton University Press.

Perani, Daniela, Jubin Abutalebi, Eraldo Paulesu, Simona Brambati, Paola Scifo, Stefano F. Cappa, and Ferruccio Fazio. 2003. "The role of age of acquisition and language usage in early, high-proficient bilinguals: An fMRI study during verbal fluency." *Human Brain Mapping* 19 (3): 170-182. https://doi.org/10.1002/hbm.10110

Perecman, Ellen. 1984. "Spontaneous translation and language mixing in a polyglot aphasic." *Brain and Language* 23 (1): 43-63. https://doi.org/10.1016/0093-934X(84)90005-1

Perez Velazquez, José Luis, and Richard Wennberg. 2009. *Coordinated Activity in the Brain: Measurements and Relevance to Brain Function and Behavior.* Dordrecht: Springer. https://doi.org/10.1007/978-0-387-93797-7

Pöchhacker, Franz. 2004. *Introducing Interpreting Studies.* New York: Routledge. https://doi.org/10.4324/9780203504802

Pokorn, Nike K. 2011. Directionality. In *Handbook of Translation Studies* ed. by Yves Gambier and Luc van Doorslaer. Amsterdam and Philadelphia John Benjamins. https://doi.org/10.1075/hts.2.dir1

Pokorn, Nike K. 2005. *Challenging the Traditional Axioms: Translation into a Non-mother Tongue.* Amsterdam & Philadelphia: John Benjamins. https://doi.org/10.1075/btl.62

Portnow, Leaj H., David E. Vaillancourt, and Michael S. Okun. 2013. "The history of cerebral PET scanning: From physiology to cutting-edge technology." *Neurology* 80 (10): 952-956. https://doi.org/10.1212/WNL.0b013e318285c135

Potter, Mary C., Kwok-Fa So, Barbara von Eckhardt, and Laurie B. Feldman. 1984. "Lexical and conceptual representation in beginning and more proficient bilinguals." *Journal of Verbal Learning and Verbal Behavior* 23: 23-38. https://doi.org/10.1016/S0022-5371(84)90489-4

Prat, Chantel S., Robert A. Mason, and Marcel Adam Just. 2012. "An fMRI investigation of analogical mapping in metaphor comprehension: the influence of context and individual cognitive capacities on processing demands." *Journal of Experimental Psychology: Learning, Memory, and Cognition* 38 (2): 282.

Price, Cathy J., David W. Green, and Roswitha von Studnitz. 1999. "A functional imaging study of translation and language switching." *Brain* 122 (12): 2221-2235. https://doi.org/10.1093/brain/122.12.2221

Proverbio, Alice Mado, and Roberta Adorni. 2011. "Hemispheric asymmetry for language processing and lateral preference in simultaneous interpreters." *Psychology* 2 (1): 12-17. https://doi.org/10.4236/psych.2011.21002

Proverbio, Alice Mado, Giuliana Leoni, and Alberto Zani. 2004. "Language switching mechanisms in simultaneous interpreters: an ERP study" *Neuropsychologia* 42 (12): 1636-1656. https://d0i.0rg/10.1016/j.neur0 psych0l0gia.2004.04.013

Pulvermüller, Friedemann. 2005. "Brain mechanisms linking language and action." *Nature Reviews Neuroscience* 6 (7): 576-582. https://d0i.0rg/10.1038/nrn1706

Pulvermüller, Friedemann, and Yury Shtyrov. 2006. "Language outside the focus of attention: the mismatch negativity as a tool for studying higher cognitive processes." *Progress in Neurobiology* 79 (1): 49-71. https://d0i.0rg/10.1016/j.pneur0bi0.2006.04.004

Pulvermüller, Friedemann. 2002. T*he Neuroscience of Language*. Cambridge: Cambridge University Press.

Pulvermüller, Friedemann. 2013. "Semantic embodiment, disembodiment or misembodiment? In search of meaning in modules and neuron circuits" *Brain and Language* 127 (1): 86-103. https://d0i.0rg/10.1016/j.bandl.2013.05.015

Pym, Anthony. 2003. "Redefining translation competence in an electronic age. In defence of a minimalist approach" *Meta: Translators' Journal* 48 (4): 481-497. https://d0i.0rg/10.7202/008533ar

Quaresima, Valentina, Silvia Bisconti, and Marco Ferrari. 2012. "A brief review on the use of functional near-infrared spectroscopy (fNIRS) for language imaging studies in human newborns and adults." *Brain and Language* 121 (2): 79-89. https://d0i.0rg/10.1016/j.bandl.2011.03.009

Quaresima, Valentina, Marco Ferrari, Marco CP van der Sluijs, Jan Menssen, and Willy NJM Colier. 2002. "Lateral frontal cortex oxygenation changes during translation and language switching revealed by non-invasive near-infrared multi-point measurements." *Brain Research Bulletin* 59 (3): 235-243. https://d0i.0rg/10.1016/S0361-9230(02)00871-7

Quian Quiroga, Rodrigo, Leila Reddy, Gabriel Kreiman, Christof Koch, and Itzhak Fried. 2005. "Invariant visual representation by single neurons in the human brain." *Nature* 435: 1102. https://d0i.0rg/10.1038/nature03687

Ralph, Matthew A. Lambon, Elizabeth Jefferies, Karalyn Patterson, and Timothy T. Rogers. 2017. "The neural and computational bases of semantic cognition." *Nature Reviews Neuroscience* 18 (1): 42-55. https://d0i.0rg/10.1038/nrn.2016.150

Raskin, Sarah A., Martin Sliwinski, and Joan C. Borod. 1992. "Clustering strategies on tasks of verbal fluency in Parkinson's disease." *Neuropsychologia* 30 (1): 95-99. https://doi.org/10.1016/0028-3932(92)90018-H

Ravizza, Susan M., Mauricio R. Delgado, Jason M. Chein, James T. Becker, and Julie A. Fiez. 2004. "Functional dissociations within the inferior parietal cortex in verbal working memory" *Neuroimage* 22 (2): 562-573. https://d0i.0rg/10.1016/j.neur0image.2004.01.039

Richardson, Fiona M., and Cathy J. Price. 2009. "Structural MRI studies of language function in the undamaged brain." *Brain Structure and Function* 213 (6): 511-523. https://d0i.0rg/10.1007/s00429-009-0211-y

Rinne, Juha O., Jorma Tommola, Matti Laine, Bernd J. Krause, Daniela Schmidt, Valtteri Kaasinen, Mika Teräs, Hannu Sipilä, and Marianna Sunnari. 2000. "The translating brain: Cerebral activation patterns during simultaneous interpreting." *Neuroscience Letters* 294 (2): 85-88. https://d0i.0rg/10.1016/S0304-3940(00)01540-8

Roiss, Silvia. 2001. "El mercado de la traducción inversa en España: Un estudío estadistico." *Hermeneus: Revista de Traducción e Interpretatión* 3: 379-408.

Rosiers, Alexandra, Evy Woumans, Wouter Duyck, and June Eyckmans. 2019. "Investigating the presumed cognitive advantage of aspiring interpreters." *Interpreting* 21 (1): 115-134.

Rubinov, Mikail, and Olaf Sporns. 2010. "Complex network measures of brain connectivity: Uses and interpretations." *NeuroImage* 52: 1059-1069. https://d0i.0rg/10.1016/j.neur0image.2009.10.003

Ruiz, Carmen, Natalia Paredes, Pedro Macizo, and María Teresa Bajo. 2008. "Activation of lexical and syntactic target language properties in translation." *Acta Psychologica* 128 (3): 490-500. https://doi.org/10.1016/j.actpsy.2007.08.004

Sánchez-Casas, Rosa M., José E. García-Albea, and Christopher W Davis. 1992. "Bilingual lexical processing: Exploring the cognate/non-cognate distinction." *European Journal of Cognitive Psychology* 4 (4): 293-310. https://doi.org/10.1080/09541449208406189

Santamaria-García, Hernando, Sandra Baez, Pablo Reyes, José A. Santamaria-García, José M. Santacruz-Escudero, Diana Matallana, Analía Arévalo, Mariano

Sigman, Adolfo M. García, and Agustín Ibáñez. 2017. "A lesion model of envy and Schadenfreude: Legal, deservingness and moral dimensions as revealed by neurodegeneration." *Brain* 140 (12): 3357-3377. https://doi.org/10.1093/brain/awx269

Santilli, Micaela, Martina Gonzalez Vilas, Ezequiel Mikulan, Miguel Martorell Caro, Edinson Muñoz, Lucas Sedeño, Agustín Ibáñez, and Adolfo M. García. 2018. "Bilingual memory, to the extreme: Lexical processing in simultaneous interpreters." *Bilingualism: Language and Cognition*: 1-18. https://doi.org/10.1017/S1366728918000378

Scarpina, Federica, and Sofía Tagini. 2017. "The Stroop color and word test." *Frontiers in Psychology* 8: 557. https://doi.org/10.3389/fpsyg.2017.00557

Scott, Graham G. Scott, Patrick J. O'Donnell, Hartmut Leuthold, Sara C. Sereno. 2009. "Early emotion word processing: Evidence from event-related potentials." *Biological Psychology* 80 (1): 95-104. https://doi.org/10.1016/j.biopsycho.2008.03.010

Scoville, William B., and Brenda Milner. 1957. "Loss of recent memory after bilateral hippocampal lesions." *Journal of Neurology, Neurosurgery and Psychiatry* 20 (1): 11-21. https://doi.org/10.1136/jnnp.20.1.11

Schaeffer, Moritz, David Huepe, Silvia Hansen-Schirra, Sascha Hofmann, Edinson Muñoz, Lucas Sedeño, Agustín Ibáñez, and Adolfo M. García. 2020. "Translation and Interpreting Competence Questionnaire: An online tool for research on translators and interpreters." *Perspectives: Studies in Translation Theory and Practice* 28 (1): 90-108.. https://doi.org/10.1080/0907676X.2019.1629468

Schulze, Heinz. 1968. "Unterschiedliche Ruckbildung einer sensorischen und einer ideokinetischen motorischen Aphasie bei einem Polyglotten." *Psychiatrie, Neurologie und Medizinische Psychologie* 20: 441-445.

Schwieter, John W., and Aline Ferreira. 2017. "Bilingualism in cognitive translation and interpreting studies." *The Handbook of Translation and Cognition*, ed. by Aline Ferreira and John W. Schwieter, 144-164. Hoboken, New Jersey: John Wiley & Sons, Inc. https://doi.org/10.1002/9781119241485.ch8

Sebastian, Rajani, Angela R. Laird, and Swathi Kiran. 2011. "Meta-analysis of the neural representation of first language and second language." *Applied Psycholinguistics* 32 (4): 799-819. https://doi.org/10.1017/S0142716411000075

Seghier, Mohamed L. 2013. "The angular gyrus: multiple functions and multiple subdivisions." *Neuroscientist* 19 (1): 43-61. https://doi.org/10.1177/1073858412440596

Seleskovitch, Danica. 1968. *Linterprète dans les confèrences internationales. Problèmes de langage et de communication*. Paris: Minard.

Seleskovitch, Danica. 1975. *Langage, langues et mémoire. Étude de la prise de notes en interprétation consécutive*. Paris: Minard.

Seleskovitch, Danica. 1978. "Language and cognition." In *Language Interpretation and Communication*, ed. by David Gerver and Wallace Sinaiko, 333-341. New York: Plenum Press. https://doi.org/10.1007/978-1-4615-9077-4_29

Seleskovitch, Danica. 1981. "Pourquoi un colloque sur la compréhension du langage?" In *Comprendre le langage*, ed. by Jacques Barbizet, Maurice Pergnier and Danica Seleskovitch, 9-15. Paris: Didier Erudition.

Seleskovitch, Danica, and Marianne Lederer. 1989. *Pédagogie raisonnée de l'intérpretation*. Paris: Didier Erudition.

Selimbeyoglu, A., and J. Parvizi. 2010. "Electrical stimulation of the human brain: perceptual and behavioral phenomena reported in the old and new literature." *Frontiers and Human Neuroscience* 4: 46. https://doi.org/10.3389/fnhum.2010.00046

Sharmin, Selina, Oleg Spakov, Kari-Jouko Räihä, and Arnt Jakobsen. 2008. "Where on the screen do translation students look while translating, and for how long?" In *Looking at Eyes: Eye-Tracking Studies of Reading and Translation Processing (Copenhagen Studies in Language 36)*, ed. by Susanne Göpferich, Arnt Jakobsen and Inger M. Mees, 31-51. Copenhagen: Samfundslitteratur.

Shebani, Zubaida, and Friedemann Pulvermüller. 2013. "Moving the hands and feet specifically impairs working memory for arm-and leg-related action words." *Cortex* 49 (1): 222-231. https://doi.org/10.1016/j.cortex.2011.10.005

Shen, Hui, Zhenfeng Li, Jian Qin, Qiang Liu, Lubin Wang, Ling-Li Zeng, Hong Li, and Dewen Hu. 2016. "Changes in functional connectivity dynamics associated with vigilance network in taxi drivers." *Neuroimage* 124: 367-378. https://doi.org/10.1016/j.neuroimage.2015.09.010

Shlesinger, Miriam. 2003. "Effects of presentation rate on working memory in simultaneous interpreting." *The Interpreters' Newsletter* 12: 37-49.

Shreve, Gregory. 2009. "Recipient-orientation and metacognition in the translation process." In *Translators and their Readers: In Homage to Euge A*. Nida, ed. by Rodica Dimitriu and Miriam Shlesinger, 255-270. Brussels: Les Editions du Hazard.

Shreve, Gregory. 2012. "Bilingualism and translation." In *Handbook of Translation*, ed. by Yves Gambier and Luc van Doorslaer, 1-6. Amsterdam & Philadelphia: John Benjamins. https://doi.org/10.1075/hts3.bih

Shreve, Gregory, and Erik Angelone. 2010. *Translation and Cognition*. Amsterdam & Philadelphia: John Benjamins. https://doi.org/10.1075/ata.xv

Signorelli, Teresa M., Henk J. Haarmann, and Loraine K. Obler. 2012. "Working memory in simultaneous interpreters: Effects of task and age." *International Journal of Bilingualism* 16 (2): 198-212. https://doi.org/10.1177/1367006911403200

Singer, Wolf 1993. "Synchronization of cortical activity and its putative role in information processing and learning." *Annual Review of Physiology* 55: 349-374. https://doi.org/10.1146/annurev.ph.55.030193.002025

Snell-Hornby, Mary. 2006. *The Turns of Translation Studies: New Paradigms or Shifting Viewpoints?* Amsterdam: John Benjamins. https://doi.org/10.1075/btl.66

Snell-Hornby, Mary, Franz Pöchhacker, and Klaus Kaindl. 1992. Translation Studies: An Interdiscipline Selected papers from the Translation Studies Congress, Vienna, 1992. Amsterdam: John Benjamins.

Sperber, Dan, and Dierdre Wilson. 1986. *Relevance: Communication and Cognition*. Oxford: Basil Blackwell.

Sporns, Olaf. 2011. *Networks of the Brain*. Cambridge, Mass.: MIT Press.

Springer, Jane A., Jeffrey R. Binder, Thomas A. Hammeke, Sara J. Swanson, Julie A. Frost, Patrick S. F. Bellgowan, Cameron C. Brewer, Holly M. Perry, George L. Morris, and Wade M. Mueller. "Language dominance in neurologically normal and epilepsy subjects: a functional MRI study." *Brain* 122 (11): 2033-2046. https://doi.org/10.1093/brain/122.11.2033

Squire, Larry R. 2009. "The legacy of patient H.M. for neuroscience." *Neuron* 61 (1): 6-9. https://d0i.0rg/10.1016/j.neur0n.2008.12.023

Starreveld, Peter A., Annette M. B. de Groot, Bart M. M. Rossmark, and Janet G. van Hell. 2014. "Parallel language activation during word processing in bilinguals: Evidence from word production in sentence context." *Bilingualism: Language and Cognition* 17: 258-276. https://doi.org/10.1017/S1366728913000308

Stavrakaki, Stavroula, Kalliopi Megari, Mary H. Kosmidis, Maria Apostolidou & Eleni Takou. "Working memory and verbal fluency in simultaneous interpreters." *Journal of Clinical and Experimental Neuropsychology* 34 (6): 624-33. https://doi.org/10.1080/13803395.2012.667068

Steeb, Brenda, Indira García-Cordero, Marjolein C. Huizing, Lucas Collazo, Geraldine Borovinsky, Jesica Ferrari, Macarena M. Cuitiño, Agustín Ibáñez, Lucas Sedeño, and Adolfo M. García. 2018. "Progressive compromise of nouns and action verbs in posterior cortical atrophy." *Frontiers in Psychology* 9: 1345.

https://doi.org/10.3389/fpsyg.2018.01345

Stemmer, Brigitte, Francine Giroux, and Yves Joanette. 1994. "Production and evaluation of requests by right hemisphere brain-damaged individuals." *Brain and Language* 47 (1): 1-31. https://doi.org/10.1006/brln.1994.1040

Stemmer, Brigitte, and Harry A Whitaker. 2008. Handbook of the Neuroscience of Language: New York: Academic Press.

Stengel, Erwin, and Joseph Zelmanowitz. 1933. "Über polyglotte motorische Aphasie." *Zeitschrift für die gesamte Neurologie und Psychiatrie* 20: 441-445.

Strobach, Tilo, Maxi Becker, Torsten Schubert, and Simone Kühn. 2015. "Better dual-task processing in simultaneous interpreters." *Frontiers in Psychology* 6: 1590. https://doi.org/10.3389/fpsyg.2015.01590.

Sunderman, Gretchen, and Judith F. Kroll. 2006. "First language activation during second language lexical processing: An investigation of lexical form, meaning, and grammatical class." *Studies in Second Language Acquisition* 28 (3): 387-422. https://doi.org/10.1017/S0272263106060177

Talamas, Adrienne, Judith F. Kroll, and Robert Dufour. 1999. "From form to meaning: Stages in the acquisition of second-language vocabulary." *Bilingualism: Language and Cognition* 2 (1): 45-58. https://doi.org/10.1017/S1366728999000140

Tekin, Sibel, and Jeffrey L. Cummings. 2002. "Frontal-subcortical neuronal circuits and clinical neuropsychiatry: an update." *Journal of Psychosomic Research* 53 (2): 647-654. https://doi.org/10.1016/S0022-3999(02)00428-2

Teubert, Wolfgang. 1996. "Comparable or parallel corpora?" *International Journal of Lexicography* 9 (3): 238-264. https://doi.org/10.1093/ijl/93.238

Thiebaut de Schotten, Michel, Flavio Dell'Acqua, Peter Ratiu, Anoushka Leslie, Henrietta Howells, E. Cabanis, M.-T. Iba-Zizen, Odile Plaisant, Andrew Simmons, Nina F. Dronkers, Suzanne Corkin, Marco Catani. 2015. "From Phineas Gage and Monsieur Leborgne to H.M.: Revisiting disconnection syndromes." *Cerebral Cortex* 25 (12): 4812-27. https://doi.org/10.1093/cercor/bhv173

Thierry, Guillaume, and Yan Jing Wu. 2007. "Brain potentials reveal unconscious translation during foreign-language comprehension." *Proceedings of the National Academy of Sciences of the United States of America* 104 (30): 12530-12535. https://d0i.0rg/10.1073/pnas.0609927104

Tirkkonen-Condit, Sonja. 2005. "The monitor model revisited: Evidence from process research." *Meta* 50: 405-413. https://doi.org/10.7202/010990ar

Tiselius, Elisabet, and Adelina Hild. 2017. "Expertise and competence in translation and interpreting." In *The Handbook of Translation and Cognition*, ed. by John W. Schwieter and Aline Ferreira, 425-444. Malden, MA/Oxford, England: Wiley-Blackwell. https://doi.org/10.1002/9781119241485.ch23

Tommola, Jorma, and Marketta Helvä. 1998. "Language direction and source text complexity: Effects on trainee performance in simultaneous interpreting." In *Unity in Diversity? Current Trends in Translation Studies*, ed. by Lynne Bowker, Michael Cronin, Dorothy Kenny and Jennifer Pearson, 177-186. Manchester: St. Jerome.

Tommola, Jorma, Matti Laine, Marianna Sunnari, and Juha O. Rinne. 2001. "Images of shadowing and interpreting." *Interpreting* 5 (2): 147-169. https://doi.org/10.1075/intp.5.2.06tom

Toury, Gideon. 1985. "A rationale for descriptive translation studies." In *The Manipulation of Literature: Studies in Literary Translation*, ed. by Theo Hermans, 16-41. New York: St Martins Press.

Trevisan, Piergiorgio, Lucas Sedeño, Agustína Birba, Agustín Ibáñez, and Adolfo M. García. 2017. "A moving story: Whole-body motor training selectively improves the appraisal of action meanings in naturalistic narratives." *Scientific Reports* 7 (1): 12538. https://doi.org/10.1038/s41598-017-12928-w

Tsumoto, Tadaharu. 1992. "Long-term potentiation and long-term depression in the neocortex." *Progress in Neurobiology* 39 (2): 209-228. https://doi.org/10.1016/0301-0082(92)90011-3

Tulving, Endel. 1986. "Episodic and semantic memory: Where should we go from here?" *Behavioral and Brain Sciences* 9 (3): 573-577. https://doi.org/10.1017/S0140525X00047257

Tymoczko, Maria. 2005. "Trajectories of research in translation studies." *Meta: International Translator's Journal* 50 (4): 1082-1097. https://doi.org/10.7202/012062ar

Tymoczko, Maria. 2012. "The neuroscience of translation." *Target* 24 (1): 83-102. https://doi.org/10.1075/target.24.1.06tym

Tzou, Yeh-Zu, Zohreh R. Eslami, Hsin-Chin Chen, and Jyotsna Vaid. 2012. "Effect of language proficiency and degree of formal training in simultaneous interpreting on working memory and interpreting performance: Evidence from Mandarin-English speakers." *International Journal of Bilingualism* 16 (2): 213-227. https://doi.org/10.1177/1367006911403197

Ullman, Michael T. 2001a. "A neurocognitive perspective on language: The declarative/procedural model." *Nature Reviews Neuroscience* 2 (10): 717-726. https://doi.org/10.1038/35094573

Ullman, Michael T. 2001b. "The neural basis of lexicon and grammar in first and second language: the declarative/procedural model." *Bilingualism: Language and Cognition* 4 (2): 105-122. https://doi.org/10.1017/S1366728901000220

Ullman, Michael T. 2004. "Contributions of memory circuits to language: the declarative/procedural model." *Cognition* 92 (1-2): 231-270. https://doi.org/10.1016/j.cognition.2003.10.008

Van de Putte, Eowyn, Wouter De Baene, Lorna García-Pentón, Evy Woumans, Aster Dijkgraaf, and Wouter Duyck. 2018. "Anatomical and functional changes in the brain after simultaneous interpreting training: A longitudinal study." *Cortex* 99: 243-257. https://doi.org/10.1016/j.cortex.2017.11.024

Vandyke Carter, Henry, and Henry Gray. 1918. *Anatomy of the Human Body*. Philadelphia: Lea & Febiger.

van Hell, Janet G., and Annette M. B. de Groot. 1998a. "Conceptual representation in bilingual memory: Effects of concreteness and cognate status in word association." *Bilingualism: Language and Cognition* 1: 193-211. https://d0i.0rg/10.1017/S1366728998000352

van Hell, Janet, and Annette M. B. de Groot. 1998b. "Disentangling context availability and concreteness in lexical decision and word translation." *The Quarterly Journal of Experimental Psychology Section A* 51 (1): 41-63. https://doi.org/10.1080/713755752

van Hell, Janet G., and Annette M. B. de Groot. 2008. "Sentence context modulates visual word recognition and translation in bilinguals." *Acta Psychologica* 128: 431-451. https://doi.org/10.1016/j.actpsy.2008.03.010

Vandermosten, Maaike, Cathy J. Price, and Narly Golestani. 2016. "Plasticity of white matter connectivity in phonetics experts." *Brain Structure and Function* 221 (7): 3825-3833. https://doi.org/10.1007/s00429-015-1114-8

Vaquero, Lucia, Antoni Rodriguez-Fornells, and Susanne M. Reiterer. 2017. "The left, the better: White-matter brain integrity predicts foreign language imitation ability." *Cerebral Cortex* 27 (8): 3906-3917. https://doi.org/10.1093/cercor/bhw199

Varela, Francisco, Jean-Phillipe Lachaux, Eugenio Rodriguez, and Jacques Martinerie. 2001. "The brainweb: Phase synchronization and large-scale integration." *Nature Reviews Neuroscience* 2 (4): 229-239. https://doi.org/10.1038/35067550

Veyrac, Guillaume-Julien. 1931. *Étude de l'aphasie chez les sujets polyglottes*. Paris: L. Arnette. Videsott, Gerda, Barbel Herrnberger, Klaus Hoenig, Edgar Schilly, Jo Grothe, Werner Wiater, Manfred Spitzer, and Markus Kiefer. 2010. "Speaking in multiple languages: neural correlates of language proficiency in multilingual word production." *Brain and Language* 113: 103-112. https://doi.org/10.1016/j.bandl.2010.01.006

Vigneau, Mathieu, Virginie Beaucousin, Pierre-Yves Herve, Hugues Duffau, Fabrice Crivello, Olivier Houde, Bernard Mazoyer, and Nathalie Tzourio-Mazoyer. 2006. "Meta-analyzing left hemisphere language areas: phonology, semantics, and sentence processing." *Neuroimage* 30: 1414-1432. https://doi.org/10.1016/j.neuroimage.2005.11.002

Vinay, Jean, Paul, and Jean Darbelnet. 1995 [1958]. "A methodology for translation." In *The Translation Studies Reader*, ed. by Lawrence Venuti, 84-93. New York and London: Routledge.

Vinck, Martin, Robert Oostenveld, Marijn van Wingerden, Franscesco Battaglia, and Cyriel M. Pennartz. 2011. "An improved index of phase-synchronization for electrophysiological data in the presence of volume-conduction, noise and sample-size bias." *Neuroimage* 55 (4): 1548-65. https://doi.org/10.1016/j.neuroimage.2011.01.055

Von Holzen, Katie, and Nivedita Mani. 2012. "Language nonselective lexical access in bilingual toddlers." *Journal of Experimental Child Psychology* 113 (4): 569-586. https://doi.org/10.1016/j.jecp.2012.08.001

Weekes, Brendan S., and Ilhan Raman. 2008. "Bilingual deep dysphasia." *Cognitive Neuropsychology* 25 (3): 411-436. https://doi.org/10.1080/02643290802057311

Weisberg, Deena Skolnick, Frank C. Keil, Joshua Goodstein, Elizabeth Rawson, and Jeremy R. Gray. 2008. "The seductive allure of neuroscience explanations." *Journal of Cognitive Neuroscience* 20 (3): 470-477. https://doi.org/10.1162/jocn.2008.20040

Weisenberg, Theodore, and Katherine McBride. 1935. *Aphasia: A Clinical and Psychological Study*. New York: Hafner.

Weishaupt, Dominik, Victor D. Köchli, and Borut Marincek. 2006. *How does MRI Work? An Introduction to the Physics and Function of Magnetic Resonance Imaging*, second edition. New York: Springer.

Weiss, Sabine, Horst M. Mueller, Baerbel Schack, Jonathan W. King, Martha Kutas, and Peter Rappelsberger. 2005. "Increased neuronal communication accompanying sentence comprehension." *International Journal of Psychophysiology* 57 (2): 129-141. https://d0i.0rg/10.1016/j.ijpsych0.2005.03.013

Wernicke, Carl. 1874. *Der Aphasische Symptomencomplex: Eine Psychologische Studie auf Anatomischer Basis*. Breslau: Kohn and Weigert.

Whyatt, Bogusława, and Tomasz Kościuczuk. 2013. "Translation into a non-native language: The double life of the native-speakership axiom." *Minor Translating Major-Major Translating Minor-Minor Translating Minor: A Translation Journal* 5: 60-79.

Yap, Melvin J., David A. Balota, Michael J. Cortese, and Jason M. Watson. 2006. "Single- versus dual-process models of lexical decision performance: insights from response time distributional analysis." *Journal of Experimental Psychology: Human Perception and Performance* 32 (6): 1324-1344. https://doi.org/10.1037/0096-1523.32.6.1324

Yeatman, Jason D., Robert F. Dougherty, Michal Ben-Shachar, and Brian A. Wandell. 2012. "Development of white matter and reading skills." *Proceedings of the National Academy of Sciences* 109 (44): E3045-E3053. https://doi.org/10.1073/pnas.1206792109

Yeung, Andy Wai Kan, Tazuko K. Goto, and W. Keung Leung. 2017. "The changing landscape of neuroscience research, 2006-2015: A bibliometric study." *Frontiers in Neuroscience* 11: 120. https://doi.org/10.3389/fnins.2017.00120

Yoris, Adrián, Adolfo M. García, Liliana Traiber, Hernando Santamaría-García, Miguel Martorell, Florencia Alifano, Rafael Kichic, Jason S. Moser, Marcelo Cetkovich, Facundo Manes, Agustín Ibáñez, and Lucas Sedeño. 2017. "The inner world of overactive monitoring: neural markers of interoception in obsessive-compulsive disorder." *Psychological Medicine* 47 (11): 1-14. https://doi.org/10.1017/S0033291717000368

Young, Malcolm P., Jack J. W. Scannell, and Gully Burns. 1995. *The Analysis of Cortical Connectivity*. Springer: Heidelberg.

Yudes, Carolina, Pedro Macizo, and María Teresa Bajo. 2011a. "The influence of expertise in simultaneous interpreting on non-verbal executive processes." *Frontiers in Psychology* 2: 309. https://doi.org/10.3389/fpsyg.2011.00309

Yudes, Carolina, Pedro Macizo, and María Teresa Bajo. 2011b. "Coordinating comprehension and production in simultaneous interpreters: Evidence from the Articulatory Suppression Effect." *Bilingualism: Language and Cognition* 15 (2): 329-339. https://doi.org/10.1017/S1366728911000150

Yudes, Carolina, Pedro Macizo, Luis Morales, and Maria Teresa Bajo. 2013. "Comprehension and error monitoring in simultaneous interpreters." *Applied Psycholinguistics* 34 (5): 1039-1057. https://doi.org/10.1017/S0142716412000112

Zheng, Binghan, Sandra Báez, Li Su, Xia Xiang, Susanne Weis, Agustín Ibáñez, and Adolfo M. García. 2020. Semantic and attentional networks in bilingual processing: fMRI connectivity signatures of translation directionality. https://doi.org/10.1016/j.bandc.2020.105584

Zhou, Huixia, Baoguo Chen, Meiying Yang, and Susan Dunlap. 2010. "Language nonselective access to phonological representations: evidence from Chinese-English bilinguals." *Quarterly Journal of Experimental Psychology (Hove)* 63 (10): 2051-2066. https://doi.org/10.1080/17470211003718705

Zillmer, Eric A., and Mary V. Spiers. 2001. *Principles of Neuropsychology*. Belmont, CA: Wads- worth/Thomson Learning.

索引（英汉对照）

approaches 方法

aspects 方面

evidence 证据

manifestations 体现

measures 测量

beta band β波段

Bilingual Aphasia Test 双语失语症测试

bilingual 双语的

bilingualism 双语

bilingual memory 双语记忆

biological 生物的

black box 黑匣

brain 脑

researchers 研究者

damage 损害

lesion 损伤

Brodmann area（BA）布罗德曼区

C

causal evidence 因果证据

clinical reports 临床报告

cognate 同源词

status 状态

cognition 认知

cognitive approaches 认知研究方法

cognitive effort 认知努力

cognitive mechanisms 认知机制

cognitive neuroscience 认知神经科学

cognitive performance 认知表现

cognitive TIS 口笔译认知研究

competence 能力

comprehension 理解

compulsive translation 强制翻译

conceptual-mediation 概念整合

concrete 具体的

condition-related variables 条件变量

connection strength 连接强度

connectivity 连接性

consecutive interpreters 交替传译员

controlled experiments 可控实验

controlled variables 控制变量

corpus 语料库

    corpus-based studies 基于语料库的研究

cortical 皮质的

cortical thickness 皮质厚度

cued recall 线索回忆

D

data sources 数据源

decontextualized stimuli 脱离语境的实验刺激

dependent variables 因变量

deverbalization 脱离语言形式

dichotic listening 双耳分听

direct electrostimulation 直接电刺激

directionality 方向性

disciplines 学科

dissociations 分离

domain 领域,域

double dissociations 双层分离

dual task 双任务

dysfunctions 官能不良

É

École Supérieure d'Interprètes et Traducteurs（ESIT）巴黎高等翻译学院

E

ecological validity 生态效度

electroencephalography（EEG）脑电图

empirical 实证的

enhancement 增强,提高(升)

equivalent 对等词(语)

      recognition 辨识/识别

event-related potentials（ERPs）事件相关电位

executive functions 执行功能

experiment（al）实验(的)

      design 设计

      methods 方法

      paradigms 范式

expert 专家

expertise 专长

F

formal linguistics 形式语言学

form-level processes 形式层面加工

forward translation（FT）正向翻译

free recall 自由回忆

frontal（lobe）额(叶)

frontostriatal 额叶纹状体

functional 功能性的

      aspects 方面

      autonomy 自主

      correlates 相关

functional connectivity 功能连接

functional magnetic resonance imaging（fMRI）功能性磁共振成像

functional near-infrared spectroscopy（fNIRS）功能性近红外光谱技术

functional neuroimaging 功能性神经影像

functional organization 功能组织

G

generalizability 普遍性

gray matter volume 灰质体积

H

healthy subjects 健康受试

hemisphere （大)脑半球

hemodynamic 血液动力

    techniques 技术

hippocampus 海马体

history 历史

humanistic 人文主义的

I

imaging research 成像研究

inability to translate 无法翻译

independent variables 自变量

inhibitory control 抑制控制

interdisciplinary 跨学科的

interlingual 语际的

interlingual reformulation（IR）语际转换

interpreter advantage hypothesis 口译员优势假说

interpreter 口译员

interpreting 口译

intracranial recordings 颅内记录

introspection 内省

invasive brain stimulation 侵入性脑刺激

invasive techniques 侵入性技术

K

keylogging 键盘记录

known unknown 公认的未知领域

L

language 语言

    switching 转换

lateralization 偏侧化

lesion 损伤

lexical 词（汇）的

    decision 判断

linguistic subsystems 语言子系统

M

mechanisms 机制

memory 记忆

mental 心理（的）

    flexibility 灵活度

    operations 运作

    systems 系统

mental-set shifting 思维定势转换

metacognitive 元认知的

milestones 里程碑

mind 心智

modality 多模态

model 模式

modulations 改变,调节

morphosyntactic 形态句法的

    mechanisms 机制

    processing 加工

multimodal semantic processing 多模态语义加工

N

N400 400毫秒负波

native language（L1）母语（一语）

naturalistic 自然的

    paradigms 范式

    tasks 任务

neocortex （大脑）新皮质

networks 网络

neural 神经（的）

    correlate 关联，相关

    processes 加工

    regions 区域

    signatures 烙印；鲜明特征

    structure 结构

Neuroarchitectural Translation Model（NTM）神经结构翻译模型

neurocognition 神经认知

neurofunctional changes 神经功能改变

neurological data 神经数据

neurology 神经病学

neuron 神经元

neuropsychology 神经心理学

neuropsychological assessments 神经心理评估

neuroscience 神经科学

neuroscientific evidence 神经科学证据

neuroscientific research 神经科学研究

non-neural approaches 非神经研究方法

non-participant observation 非参与观察

nouns 名词

O

observational 观察的

    approaches 方法

occipital 枕部的

oscillatory activity 振荡活动

oscillatory dynamics 振荡动力(学)

P

P200 200毫秒正波

paradoxical translation behavior 矛盾翻译行为

parietal 顶(叶)的

pathways 路径

performance 表现

perisylvian 外侧裂周区

phonology/phonological 音系学/语音体系的

    processing 加工

    production 产出

    recognition 识别/辨识

physiology 生理学

plasticity 可塑性

positron emission tomography(PET) 正电子放射断层成像

practice 实践

practitioners 实践者

pragmatic mechanisms 语用机制

pre/post designs 前/后测设计

process 过程

production 产出

product 产品

professionals 专业人员

proficiency 熟练

psychobiological 精神生物学的

spatiotemporal correlates 时空相关

ST processing 原文加工

ST segment 原文（切分）片段

stimulus 刺激

stimulus-related variables 刺激变量

STM span 短期记忆广度

Stroop test 斯特鲁普测试

structure 结构

structural correlates 结构相关

students 学生

subcortical 皮质下的

subjective 主观的

subject-related variables 受试变量

subsystems 子系统

Sylvian fissure 大脑侧裂

synapse 突触

syntax 句法

syntax operations 句法操作

syntactic parsing 句法分析

T

task 任务

temporal dynamics 时间动力学

temporal lobe 颞叶

temporal resolution 时间分辨率

text 文本

theory 理论

theoretical 理论的

Théorie du sens 释意理论

theta band θ波段

think-aloud protocols （TAPs）有声思维法

译后记

在完成了这部凝聚了无数心血与智慧的译作之后，我们深感责任重大，同时也满怀感激之情。在此，我们愿将这篇译后记视为一次深情的回望，追溯本次翻译之旅的点点滴滴，并向所有在此期间给予我们坚定支持与无私帮助的人们致以最诚挚的谢意。

译者学术背景与翻译契机

作为本书的两位译者，我们有幸在 2014 至 2017 年间，踏入澳门大学翻译传译认知研究中心这一学术殿堂，师从李德凤教授和何元建教授，攻读博士学位。在这段宝贵的求学时光里，我们不仅系统地学习了翻译神经认知研究以及语料库辅助认知研究等领域的前沿知识，更在导师的悉心指导下，逐步构建起自己的学术框架和研究视野。这段学术旅程，无疑为我们日后的翻译教学与研究工作奠定了坚实的基础。

我们目前就职的单位——山东科技大学（侯林平）与中国海洋大学（郎玥），均配备了先进的脑电仪和眼动仪，这为我们的翻译教学与研究工作提供了得天独厚的条件。团队致力于探索翻译的神经认知机制，力求在理论与实践之间架起一座坚实的桥梁。正是这份对翻译研究的执着与热爱，让我们在得知加西亚教授的新书《口笔译神经认知研究》（*The Neurocognition of Translation and Interpreting*）问世时，心中燃起了译介该书的火花。

加西亚教授与我们结缘于澳门大学翻译传译认知研究中心发起的国际翻译认知研究会议及短期访问。在那段短暂而美好的时光里，我们结下了深厚的友谊。

2019年夏天,我们得知加西亚教授的新作刚刚出版,便迫不及待地获取了原著,并撰写了一篇书评。这篇题为《口笔译神经认知的研究理念与理论构建——*The Neurocognition of Translation and Interpreting*评析》的书评,最终于2020年在中国翻译界的权威期刊《中国翻译》第5期上发表,为学界引介了加西亚教授的这部力作。正是这次书评的撰写,让我们加深了翻译该书的念头。我们渴望将这位挚友的学术成果呈现给更多感兴趣的中文读者,同时也希望通过这次翻译实践,打破"能者,做翻译;不能者,教翻译"的偏见。

翻译历程与挑战

翻译之路,从来都不是一帆风顺的。本书的翻译过程,更是充满了曲折与挑战。首先,神经科学领域的专业知识构成了翻译的一大难点。书中涉及的大量专业术语、复杂的神经机制以及实验数据,都要求我们具备扎实的学科基础和敏锐的学术洞察力。为了克服这一难题,我们查阅了大量文献资料,咨询了相关领域的专家,甚至借助了生成式人工智能Kimi和文心一言等工具的辅助,才得以确保术语的准确性和表述的严谨性。

其次,复杂句式结构的翻译也是一大挑战。加西亚教授的文笔流畅而深邃,其句式结构往往错综复杂,需要我们仔细剖析、反复推敲。在翻译过程中,我们注重保持原文的逻辑性和连贯性,辅以脚注来解释专业术语或知识背景,同时保留了英汉共享的句式结构,又不失中文的表达习惯。这一过程虽然艰辛,但让我们在翻译实践中获得了宝贵的经验和成长。需要指出的是,我们自身知识水平和翻译能力有限,虽竭尽全力,但深知与完美译文尚有差距。不过,我们希望通过这份努力,让更多中国读者能接触到这一领域的前沿思想。这份努力既是对原典智慧的致敬,亦是对跨学科对话的诚意。

然而,翻译之路的曲折远不止于此。在初稿的完成期间,我们遭遇了多重挑战:新冠疫情的肆虐让我们不得不面对线上工作的种种不便;为了完成聘期考核,我们不得不集中精力结题并申请新的课题;生成式人工智能对翻译行业的冲击也让我们多次怀疑这本书是否有必要继续翻译下去。然而,正是对翻译事业的热爱和对学术研究的执着,让我们最终坚持了下来。

合作与致谢

本书的翻译工作,是集体智慧的结晶。在翻译过程中,我们得到了来自各方的支持与帮助,这些帮助不仅让我们得以顺利完成翻译任务,更让我们深刻体会到了团队合作的力量。

首先,我们要衷心感谢审校者李德凤教授。李教授以其严谨的学术态度和精湛的翻译技艺,对全书进行了多轮细致的审校和润色。他不仅纠正了我们在翻译过程中的诸多错误和不足,还为我们提供了许多富有启发性的修改建议。正是有了李教授的鼎力相助,本书才得以最终定稿并顺利出版。

此外,我们还要感谢山东科技大学的同事们。李燕妮老师对初稿的绪论、第一至四章进行了精心的润色;张玉亮老师则对第五至八章以及所有章节的图表进行了细致的打磨和修正。他们的专业精神和严谨态度,让我们深感敬佩。同时,山东科技大学的硕士生邱文娴、刘芬和迟凯,中国海洋大学的博士生李洋和北京科技大学的博士生邵明阔也对初稿中的部分章节进行了润色工作,她们的辛勤付出为本书的顺利出版贡献了自己的力量。

我们还要特别感谢青岛大学附属医院放射科主任医师任延德教授。作为影像医学与核医学领域的专家,任教授对本书中的专业术语进行了严格的把关和审核,确保了术语的准确性和专业性。他的专业支持和无私帮助,让我们深感温暖和感激。

当然,我们还要感谢出版社的编辑老师们。邵成军和刘怡婕两位编辑为本书的出版付出了大量的心血和努力。他们不仅对全书进行了逐字逐句的编辑和校对,还为我们提供了许多宝贵的出版建议。正是有了他们的辛勤工作和无私奉献,本书才得以最终呈现在读者面前。

在此,我们还要向所有在翻译过程中给予我们支持和帮助的同学、朋友和家人表示衷心的感谢。正是有了你们的陪伴和鼓励,我们才得以在翻译的道路上勇往直前、不断前行。在此,需要特别声明,译文中若存在任何错误,责任均在两位译者。

翻译情怀与未来展望

翻译,不仅是一种语言转换的艺术,更是一种文化传承的使命。对于教学科研岗位的教师而言,翻译或许只是副业,但它却承载着我们对学术研究的热爱和对文化传承的执着。在本书的翻译过程中,我们深刻体会到了翻译工作的艰辛与不易,但同时也收获了无尽的喜悦与满足。

回顾这次翻译历程,我们深感自己不仅是在翻译一本书,更是在传递一种学术精神、一种文化情怀。我们希望通过这次翻译实践,能够让更多的读者了解加西亚教授的学术成果和研究理念,同时也希望激发更多人对翻译事业的热爱和追求。

展望未来,我们将继续致力于翻译教学与研究工作,努力探索翻译的神经认知机制,为生成式人工智能时代的翻译事业发展贡献自己的力量。同时,我们也期待着有更多的优秀著作和译作问世,为学术界和文化界注入新的活力和动力。

最后,让我们再次向所有在本书翻译过程中给予我们支持与帮助的人们表示最诚挚的感谢!愿这本译作能够成为连接中西学术文化的桥梁,为翻译事业的发展贡献一份微薄之力。

侯林平　郎玥
2024 年 12 月 28 日
于青岛